国家社会科学基金青年项目"产业集聚视角下中国制造业全要素生产率的结构分解、提升机制与政策优化研究"（19CJY024）

产业集聚对中国制造业全要素生产率的影响研究

李沙沙 ◎ 著

中国财经出版传媒集团
中国财政经济出版社

图书在版编目（CIP）数据

产业集聚对中国制造业全要素生产率的影响研究／李沙沙著．——北京：中国财政经济出版社，2020.12

ISBN 978 - 7 - 5223 - 0176 - 1

Ⅰ.①产… Ⅱ.①李… Ⅲ.①产业集群－影响－制造工业－全要素生产率－研究－中国 Ⅳ.①F426.4

中国版本图书馆 CIP 数据核字（2020）第 230520 号

责任编辑：胡　博　张晓丽　　　　责任印制：刘春年
封面设计：孙俪铭　　　　　　　　责任校对：徐艳丽

中国财政经济出版社 出版

URL：http://www.cfeph.cn
E - mail：cfeph@ cfeph.cn

（版权所有　翻印必究）

社址：北京市海淀区阜成路甲 28 号　邮政编码：100142
营销中心电话：010 - 88191522
天猫网店：中国财政经济出版社旗舰店
网址：https://zgczjjcbs.tmall.com
北京财经印刷厂印刷　各地新华书店经销
成品尺寸：170mm×240mm　16 开　14 印张　213 000 字
2020 年 12 月第 1 版　2020 年 12 月北京第 1 次印刷
定价：68.00 元
ISBN 978 - 7 - 5223 - 0176 - 1
（图书出现印装问题，本社负责调换，电话：010 - 88190548）
本社质量投诉电话：010 - 88190744
打击盗版举报热线：010 - 88191661　QQ：2242791300

前言

改革开放以来，中国经济持续快速增长态势，这主要得益于长期要素投入型的经济发展模式。然而，这种发展模式在推动经济高速增长的同时也带来了资源短缺和环境污染等问题。而且，随着人口老龄化、"人口红利"的消失，劳动力短缺和工资上涨问题日益显现。由人口老龄化带来的宏观储蓄率下降降低了资本积累的速度，而政府主导下通过提高资本劳动比改善劳动生产率的方式也会遭遇资本报酬递减的困扰。因此，继续依靠要素投入型的经济发展模式是不可持续的。中国经济急需从传统资源消耗型的发展模型转向全要素生产率驱动型，全要素生产率水平的提高成为中国经济增长的新动力。此外，在市场化转型过程中，中国制造业的产业集聚水平在不断提高，作为一种重要的空间组织形式，产业集聚能够为企业提供密集的劳动力市场、中间投入品共享以及知识溢出等好处，产业集聚是全要素生产率的重要影响因素。

全要素生产率水平的提高作为中国经济健康可持续发展的新动力，技术创新和资源配置是全要素生产率增长的两大主要来源，提高全要素生产率应该既注重提高技术创新能力又注重改善资源配置效率。因此，本书以产业集聚为视角，不仅深入研究了产业集聚对中国制造业全要素生产率的直接影响，还进一步从全要素生产率增长来源入手，探讨了产业集聚对技术创新和资源配置的影响效应。首先，本书通过对相关文献进行系统的梳理和总结，肯定了提高技术创新水平和改善资源配置效率有助于全要素生产率增长的结论。其次，本书采用 DOP 分解法将中国制造业加总生产率增长进行分解，探讨技术创新和资源配置对全要素生产率增长的差异化贡献。最后，本书采用理论分析与实证检验相结合的方式，研究产业集聚对全要素生产率的直接影响，并从全要素生产率增长来源视角，分别研究产业集聚对技术创新和资源配置的影响。本书各章的主要研究内容和研究结论如下：

第1章为绪论。本章主要介绍本书的选题背景、研究目的和意义，交代本书的研究内容和研究方法，绘制技术路线图以明确本书的研究框架，并总结本书可能的创新点和不足之处。

第2章不仅对产业集聚对生产率影响效应的相关研究进行了评述，还总结了全要素生产率增长的两大来源，梳理了产业集聚通过技术创新和资源配置影响生产率的相关研究成果。首先，本章针对产业集聚对生产率的影响效应的相关研究进行了系统的评述。其次，本章通过梳理相关文献为技术创新有助于生产率增长的结论提供了证据支持，并总结了产业集聚通过技术创新影响全要素生产率的相关研究成果。最后，本章通过对相关文献的梳理肯定了改善资源配置效率对生产率增长的促进作用，并总结了产业集聚通过资源配置影响全要素生产率的相关研究成果。

第3章测算和分析了中国制造业的产业集聚水平和全要素生产率水平，并采用DOP分解法将中国制造业加总生产率增长分解为技术创新和资源配置。研究发现：第一，1998—2007年中国制造业的产业集聚水平虽然普遍较低但是在不断提高，并且产业集聚水平较高的行业主要分布在技术密集型行业中，而产业集聚水平较低的行业主要分布在劳动密集型和资源密集型行业中。第二，中国制造业的加权平均生产率水平在不断提高，并且不同产业集聚水平和不同要素密集型行业的加权平均生产率水平均存在显著差异。第三，基于全样本的分解结果显示，技术创新和资源配置是中国制造业加总生产率增长的主要来源，并且技术创新对加总生产率增长的贡献大于资源配置。基于分样本的分解结果显示，低产业集聚水平企业的加总生产率增长主要源于技术创新，其次是资源配置，中产业集聚水平企业的加总生产率增长主要源于技术创新，资源配置对加总生产率增长的贡献份额在1998—2002年为正，在2003—2007年为负，高产业集聚水平企业的加总生产率增长主要源于资源配置，其次是技术创新。

第4章采用理论分析与实证检验相结合的方式研究了产业集聚对中国制造业全要素生产率的影响。在理论上，产业集聚可能通过集聚效应、选择效应和成本效应影响全要素生产率水平。采用核密度图法和分位数识别法对中国制造业企业的初步识别结果显示，产业集聚主要通过集聚效应而非选择效应提高行业平均生产率。进一步的实证检验结果表明：第一，当产业集聚水平较低时，产业集聚带来的集聚效应有助于提高行业平均生产率，当产业集聚水平较高时，产业集聚带来的拥挤效应占主导地位，并降低行业平均生产率，因此，产业集聚和中国制造业行业平均生产率之间呈显著的倒"U"形关系。第二，产业集聚有利于劳动密集型行业提高平均生产率水平，产业集聚对资源密集型行业平均生产率的影响在统计上不显著，产业集聚会导致资本密集型行业和技术密集型行业平均生产率水平下降。第三，专业化集聚不利于行业平均生产率水平的提高，而多样化集聚能够显著提高行业平均生产率。

第 5 章从企业技术创新的角度研究产业集聚对中国制造业全要素生产率的影响。技术创新是全要素生产率增长的主要来源之一，企业是技术创新的微观主体，产业集聚通过影响企业创新间接作用于全要素生产率。一方面，产业集聚通过知识溢出、激烈的市场竞争、降低风险和成本、增加要素供给以及提供多元化的市场需求有助于企业创新；另一方面，产业集聚通过拥挤效应、技术外部性、政府不当干预会阻碍企业创新。在描述性统计分析中，本章发现，平均创新产出和创新企业所占比重在不同要素密集型、不同所有制类型和不同地区之间存在显著差异。进一步的实证检验结果表明：第一，产业集聚和企业创新产出之间呈显著的倒"U"形关系，并且中国制造业企业主要位于提高产业集聚水平有助于增加创新产出的阶段，而产业集聚和企业创新积极性之间呈显著的"U"形关系，中国制造业企业主要位于提高产业集聚水平会降低企业创新积极性的阶段。第二，产业集聚对企业创新产出和创新积极性的影响在不同要素密集型、不同所有制类型和不同地区之间存在显著差异。第三，多样化集聚比专业化集聚更有利于中国制造业企业创新。

第 6 章从资源配置的角度研究了产业集聚对中国制造业全要素生产率的影响。改善资源配置是全要素生产率增长的另一主要来源，产业集聚通过影响资源配置间接作用于全要素生产率。在理论上，产业集聚带来的信息共享、知识溢出、规模经济和市场竞争有助于降低资源错配。但是，政府干预下企业为了追求"政策租"而形成的虚假产业集聚会加剧资源错配。此外，拥挤效应会阻碍资源自由流动，造成企业之间恶性竞争，进而加剧资源错配。本章描述性统计分析结果显示：在 1998—2007 年，中国制造业的资源配置呈先改善后恶化的趋势；中度集聚行业的资源配置不断恶化，高度集聚行业的资源配置相对改善；不同要素密集型行业的资源错配程度存在显著差异。进一步的实证检验结果表明：第一，中国制造业的产业集聚和资源错配之间呈显著的倒"U"形关系，当产业集聚水平高于拐点以后，产业集聚才有助于改善资源配置。第二，产业集聚对资源配置的改善作用存在显著的滞后性。第三，提高产业集聚水平会加剧资本、资源和劳动密集型行业的资源错配，降低技术密集型行业的资源错配。第四，当产业集聚水平较低时，产业集聚主要通过知识溢出和规模经济改善资源错配，当产业集聚水平较高时，产业集聚主要通过规模经济和市场竞争改善资源错配，而不论产业集聚水平的高低，政府干预下的虚假产业集聚均会加剧资源错配。

第7章为研究结论、政策启示与研究展望。本章系统总结了产业集聚对中国制造业全要素生产率影响的相关结论，提出促进全要素生产率增长的政策建议，并指出未来该领域内进一步可能的研究方向。

相对于已有的研究成果，本书可能的创新点主要体现在以下几个方面：

（1）采用DOP分解法将中国制造业加总生产率增长分解为技术创新和资源配置，探讨了在不同产业集聚水平上技术创新和资源配置对全要素生产率增长的差异化贡献。（2）在采用核密度图法和分位数识别法对集聚效应、选择效应和成本效应进行识别的基础上，结合计量方法实证检验产业集聚对全要素生产率的影响，更加全面的认识产业集聚的影响效应。（3）不仅提供了产业集聚影响全要素生产率的直接证据，还进一步从全要素生产率增长来源入手，分别研究了产业集聚对企业创新和资源配置的影响，深入挖掘了产业集聚对全要素生产率的影响渠道。

目 录

1 绪论 / 001

    1.1 选题背景与研究意义 / 003

    1.2 研究内容与技术路线 / 007

    1.3 研究方法 / 011

    1.4 研究的创新点与不足 / 012

2 文献综述 / 015

    2.1 产业集聚对生产率的影响效应研究评述 / 017

    2.2 产业集聚与全要素生产率：聚焦于技术创新的研究线索 / 024

    2.3 产业集聚与全要素生产率：聚焦于资源配置的研究线索 / 032

3 产业集聚和全要素生产率的测算与分析 / 041

    3.1 中国制造业产业集聚的测算与分析 / 043

    3.2 中国制造业全要素生产率的测算与分析 / 056

    3.3 中国制造业生产率增长的来源：技术创新和资源配置 / 066

    3.4 本章小结 / 078

4 产业集聚对全要素生产率影响的理论分析与实证检验 / 083

    4.1 产业集聚对全要素生产率影响的理论分析 / 085

    4.2 描述性统计分析 / 092

    4.3 模型设计、变量选取和数据说明 / 101

    4.4 产业集聚对全要素生产率影响的实证检验 / 104

4.5 专业化集聚和多样化集聚对全要素生产率的差异化影响 / 114

4.6 本章小结 / 118

5 产业集聚与全要素生产率增长：技术创新视角的实证 / 121

5.1 产业集聚对企业创新影响的理论分析 / 123

5.2 模型构建、变量选取和数据说明 / 127

5.3 描述性统计分析 / 132

5.4 产业集聚对企业创新影响的实证检验 / 139

5.5 专业化集聚和多样化集聚对企业创新的差异化影响 / 150

5.6 本章小结 / 154

6 产业集聚与全要素生产率增长：资源配置视角的实证 / 157

6.1 产业集聚对资源配置影响的理论分析 / 159

6.2 模型设计、变量选取和数据说明 / 161

6.3 描述性统计分析 / 165

6.4 产业集聚对资源错配影响的实证检验 / 168

6.5 本章小结 / 180

7 研究结论、政策启示与研究展望 / 183

7.1 研究结论 / 185

7.2 政策启示 / 187

7.3 研究展望 / 189

参考文献 / 191

图 目 录

图 1-1　技术路线／010

图 3-1　1998—2007年中国制造业产业集聚水平年均值和环比增速／051

图 3-2　1998—2007年中国制造业不同产业集聚水平的企业所占比重及其时间趋势／052

图 3-3　中国制造业加权平均生产率及其环比增长速度／061

图 3-4　不同产业集聚水平的行业加权平均生产率核密度／062

图 3-5　不同产业集聚水平的企业加权平均生产率时间趋势／063

图 3-6　1998—2007年技术创新和资源配置对中国制造业加总生产率增长的贡献／073

图 3-7　1998—2007年低产业集聚水平企业加总生产率增长的分解结果／075

图 3-8　1998—2007年中产业集聚水平企业加总生产率增长的分解结果／076

图 3-9　1998—2007年高产业集聚水平企业加总生产率增长的分解结果／078

图 4-1　产业集聚和行业平均生产率关系的线性拟合／092

图 4-2　企业全要素生产率分布核密度／094

图 4-3　不同年份的企业全要素生产率分布核密度／095

图 4-4　不同要素密集型行业的企业全要素生产率分布核密度／097

图 4-5　不同要素密集型行业的产业集聚水平和全要素生产率水平／111

图 5-1　行业内企业平均创新产出／133

图 5-2　行业内创新企业所占比重／134

图 5-3　不同所有制类型的企业创新 / 136
图 5-4　不同地区的企业创新 / 137
图 5-5　不同产业集聚水平的企业创新 / 138
图 6-1　资源错配的时间趋势 / 166
图 6-2　不同产业集聚水平的资源错配程度 / 167
图 6-3　不同要素密集型行业的资源错配程度 / 168

表 目 录

表 3-1　1998—2007 年中国产业集聚水平最高的前 20 位行业 / 054

表 3-2　1998—2007 年中国产业集聚水平最低的前 20 位行业 / 055

表 3-3　1998—2007 年中国制造业加权平均生产率水平最高的
　　　　前 20 位行业 / 064

表 3-4　1998—2007 年中国制造业加权平均生产率水平最低的
　　　　前 20 位行业 / 065

表 3-5　1998—2007 年企业进入、退出基本情况 / 071

表 3-6　中国制造业加总生产率变动的分解结果 / 072

表 4-1　组间差异 t 检验结果 / 098

表 4-2　不同产业集聚水平的企业全要素生产率分布特征 / 099

表 4-3　核心变量的描述性统计结果 / 103

表 4-4　系数相关性检验结果 / 104

表 4-5　方差膨胀因子检验结果 / 105

表 4-6　双固定效应模型回归结果 / 106

表 4-7　稳健性检验结果 / 108

表 4-8　内生性检验结果 / 109

表 4-9　行业异质性检验结果：劳动密集型和资本密集型行业 / 112

表 4-10　行业异质性检验结果：资源密集型和技术密集型行业 / 113

表 4-11　专业化集聚对全要素生产率影响的回归结果 / 116

表 4-12　多样化集聚对全要素生产率影响的回归结果 / 118

表 5-1　核心变量的描述性统计结果 / 132

表 5-2　系数相关性检验结果 / 139

表 5-3　基准回归结果 / 143

表 5-4　异质性检验结果：不同要素投入密度 / 145

表 5-5　异质性检验结果：不同所有制类型 / 146

表 5-6　异质性检验结果：不同地区 / 147

表 5-7　稳健性检验结果 / 148

表 5-8　专业化集聚对企业创新影响的回归结果 / 151

表 5-9　多样化集聚对企业创新影响的回归结果 / 153

表 6-1　核心变量的描述性统计结果 / 164

表 6-2　基准回归结果 / 169

表 6-3　动态滞后性检验结果 / 172

表 6-4　行业异质性检验结果：资本密集型和资源密集型行业 / 174

表 6-5　行业异质性检验结果：劳动密集型和技术密集型行业 / 175

表 6-6　影响渠道检验结果 / 177

表 6-7　内生性检验结果 / 179

1 绪　论

全要素生产率水平的提高是新时期中国经济健康可持续发展的主要动力，而技术创新水平的提高和资源配置效率的改善是全要素生产率增长的两大主要来源。产业集聚作为一种重要的空间组织形式，产业集聚水平的高低会直接影响全要素生产率，产业集聚还会通过影响技术创新水平和资源配置效率间接作用于全要素生产率。本章首先介绍本书的选题背景和研究意义，然后简述本书的研究内容和研究方法，并通过绘制技术路线图简要概括本书的研究脉络，最后对本书的创新点和不足之处进行说明。

1.1 选题背景与研究意义

1.1.1 选题背景

改革开放以来，中国经济持续保持高速增长并取得长足进步，这主要归因于"人口红利"带来的劳动力供给以及高储蓄率和高投资率带来的资本累积。中国经济增长奇迹的背后主要依赖于要素投入供给，这种资源消耗型的经济发展模式推动了中国经济的快速发展，但是与此同时，资源消耗型的经济发展模式也带来了资源短缺和环境恶化等问题。中国经济的高速增长带来了严重的环境污染问题。在中国最大的 500 个城市中，只有不到 1% 的城市能够达到世界卫生组织推荐的空气质量标准（王杰、刘斌，2014）。此外，伴随着人口老龄化和"人口红利"的逐渐消失，劳动力短缺问题、工资上涨问题日益显现。由人口老龄化带来的宏观储蓄率下降会降低资本积累的速度（李平，2016），而政府主导下通过提高资本劳动比改善劳动生产率的方式也会遭遇资本报酬递减的困扰（蔡昉，2013）。因此，继续依靠增加要素投入的经济增长方式是不可持续的。在金融危机之前，中国经济增长率超过 10%，但是 2012—2013 年中国经济增长率下降至 7.7%（国家统计局，2014），从 2014 年开始，中国经济由高速增长转为中高速增长，中国经济正式步入新常态。政府工作报告指出，2014 年国内生产总值比上年增长 7.4%，2015 年国内生产总值比上年增长 6.9%，2016 年国内生产总值比上年增长 6.7%。总的来看，中国经济增速呈下滑趋势。为了避免陷入"中等收入陷阱"，实现健康可持续发展，中国经济急需由传统资源消耗型的发展模式向全要素生产率驱动型转变。全要素生产率的差异是不同国家之间人均产出差距的根本原因（Klenow、Rodríguez-Clare，1997；Hall、Jones，1999），提高全要素生产率成为中国经济增长的新动力（蔡昉，2013；刘世锦等，2015）。

技术创新水平的提高和资源配置效率的改善是全要素生产率增长的两大主要来源。蔡昉（2013）认为，全要素生产率主要由微观生产效率和资源配置效率构成，微观生产效率中的技术创新和技术进步速度是经济增长的重要影响因素，资源配置效率主要包括产业之间的结构调整以及产业内高生产率企业规模的扩大。因此，要提高全要素生产率水平，应该一方面注重学习、引进、吸收国外先进技术，提高企业自主创新能力，另一方面要注重改善资源配置效率，降低资源错配，深入挖掘TFP的传统潜力（蔡昉，2013；刘世锦等，2015）。本书通过对已有文献进行梳理和总结发现，多数文献或者探讨技术创新对全要素生产率的影响或者研究资源配置对全要素生产率的影响，而同时考虑技术创新和资源配置对全要素生产率影响的研究相对匮乏。而且，同时考察技术创新和资源配置对全要素生产率影响的相关文献主要采用传统的基于生产前沿面的数据包络分析法或随机前沿生产函数法测算全要素生产率，并将全要素生产率增长分解为技术进步、技术效率、规模效应和配置效应，进而探讨各组成部分对全要素生产率的贡献。但是，这种传统的测算方法容易受到函数形式设定、生产率分布假设的影响，测算结果还容易受到异常值的影响。并且，在并非所有企业都能实现利润最大化的假定下，这种方法得到的是次优效率（聂辉华、贾瑞雪，2011）。而Melitz和Polanec（2015）提出的DOP分解法将加总生产率增长分解为组内效应、组间效应、进入效应和退出效应。组内效应反映了在位企业生产率水平的提高，用于刻画企业技术创新对生产率增长的贡献，组间效应反映的是静态资源配置对生产率增长的贡献，组间效应、进入效应和退出效应共同反映了动态资源配置对生产率增长的贡献。DOP分解法不仅考虑了企业进入退出行为的影响，还能够有效解决选择性偏误和同时性偏误，能够得到更加准确的估计结果。本书将采用DOP分解法探讨技术创新和资源配置对全要素生产率增长的贡献。

在市场化转型过程中，中国制造业的产业集聚水平虽然普遍较低但是呈不断上升的趋势，而且不同地区、不同行业的产业集聚水平存在显著差异（文东伟、冼国明，2014）。沿海地区比内陆地区的集聚水平更高，高技术行业比低技术行业的集聚程度更高（袁海红等，2014）。产业集聚作为一种重要的空间组织形式，能够为集聚区内的企业提供密集的劳动力市场、中间投入品共享以及知识溢出等好处（Marshall，1920）。Duranton 和 Puga（2004）进一步将集聚的微观机制划分为共享、匹配和学习。产业集聚有助于降低集聚区内企业面临的风险和成本，有助于企业分享专业化分工带来的收益，有助于新技术和新知识的传播、扩散和累积等。总之，产业集聚为企业提供了重要的外部发展环境。国内外大量研究结果表明，产业集聚有助于全要素生产率水平的提高，集聚区或大城市往往具有更高的生产率（Melo et al.，2009；Okubo、Tomiura，2012；Combes et al.，2012）。技术创新和资源配置作为全要素生产率增长的两大主要来源，已有研究探讨了技术创新和资源配置对全要素生产率增长的贡献。但是，在不同的产业集聚水平上，技术创新和资源配置对全要素生产率增长的贡献程度是否存在差异？产业集聚对技术创新和资源配置又分别产生怎样的影响？

本书在已有研究的基础上，探讨了不同产业集聚水平上技术创新和资源配置对全要素生产率增长的差异化贡献，研究了产业集聚对全要素生产率的直接影响，以及产业集聚通过技术创新和资源配置对全要素生产率的间接影响。全要素生产率水平的提高是中国经济健康可持续发展的重要来源，而产业集聚为企业的经营和发展提供了重要的外部环境。关于产业集聚对全要素生产率影响问题的研究对于正确认识中国制造业的产业集聚发展状况以及推动中国制造业全要素生产率增长具有重要的理论和现实意义。

1.1.2 研究目的和意义

全要素生产率水平的提高是中国经济健康可持续发展的动力和源泉，而产业集聚作为一种重要的空间组织形式，为全要素生产率水平的提高提供了重要的外部发展环境。因此，本书主要研究产业集聚对全要素生产率的影响。本书从全要素生产率增长来源入手，将加总生产率增长分解为技术创新和资源配置两部分，分别考察技术创新和资源配置对全要素生产率增长的贡献份额以及贡献份额在不同产业集聚水平上存在的差异。此外，本书通过理论分析与实证检验相结合的方式研究产业集聚对全要素生产率的直接影响，以及产业集聚通过技术创新和资源配置对全要素生产率的间接影响。本书的研究意义主要体现在以下几个方面：

第一，对相关文献进行了系统的梳理和总结。一方面，本书对产业集聚影响生产率问题的相关研究进行了系统的总结，摸清了产业集聚对生产率影响的研究进展和研究思路，为今后的研究奠定了基础。早期研究多采用城市规模和经济密度衡量产业集聚水平，在研究中更加重视集聚效应对生产率的正向促进作用。然而，当产业过度集聚时，产业集聚带来的拥挤效应对生产率产生负向阻碍作用。因此，相关文献考察了在集聚效应和拥挤效应的共同作用下产业集聚对生产率的影响。随着新新经济地理理论的兴起，关于产业集聚问题的研究开始重视异质性企业空间定位选择行为带来的选择效应对生产率的影响。另一方面，本书通过对文献的梳理，分别从不同视角为技术创新和资源配置对全要素生产率增长的重要性提供了证据支持，并总结了产业集聚通过技术创新和资源配置影响全要素生产率的相关研究成果，有助于更全面地认识产业集聚对全要素生产率及其增长来源的影响。

第二，采用更加严谨的方法对加总生产率增长进行分解，探讨在不同产业集聚水平上，技术创新和资源配置对加总生产率增长的差异化贡献。一方面，早期关于技术创新和资源配置对全要素生产率增长的影响研究主要采用传统的基于前沿面的数据包络分析法或者随机前沿生产函数法将生产率增长分解为前沿技术进步、技术效率、规模效应和配置效应，进而研究各组成部分对生产率增长的贡献。但是，这种传统方法会受到函数形式设定、生产率分布假设和异常值的影响。并且，在并非所有企业都能实现利润最大化的假定下，这种方法得到的是次优效率（聂辉华、贾瑞雪，2011）。另一方面，近期的研究在采用OP法或LP法测算企业全要素生产率的基础上，采用Melitz和Polanec（2015）提出的DOP分解法将加总生产率增长进行分解。这种分解方法不仅考虑了企业进入退出行为，还能够有效解决选择性偏误和同时性偏误，进而得到更加准确的估计结果。本书采用DOP分解法不仅测算了技术创新和资源配置对中国制造业加总生产率增长的贡献，还测算了不同产业集聚水平上中国制造业加总生产率增长的来源，研究了在不同产业集聚水平上，技术创新和资源配置对加总生产率增长的贡献份额是否存在显著差异。既避免了传统方法带来的弊端，又丰富了现有的研究成果。

第三，对产业集聚影响全要素生产率的理论机制进行了系统的总结。本书分别从集聚效应、选择效应和成本效应三个角度分析了产业集聚对全要素生产率的影响机理。成本效应主要包括拥挤效应和虚假产业集聚。产业集聚带来的集聚效应以及选择效应有助于全要素生产率水平的提升，而产业集聚带来的成本效应会阻碍全要素生产率水平的提高。有关产业集聚问题的研究应该同时考虑集聚效应、选择效应和成本效应。本书丰富而翔实的理论机制分析有助于更加全面地认识产业集聚对全要素生产率的影响效应，为后续的研究奠定了坚实的理论基础。

第四，以全要素生产率增长来源为视角，探析产业集聚对技术创新和资源配置的影响，深入挖掘产业集聚对全要素生产率的影响渠道。技术创新和资源配置作为全要素生产率增长的两大主要来源，提高技术创新水平和改善资源配置效率是全要素生产率增长的主要途径。本书采用理论分析与实证检验相结合的方式，分析了产业集聚对全要素生产率增长来源的影响，探讨了产业集聚对技术创新和资源配置的差异化影响。研究结论和全要素生产率的分解结果相互佐证。关于产业集聚对全要素生产率增长来源的影响研究拓展了现有的研究思路，丰富了相关的研究成果，为今后的研究奠定了基础。

1.2 研究内容与技术路线

1.2.1 研究内容

本书主要研究产业集聚对中国制造业全要素生产率的影响。一方面，本书采用DOP分解法将不同产业集聚水平上的加总生产率增长分解为技术创新和资源配置，探讨技术创新和资源配置对全要素生产率增长的贡献是否存在显著差异。另一方面，本书采用理论分析与实证检验相结合的方式，研究了产业集聚对全要素生产率的直接影响，以及产业集聚通过影响技术创新和资源配置对全要素生产率产生的间接影响。具体研究内容如下：

第1章为绪论。主要介绍本书的选题背景、研究目的和意义，交代本书的研究内容和研究方法，绘制技术路线图以明确本书的研究框架，并总结本书可能的创新点和不足之处。

第2章不仅对产业集聚对生产率的影响效应相关研究进行了评述，还总结了全要素生产率增长的两大来源，梳理了产业集聚通过技术创新和资源配置对生产率影响的研究成果。首先，针对产业集聚对生产率的影响效应的相关研究进行了系统的评述。早期研究主要关注集聚效应或者在集聚效应和拥挤效应共同作用下产业集聚对生产率的影响。自从新经济地理理论兴起以后，关于集聚问题的研究开始关注异质性企业空间定位选择行为带来的选择效应对生产率的影响。其次，分别从研发投入、生产率分解、技术来源三个视角为技术创新有助于生产率提升的结论提供了证据支持，并总结了产业集聚通过技术创新影响全要素生产率的相关研究成果。最后，分别总结了国家和行业层面的资源配置、政府政策影响下的资源配置、资本和劳动要素资源配置以及动态资源配置对全要素生产率的影响，肯定了改善资源配置效率、降低资源配置扭曲对生产率增长的促进作用，并总结了产业集聚通过资源配置影响全要素生产率的相关研究成果。

第 3 章测算和分析了中国制造业的产业集聚水平和全要素生产率水平，并将行业加总生产率增长分解为技术创新和资源配置。首先对产业集聚和全要素生产率的测算方法进行介绍、比较和评价，然后选择合适的方法测算中国制造业的产业集聚水平和全要素生产率水平，并对中国制造业的产业集聚水平、全要素生产率水平、不同产业集聚水平上的全要素生产率水平等进行描述性统计分析。此外，采用 DOP 分解法将中国制造业加总生产率增长分解为技术创新和资源配置，研究技术创新和资源配置对中国制造业加总生产率增长的贡献。根据产业集聚水平的大小将中国制造业行业进行分组，分别将不同产业集聚水平分组下的行业加总生产率增长进行分解。通过比较不同产业集聚水平上技术创新和资源配置对加总生产率增长的贡献份额，分析不同产业集聚水平上加总生产率增长的主要来源。

第 4 章为产业集聚对中国制造业全要素生产率影响的理论分析与实证检验。首先对产业集聚带来的集聚效应、选择效应以及成本效应进行详细的总结。其次采用线性拟合图对中国制造业产业集聚和行业加权平均生产率的关系进行初步统计分析，并采用核密度图法和分位数识别法对集聚效应、选择效应和成本效应进行初步识别。最后，在理论分析和初步统计分析的基础上，本章对产业集聚和行业加权平均生产率的关系进行实证检验。实证检验主要包括对产业集聚和行业加权平均生产率的关系进行基准回归检验、通过更换被解释变量进行稳健性检验、采用滞后项作为工具变量进行内生性检验、产业集聚对不同要素密集型行业生产率影响的异质性检验以及专业化集聚和多样化集聚对生产率差异化影响的实证检验。

第 5 章从企业技术创新的角度，采用理论分析与实证检验相结合的方式，研究产业集聚对全要素生产率的影响渠道。技术创新作为全要素生产率增长的主要来源之一，产业集聚通过技术创新间接作用于全要素生产率。首先，在理论上，产业集聚通过知识溢出、市场竞争、降低风险和成本、增加要素供给以及提供多元化的市场需求有助于企业创新。但是，产业集聚带来的拥挤效应、技术外部性、政府不当干预对企业创新产生阻碍作用。其次，对不同行业平均创新产出和行业内创新企业所占比重以及不同所有制类型、不同地区、不同产业集聚水平上的企业创新进行初步统计分析。最后，在理论分析和初步统计分析的基础上，采用 Truncreg 断尾模型和 Heckman 两步法选择模型实证检验产业集聚对企业创新产出和企业创新积极性的影响。由于 Heckman 两步法选择模型能够解决样本选择性偏误，采用 Heckman 两步法选择模型进行异质性检验和稳健性检验，并探讨专业化集聚和多样化集聚对企业创新的差异化影响。

第 6 章从资源配置的角度，采用理论分析与实证检验相结合的方式，研究产业集聚对全要素生产率的影响渠道。资源配置效率的改善是全要素生产率增长的另一主要来源，产业集聚通过影响资源配置间接作用于全要素生产率。首先，分析了产业集聚对资源配置的影响机制，认为产业集聚通过信息共享、知识溢出、规模经济和市场竞争有助于降低资源错配，但是政府不当干预下的虚假产业集聚和拥挤效应会加剧资源错配，产业集聚对资源配置的影响取决于二者作用大小。其次，对中国制造业行业总体资源错配、不同产业集聚水平和不同要素密集型行业的资源错配进行描述性统计分析。最后，在理论分析和描述性统计分析的基础上实证检验产业集聚对资源配置的影响效应，主要检验产业集聚对资源错配的非线性关系、产业集聚对资源错配改善作用的滞后性、产业集聚对不同要素密集型行业资源错配的差异化影响、产业集聚对资源错配的影响渠道，并对可能存在的内生性问题进行实证检验。

第 7 章为研究结论、政策启示与研究展望。对产业集聚影响全要素生产率及其来源的结论进行系统的总结，提出促进全要素生产率增长的政策建议，并指出该领域内未来进一步研究的方向。

1.2.2 技术路线

本书的研究思路如图 1-1 所示。

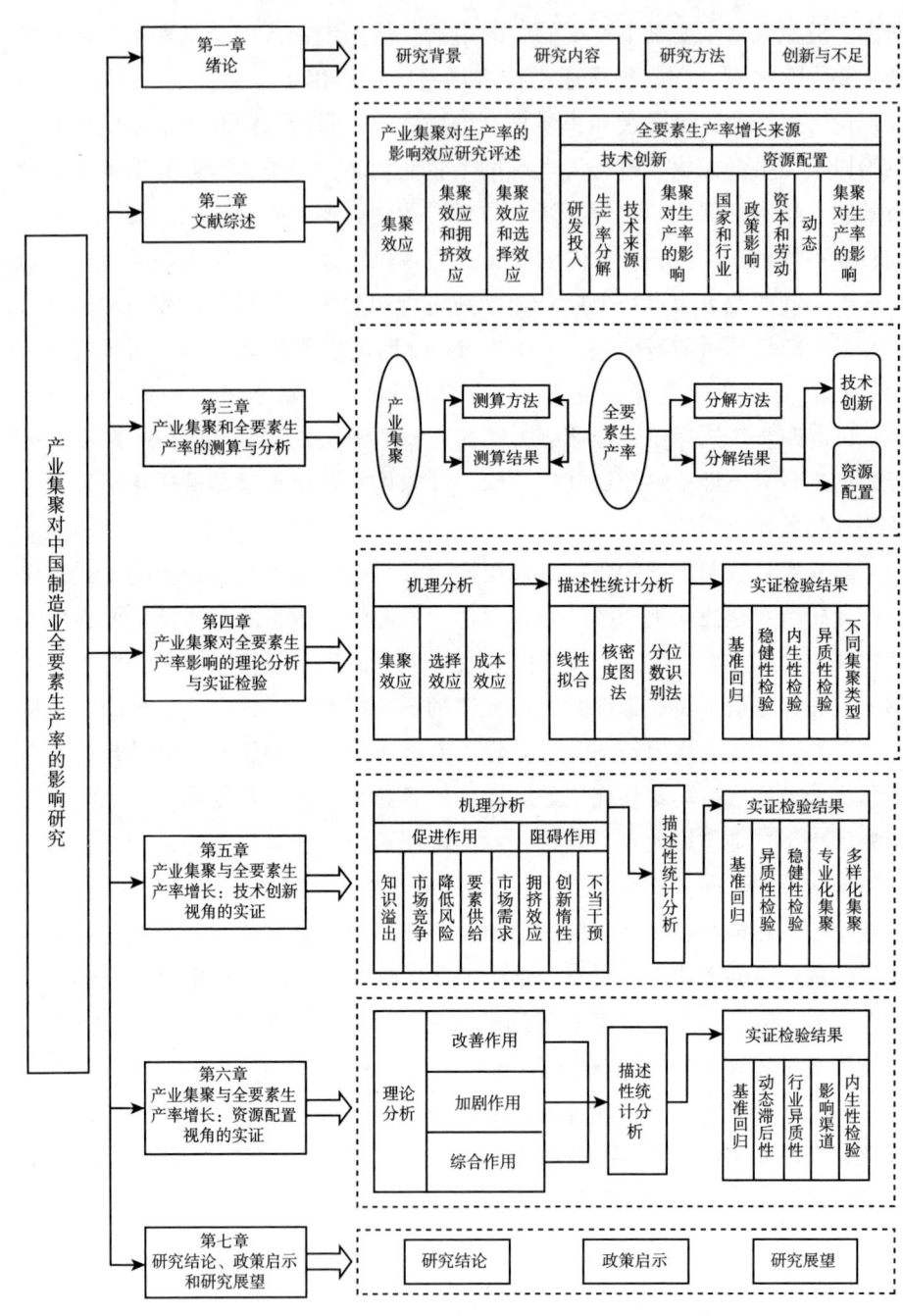

图1-1 技术路线

1.3 研究方法

本书不仅研究了产业集聚对全要素生产率的直接影响，还探讨了产业集聚对全要素生产率增长来源的影响，即产业集聚对技术创新和资源配置的影响。本书在研究中选用恰当的研究方法以便得到更加可靠的研究结论。

第一，对比分析法。本书第 3 章将不同产业集聚水平分组下的制造业行业加总生产率增长分解为技术创新和资源配置，通过对比分析技术创新和资源配置对行业加总生产率增长贡献份额的大小，探讨全要素生产率增长的主要来源。通过对比不同产业集聚水平上的加总生产率各分解项贡献份额的大小，研究不同产业集聚水平上加总生产率增长的来源是否存在差异。第 4 章和第 5 章通过对比专业化集聚和多样化集聚对中国制造业行业全要素生产率以及企业技术创新的实证检验结果，分析专业化集聚和多样化集聚的差异化影响。第 5 章在描述性统计分析中采用对比分析法研究企业平均创新产出和创新企业所占比重在不同所有制类型、不同要素密集型行业和不同地区之间存在的差异。第 6 章在描述性统计分析中采用对比分析法研究资源错配程度在不同产业集聚水平和不同要素密集型行业之间存在的差异。

第二，定性分析与定量分析相结合。本书第 4 章采用线性拟合图对产业集聚和行业平均生产率之间的关系进行描述性统计分析，初步认识产业集聚和行业平均生产率之间的关系，并在此基础上进一步采用核密度图法和分位数识别法对集聚效应、选择效应和成本效应进行识别，然后在描述性统计分析的基础上采用双固定效应模型对产业集聚和行业平均生产率的关系进行实证检验。第 5 章在对行业平均创新产出以及创新企业所占比重进行初步统计分析的基础上，采用 Truncreg 断尾模型和 Heckman 两步法选择模型实证检验产业集聚对企业创新的影响。第 6 章在对中国制造业行业资源错配程度进行描述性统计分析的基础上，结合双固定效应模型、系统广义矩估计法等计量方法，实证检验产业集聚对资源错配的影响效应，从而实现定性分析和定量分析相结合。

第三，规范分析与实证分析相结合。本书第 4 章、第 5 章和第 6 章在研究产业集聚对全要素生产率、技术创新和资源配置的影响的过程中，首先对产业集聚的作用机理进行规范分析，然后在规范分析的基础上，结合多种计量方法，如双固定效应法、Heckman两步法、系统广义矩估计法、两阶段最小二乘法等，对理论机制进行实证检验，从而做到规范分析和实证分析相结合。规范分析与实证分析相结合的方法增加了研究结论的可信性和可靠性，能够更加有理、有据地论证观点。

1.4 研究的创新点与不足

1.4.1 研究的创新点

本书的创新点主要体现在以下几个方面：

（1）创新研究视角，在产业集聚不同分组条件下，研究了技术创新和资源配置对加总生产率增长的差异化贡献。一方面，已有研究主要采用传统的基于前沿面的数据包络分析法或者随机前沿生产函数法将全要素生产率增长分解为前沿技术进步、技术效率、规模效应和配置效应，这种方法不能很好地解决生产函数估计过程中存在的同时性偏误和样本选择性偏误问题。另一方面，虽然已有研究考虑了技术创新和资源配置对全要素生产率增长的影响，但是在不同产业集聚水平上，全要素生产率增长的主要来源可能存在显著差异，而已有研究并未对此进行深入探讨。本书第3章在采用OP法测算企业全要素生产率的基础上，采用DOP分解法研究了不同产业集聚水平分组下，中国制造业加总生产率增长的来源。研究发现：在低产业集聚水平的企业内，技术创新和资源配置均有助于生产率水平的提高；在中产业集聚水平的企业内，技术创新有助于生产率水平的提高，而资源配置在1998—2002年有助于生产率水平的提高，在2003—2007年对生产率增长产生负面影响；在高产业集聚水平的企业内，全要素生产率增长主要源于资源配置，其次是技术创新。

（2）在定量识别产业集聚带来的集聚效应、选择效应和成本效应的基础上，探讨产业集聚对全要素生产率的影响机理。关于产业集聚对生产率影响问题的相关研究，或者在理论分析的基础上实证检验产业集聚对生产率的影响效应，或者研究集聚地区的高生产率是来源于集聚效应还是选择效应。前者未能有效识别集聚效应和选择效应，后者不能探讨产业集聚对生产率影响的一般规律。此外，同时考虑集聚效应、选择效应和成本效应的研究相对匮乏。本书第 4 章在已有研究的基础上，首先基于中国制造业微观企业数据，采用核密度图法和分位数识别法，对集聚效应、选择效应以及成本效应进行初步识别，然后在初步识别的基础上，进一步采用计量方法实证检验产业集聚对全要素生产率的影响效应。通过初步识别和实证检验相结合发现，产业集聚主要通过集聚效应而非选择效应提高中国制造业行业平均生产率，并且，当产业集聚水平较低时，产业集聚带来的集聚效应有助于生产率水平的提高，而当产业集聚水平较高时，成本效应占主导地位，并降低行业平均生产率。

（3）明确技术创新和资源配置是影响全要素生产率的重要因素，利用改进的 Heckman 两步法选择模型研究产业集聚对技术创新的影响，从政府主导产业集聚视角探讨产业集聚如何作用于资源配置。第 5 章在理论分析的基础上采用 Heckman 两步法选择模型实证检验产业集聚对企业创新的影响。与已有研究相比，采用 Heckman 两步法选择模型不仅能够有效解决样本选择性偏误，还能够同时检验产业集聚对企业创新产出和企业创新积极性的影响。第 6 章采用理论分析与实证检验相结合的方式研究产业集聚对资源配置的影响。已有研究主要探讨了产业集聚对信贷资源配置、劳动力资源配置和资本资源配置的影响，本书则从中国制造业产业集聚具有较强的政府主导性这一事实出发，研究产业集聚对中国制造业资源配置的影响。总之，本书通过研究产业集聚对技术创新和资源配置的差异化影响，深入挖掘了产业集聚对全要素生产率的影响渠道，为集聚经济的发展以及全要素生产率水平的提升提供了新的启示。

1.4.2 研究的不足之处

（1）第 3 章采用 DOP 分解法将加总生产率增长分解为组内效应、组间效应、进入效应和退出效应。其中，组内效应用于反映技术创新，组间效应用于反映静态资源配置，组间效应、进入效应和退出效应共同反映了动态资源配置。本书主要研究技术创新和动态资源配置对加总生产率增长的贡献，以及产业集聚通过技术创新和动态资源配置对全要素生产率产生的影响，而没有进一步研究静态资源配置和企业进入、退出行为对资源配置的影响。

（2）第 4 章借鉴 Combes 等（2012）等研究提出的左截断 – 右移动思想，

采用核密度图法和分位数识别法从图形和数值特征上对集聚效应、选择效应和成本效应进行初步判断和识别，而没有采用 Combes 等（2012）提出的嵌套模型将集聚效应、选择效应和成本效应参数化。

（3）鉴于研究的可操作性以及数据的可获得性，本书选择 1998—2007 年中国全部国有工业企业及规模以上非国有工业企业作为样本。样本区间之所以选择 1998—2007 年是因为 2008—2013 年工业增加值、固定资产净值年平均余额、中间投入合计等关键变量缺失，从而无法测算 2008—2013 年的企业全要素生产率水平和资源错配程度，而全要素生产率和资源错配是本书的核心关键变量。此外，2008 年企业法人代码缺失，2008—2009 年数据缺失严重，2010 年数据质量较差，并且从 2011 年开始，《中国工业企业数据库》"规模以上"统计口径发生了变化。

2 文献综述

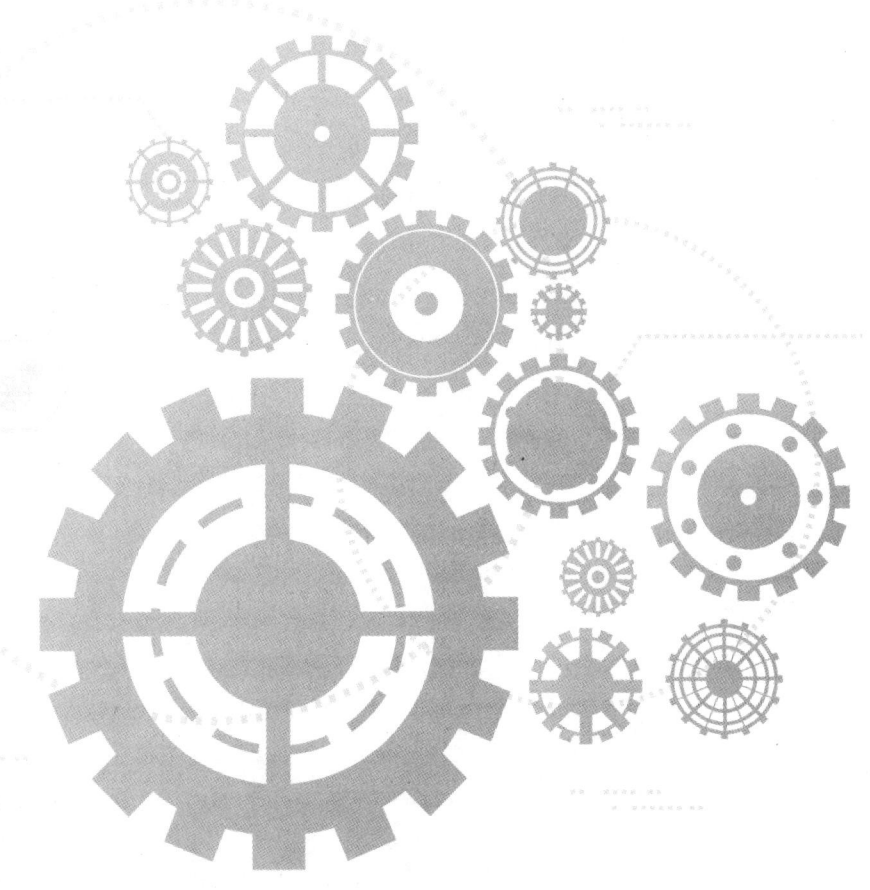

全要素生产率指的是在各种要素投入水平给定的前提下所能达到的额外生产效率。全要素生产率主要由微观生产效率和资源重新配置效率两部分构成。微观生产效率主要包括体制、管理和技术创新相关的因素，其中，技术创新以及技术进步的速度是经济增长的重要影响因素。资源重新配置效率通过产业结构的调整、升级或者高度化以及高生产率企业的规模扩大获得。未来经济增长不仅要开发新的全要素生产率源泉，还要继续挖掘全要素生产率的传统潜力（蔡昉，2013）。总之，提高全要素生产率应该既注重提高企业技术创新能力又注重改善资源配置效率。技术创新和资源配置作为推动全要素生产率提高和经济增长的两大动力源泉，在学术界被广泛关注，并产生了一大批研究成果。本章首先总结了产业集聚对生产率的影响效应的相关研究成果，然后分别从不同角度梳理了技术创新和资源配置对生产率影响的相关文献，肯定了技术创新和资源配置对生产率提升的重要性，并梳理和总结了产业集聚通过技术创新和资源配置影响生产率提升的相关研究成果。

2.1　产业集聚对生产率的影响效应研究评述

通过对近年来关于产业集聚对劳动生产率或全要素生产率影响的相关研究进行梳理和总结发现，产业集聚主要通过集聚效应、选择效应和成本效应影响生产率水平。从研究进展来看，关于产业集聚对生产率影响的相关研究可以分为三种类型：一是仅考虑集聚效应，从而考察产业集聚对生产率增长的正向促进作用；二是在集聚效应的基础上进一步考虑产业集聚带来的拥挤效应，从而研究产业集聚和生产率之间可能存在的非线性关系；三是在集聚效应的基础上引入企业异质性，考虑异质性企业空间定位选择行为带来的选择效应，从而研究产业集聚提高生产率的作用途径是集聚效应还是选择效应。

2.1.1　集聚效应

企业在某一地理范围内的集聚能够带来密集的劳动力市场、中间投入品共享和知识溢出（Marshall，1920）。Duranton 和 Puga（2004）进一步将集聚的微观机制划分为共享、匹配和学习。共享包括共享不可分割的产品或基础设施、共享中间投入品、共享专业化的收益以及分担风险，匹配包括提高匹配的质量、增加匹配的机会，学习包括知识的产生、传播和积累，即知识、信息和技术等的溢出。产业集聚带来的上述效应即为集聚效应，集聚效应有助于生产率水平的提高。

（1）城市规模或经济密度对劳动生产率的影响研究。

从产业集聚对生产率影响的研究进展来看，早期研究多采用城市规模、市场规模衡量经济集聚程度。Shefer（1973）、Segal（1976）、Fogarty 和 Garogalo（1978）、Moomaw（1985）研究了城市规模对劳动生产率的影响，发现城市规模的增加有助于提高劳动生产率水平，因而大城市具有更高的生产率。此外，市场规模和地区生产率之间也呈显著的正相关关系（Davis、Weinstein，2001），市场规模的扩大有助于激励创新（Desmet、Parente，2010），而创新是推动生产率水平提高的重要影响因素。上述研究主要采用城市规模或市场规模衡量经济集聚程度，进而研究城市规模或市场规模对劳动生产率的影响。然而，和城市规模或市场规模指标相比，经济密度，即单位土地面积上的经济活动量，能够更好地衡量经济集聚程度（Ciccone、Hall，1996）。Ciccone 和 Hall（1996）利用美国数据的研究发现，非农就业密度和非农产业劳动生产率之间呈正相关关系，地区非农就业密度每增加一个单位，非农劳动生产率水平增加 6%，表明企业在地理范围内的临近能够产生技术外溢，进而促进劳动生产率水平的提高。在 Ciccone 和 Hall（1996）的基础上，Dekle 和 Eaton（1999）基于日本数据的研究发现，日本的地区就业密度和劳动生产率之间也呈显著的正相关关系。Ciccone（2002）利用法国、德国、英国、意大利和西班牙五国数据研究了地区就业密度对劳动生产率的影响，并使用地区面积作为就业密度的工具变量，研究发现，就业密度每增加一个单位，地区劳动生产率水平增加 4.5%。Ottaviano 和 Pinelli（2006）采用地区经济密度指标衡量经济集聚程度，研究发现，提高地区经济密度有助于提高地区劳动生产率水平，因而肯定了经济集聚对劳动生产率的正向促进作用。

国内学者范剑勇（2006）认为集聚效应主要体现在单位产品的平均成本下降，采用非农就业密度衡量产业集聚程度，基于 2004 年中国地级城市数据的研究发现，产业集聚提高了地区劳动生产率，并且产业集聚是导致各地区之间的劳动生产率存在持久差距的主要原因。考虑到经济密度指标反映了经济主体之间相互临近产生的技术外溢效应，经济密度指标主要关注地区自身地理特征对劳动生产率的影响,然而,地区劳动生产率还会受到相邻地区的影响,而市场潜能指标能够衡量市场主体交互作用带来的货币外部性对劳动生产率的影响,因此,刘修岩和贺小海(2007)采用1999—2004年中国地级面板数据研究了地区人口密度和地区市场潜能对该地区非农劳动生产率的影响,研究发现,市场潜能带来的货币外部性以及人口密度带来的技术外部性均有助于提高非农劳动生产率水平,并且市场潜能的作用大于人口密度的作用。此外,考虑到实证研究中经济地理单元选择过大可能会降低研究结论的可信度,因此,陈良文等(2008)采用2004年北京市内街道层面的数据作为样本,研究发现,北京市内不同区域的劳动生产率水平存在显著差异,而经济集聚程度是劳动生产率存在差异的主要原因,采用单位面积上的就业水平和产出水平衡量经济集聚密度的实证检验结果表明,经济密度和地区劳动生产率之间呈显著的正相关关系,经济集聚通过密集的劳动力市场、厂商之间的上下游关联效应和知识溢出效应有助于提高劳动生产率。

(2)专业化集聚和多样化集聚对生产率的影响研究。

根据集聚区内的企业是否属于同一行业可以将产业集聚划分为专业化集聚和多样化集聚。Marshall(1920)认为同一行业内的企业在某一地理范围内的集聚有助于知识溢出,而Jacobs(1969)认为不同行业内的企业集聚更有助于研发创新和知识溢出。Glaeser等(1992)将前者称为"MAR外部性",即专业化外部性,将后者称为"Jacobs外部性",即多样化外部性。关于专业化集聚和多样化集聚对生产率提升和经济增长的影响研究并未达成一致结论。一方面,部分学者认为多样化集聚更有利于提高生产率和促进经济增长。Glaeser等(1992)基于1956年和1987年美国170个城市数据的研究发现,多样化集聚有利于美国经济增长而专业化集聚不利于美国经济增长。Cainelli和Leoncini(1999)对1961—1991年意大利数据的研究发现,多样化外部性有助于地区经济增长而专业化外部性对地区经济增长的影响不稳定。另一方面,部分研究成果支持专业化集聚。Capello(2002)对意大利米兰企业数据的研究认为,专业化集聚比多样化集聚更重要。Henderson(2003)认为专业化集聚是高科技产业劳动生产率水平提高的主要影响因素。Martin等(2011)利用法国企业层面数据的研究支持了专业化集聚而没有发现多样化集聚。此外,Forni和Paba(2002)、Ciccone(2002)、Andersson等(2005)、Brülhart和Mathys(2008)、Beaudry和Schiffauerova(2009)认为专业化集聚和多样化集聚均有助于生产率水平的提高和地区经济增长。

国内学者也对专业化集聚和多样化集聚对生产率的差异化影响展开大量研究。刘修岩（2009）采用2003—2006年中国地级及以上城市面板数据的研究发现，经济集聚有助于提高非农劳动生产率水平，多样化经济对劳动生产率的影响不显著，而专业化经济对劳动生产率的影响显著为正。然而，张海峰和姚先国（2010）采用2004年浙江省经济普查数据的研究发现，多样化外部性在总体上有助于提高企业劳动生产率，并且多样化外部性更有利于提高规模以下工业企业和低劳动生产率企业的生产率水平，而专业化外部性对企业劳动生产率的影响不显著。此外，范剑勇等（2014）利用1998—2007年中国通信设备、计算机与其他电子设备制造业企业面板数据，研究专业化集聚和多样化集聚对全要素生产率及其分解项的影响，研究发现，专业化集聚改善了技术效率，进而有助于促进TFP增长，而多样化集聚没有显著促进TFP增长。由此可见，专业化集聚和多样化集聚对生产率的影响效应可能因为样本范围的选择而异，专业化集聚和多样化集聚对生产率的影响效应不能一概而论。

综上所述，国内外大量研究成果表明，在集聚效应的作用下产业集聚有助于生产率水平的提高，并且专业化集聚和多样化集聚对生产率水平提升的影响效应因样本选择而异。

2.1.2 集聚效应和拥挤效应

虽然产业集聚带来的集聚效应有助于生产率水平的提高，但是产业过度集聚带来的拥挤效应会对生产率水平的提高产生阻碍作用。拥挤效应是指在产业集聚过程中，大量企业进入同一集聚地区引致的过度集聚问题。拥挤效应会导致集聚地区交通及通勤成本上升、居住及生活成本上升、生产要素价格上升、基础设施和原材料短缺、生态环境恶化等一系列问题，并且为了争夺原材料和公共基础设施，企业之间还存在过度竞争问题（孙浦阳，2013；李晓萍等，2015）。拥挤效应会阻碍生产率水平的提高。因此，在产业集聚对生产率影响问题的研究过程中不应忽视拥挤效应的作用。在集聚效应和拥挤效应的共同作用下，产业集聚和生产率之间可能存在非线性关系。

国外研究成果表明，城市规模的增加会导致城市内通勤成本上升，当城市规模超过最优规模以后,规模经济效应会转变为拥挤效应(Henderson, 1974)。因此,当城市规模过大时,拥挤效应占主导地位,并带来负面影响。Henderson(1986)对美国和巴西数据的研究同样表明,产业集聚带来的规模经济效应会随着城市规模的扩大而逐渐减小。产业集聚带来的拥挤效应会导致生产率水平的下降(Rappaport,2008)。此外,Brüllhart 和 Mathys(2008)基于欧洲地区数据研究了经济集聚在长期和短期内对劳动生产率的差异化影响,研究发现,经济集聚在短期内存在拥挤效应,拥挤效应导致劳动生产率水平下降,但是经济集聚在长期内有助于提高劳动生产率水平。经济集聚既有可能带来集聚效应又有可能带来拥挤效应,在集聚效应和拥挤效应的共同作用下,集聚经济的净效应和生产率之间可能存在非线性关系。Broersma 和 Oosterhaven(2009)基于荷兰数据的研究发现,在集聚效应和拥挤效应的共同作用下,经济集聚有助于促进劳动生产率水平的提高,但是经济集聚对劳动生产率增长率产生负面影响。Rizov 等(2012)基于 1997—2006 年荷兰地区数据的研究发现,集聚的净效应和生产率增长之间呈非线性关系,集聚引起的拥挤效应对生产率增长产生负面影响。

国内学者肖文和王平(2010)对城市发展的研究发现,外部规模经济效应的提高和拥挤效应的减小有助于扩大最优城市规模并提高对应的福利水平,并且城市空间结构取决于外部规模经济效应和拥挤效应的大小。周圣强和朱卫平(2013)基于 1999—2006 年中国 60 个主要工业城市面板数据,采用门限模型的回归结果显示,在 2003 年之前,产业集聚的规模效应占主导地位,但是 2003 年以后,拥挤效应占主导地位,在整个样本期间,产业集聚和全要素生产率之间呈显著的倒"U"形关系。孙浦阳等(2013)基于 2000—2008 年中国 287 个城市面板数据的研究发现,在短期内,产业集聚的拥挤效应占主导地位,但是在长期内,产业集聚有助于提高劳动生产率水平,此外,在长期内,工业集聚对劳动生产率的影响显著为正,而服务业集聚对劳动生产率的影响不显著,并且专业化集聚和多样化集聚对劳动生产率的影响存在显著差异。

综上所述,产业集聚带来的集聚效应有助于生产率水平的提高,但是当产业过度集聚时,产业集聚带来的拥挤效应占主导地位,并对生产率水平的提高产生阻碍作用。在集聚效应和拥挤效应的共同作用下,产业集聚带来的净效应和生产率之间呈非线性关系。

2.1.3 集聚效应和选择效应

选择效应是指在考虑企业异质性的情况下，由于集聚地区存在激烈的市场竞争，激烈的市场竞争使低生产率企业被迫退出市场，而高生产率企业能够在竞争中胜出并持续存活，从而导致集聚地区企业具有更高的生产率水平。此外，高生产率企业更倾向于选择集聚地区，因为高生产率企业能够从集聚中获得更大的收益，而低生产率企业倾向于远离集聚区以避免激烈的市场竞争。总之，在选择效应的作用下，集聚地区往往具有更高的生产率。又由于产业集聚带来的集聚效应也有助于生产率水平的提高，那么，集聚地区的高生产率是源于集聚效应还是选择效应？本节对相关文献进行梳理和总结。

（1）国外研究成果。

大量研究成果表明，集聚地区或大城市具有更高的生产率水平（Rosenthal、Strange，2001；Baldwin、Okubo，2006；Melo 等，2009；Okubo、Tomiura，2012；Combes 等，2012），那么，集聚地区的生产率优势是来源于集聚效应还是选择效应？已有研究基于不同的样本得到不同的结论。

首先，Duranton 和 Puga（2004）、Rosenthal 和 Strange（2004）、Greenstone 等（2010）、Okubo 和 Tomiura（2012）、Combes 等（2012）认为不同地区之间存在的生产率差异主要来源于集聚效应。具体地，Okubo 和 Tomiura（2012）根据日本制造业企业生产率分布特征的研究发现，日本制造业存在显著的集聚效应而未发现选择效应。Combes 等（2012）通过构建一个嵌套模型将集聚效应和选择效应参数化，并利用1994—2002年法国341个就业区以及364个地区企业层面数据的研究发现，法国不同地区之间的生产率差异主要来源于集聚效应而非选择效应。

其次，集聚地区激烈的市场竞争迫使低生产率企业从市场中退出，而高生产率企业存活下来，进而导致大城市有更高的生产率，即选择效应会导致大城市有更高的生产率（Baldwin、Okubo，2006；Melitz、Ottaviano，2008；Okubo 等，2010）。由于大城市具有优质的生产要素、健全的基础设施建设，高生产率企业更倾向于选择定位于大城市，以获得经济集聚的好处（Berry、Glaeser，2005）。选择效应是一种异质性企业空间选址行为，高生产率企业会主动选择定位于大城市，忽略选择效应会高估集聚效应的作用（Baldwin、

Okubo，2006）。Saito 和 Copinath（2009）对智利食品业的研究肯定了选择效应对生产率提升的重要性。而 Okubo 等（2010）研究发现，经济集聚程度越大，高效率的企业和低效率的企业越会相互远离彼此，贸易成本的下降导致高效率企业定位于大市场，低效率企业定位于小市场，但是当市场的空间隔离不能有效保护低效率企业免于来自高效率企业的市场竞争时，低效率企业也会选择定位于大市场。

最后，Behrens 和 Nicoud（2013）、Behrens 等（2014）认为集聚效应和选择效应均是大城市具有高生产率的主要来源。此外，Arimoto 等（2014）采用 Combes 等（2012）的研究方法，对日本缫丝行业的研究发现，集聚效应和选择效应均有助于提高集聚区的生产率水平。

（2）国内研究成果。

随着新经济地理理论的兴起，关于企业异质性问题的考察变得越来越重要。国内学者在研究中也逐渐将企业异质性问题提上日程，并考察选择效应对生产率的影响，研究不同地区之间的生产率差异是源于集聚效应还是选择效应。梁琦等（2013）认为中国地区之间存在的全要素生产率差异可能来源于集聚效应和异质性企业空间定位选择行为，并采用市场潜能和企业生产率分布的关系刻画异质性企业空间定位选择行为，采用基尼系数和生产率的关系刻画集聚效应，基于中国工业企业微观数据采用分位数回归进行实证检验，研究结果表明，中国地区生产率差异主要来源于异质性企业空间定位选择行为而非集聚效应。然而，使用区域或者部门层面的汇总数据难以区分集聚地区的高生产率是源于集聚效应还是高生产率企业的进入行为。因此，王良举和陈勇军（2013）采用 2001—2007 年中国制造业微观企业数据进行研究，发现提高地区非农就业规模有助于企业劳动生产率增长，中国制造业内存在显著的集聚效应。

虽然上述研究均考虑了集聚效应和选择效应对生产率增长的影响，但是并没有对集聚效应和选择效应的作用进行有效识别，而 Combes 等（2012）提出的嵌套模型将集聚效应和选择效应参数化，能够同时测算集聚效应和选择效应对生产率的影响。余壮雄和杨扬（2014）通过改进 Combes 等（2012）的方法，提出基于格点搜索的非线性最小二乘法以识别集聚效应和选择效应。余壮雄和杨扬（2014）基于 1998—2007 年中国工业企业数据的研究发现，中国大城市生产率优势的主要来源是集聚效应而非选择效应，此外，小城镇向小城市扩张、大城市向特大城市扩张能够带来更大的边际集聚效应，并且和大企业相比，中小企业能够从集聚中获得更多的收益。王永进和张国峰（2016）运用Combes等（2012）的方法研究了中国开发区生产率优势的来源，研究发现，虽然集聚效应、选择效应均有利于开发区获得更高的生产率，但是开发区高生产率主要源于集聚效应，并且低生产率企业从集聚效应中的获益更大，而且开发区有利于民营企业、小规模企业和年轻企业从集聚效应中获得更大的收益。上述研究认为中国大城市或开发区的生产率优势主要来源于集聚效应，但是均没有考虑拥挤效应对生产率提升带来的负向影响。李晓萍等（2015）采用Combes等（2012）构建的嵌套模型，利用1999—2007年中国地级市工业企业数据，对集聚效应（拥挤效应）和选择效应进行识别，研究发现，经济集聚带来的拥挤效应导致多数制造业企业生产率水平下降，并且样本期间存在选择效应。此外，刘海洋等（2015）基于企业生命周期研究了中国集聚县市企业生产率优势的来源，研究结果显示，集群地区具有更高的生产率，集聚地区的生产率优势主要来源于选择效应而非集聚效应。

综上所述，集聚效应和选择效应均是集聚地区高生产率的主要来源，有必要对集聚地区的集聚效应和选择效应进行有效识别。此外，还应该考虑过度集聚带来的拥挤效应对生产率提升产生的阻碍作用。关于集聚地区的生产率优势是来源于集聚效应还是选择效应的问题，国内外研究基于不同的样本和识别方法得到不同的结论，由此可见，集聚效应和选择效应对不同区域生产率水平提升的影响可能不同。

2.2 产业集聚与全要素生产率：聚焦于技术创新的研究线索

改革开放以来，中国经济经历了一段时间的高速增长。但是，随着人口老龄化和"人口红利"的消失，劳动力短缺日益严重，工资上涨日益普遍。继续依靠增加要素投入的经济发展模式难以为继，而采用提高资本劳动比的方法改善劳动生产率也会遭遇资本报酬递减的困扰。因此，中国经济应该从要素投入型发展模式转向全要素生产率驱动型（蔡昉，2013），而技术进步和研发创新对提高全要素生产率水平具有重要作用。大量研究表明，提高技术创新水平能够有效提高全要素生产率。本章分别从研发投入视角、生产率分解视角以及技术来源视角对相关文献进行总结,为技术创新有助于生产率提高的结论提供了证据支持。此外,本章还梳理了产业集聚通过技术创新影响全要素生产率的相关研究成果。

2.2.1 研发投入视角下的技术创新

早在20世纪60年代,Griliches(1964)、Mansfield(1965)等学者采用计量模型实证检验了R&D投入对生产率提升的影响,研究发现,增加R&D投入能够显著提高生产率水平。到20世纪80年代,新经济增长理论兴起以后,R&D与生产率关系问题的理论框架也逐渐成熟(Griliches,1979;吴延兵,2006)。大量文献开始从企业层面或者行业层面研究R&D对生产率提高以及经济增长的影响。Harhoff(1998)、Jefferson等(2006)分别利用德国和中国企业层面数据的研究发现,增加R&D投入对生产率增长具有显著的促进作用。Sveikauskas等(1982)、Mansfield(1988)、Bernstein(2001)分别利用美国、日本和加拿大制造业产业层面数据测算了R&D对生产率增长的产出弹性。Doraszelski和Jaumandreu(2013)在构建理论模型的基础上采用1990年西班牙9个制造业行业的企业数据,研究发现增加研发支出有助于推动企业提高生产率水平。总之,基于企业层面数据和产业层面数据的研究结果均表明,增加研发投入能够显著促进生产率水平的提升。

国内学者也对研发投入和生产率关系问题展开大量的研究。吴延兵(2006)基于中国制造业4位数产业数据的研究发现,R&D和生产率之间呈显著正相关关系,R&D能够显著促进生产率水平的提高,并且这种促进作用与产业技术机会有关,而且,相对于非高技术产业,R&D更有利于高技术产业增加产出。夏良科(2010)使用中国大中型工业企业的行业层面数据的研究发现,行业自身R&D以及R&D溢出均是全要素生产率的重要影响因素,其中,行业自身R&D投入能够显著促进技术进步和全要素生产率增长。柳剑平和程时雄(2011)通过将研发资本存量分为本国本行业R&D资本存量、本国其他行业R&D资本存量、外国本行业R&D资本存量、外国其他行业R&D资本存量,研究发现,本国本行业R&D资本存量、本国其他行业R&D资本存量、外国本行业R&D资本存量均有助于中国工业行业生产率水平的提高。李静等（2013）基于2005—2007年中国工业企业数据的研究发现，研发投入能够显著激励企业提高全要素生产率水平，并且高新技术行业、国有企业和港澳台企业的研发溢出效应更突出。程惠芳和陆嘉俊（2014）运用1997—2010年中国大中型工业企业面板数据的研究发现，技术开发和技术改造投入有助于大中型工业企业全要素生产率水平的提高，基于全样本的实证检验结果表明，技术开发投入对企业全要素生产率的正向促进作用最显著。蒋殿春和王晓晓（2015）利用1998—2011年中国30个省市面板数据的研究发现，研发投入在总体上有助于改善全要素生产率水平，但是不同执行部门和不同类型的研发投入之间又存在显著差异，为了提高全要素生产率水平应该进一步调整研发投入结构和研发体制改革。程惠芳和陈超（2017）研究了1981—2010年130个经济体知识资本对全要素生产率的影响，发现国内知识资本和国外知识资本的溢出均有助于提高全要素生产率水平，但是不同知识资本对不同创新经济体全要素生产率的影响存在明显差异。

综上所述，国内外大量研究成果利用不同的样本数据，采用不同的研究方法，基于不同的研究视角研究了R&D投入、R&D资本存量、技术开发或改造投入以及知识资本投入对生产率提升的影响。研究结果均表明，增加研发投入有助于全要素生产率水平的提升。

2.2.2 生产率分解视角下的技术进步

关于全要素生产率问题的研究，大量学者采用传统的以生产前沿面为基础的随机前沿生产函数法或数据包络分析法测算全要素生产率水平，并将全要素生产率增长分解为前沿技术进步、技术效率、规模效应和配置效应，进而分析前沿技术进步对全要素生产率提升的影响。

一方面，部分学者采用随机前沿生产函数法将全要素生产率进行分解，研究前沿技术进步对生产率增长的贡献。涂正革和肖耿（2005）采用1995—2002年中国大中型工业企业数据，研究了中国37个两位数行业全要素生产率的增长趋势，研究发现，中国大中型工业企业的全要素生产率水平不断提高，而前沿技术进步是全要素生产率增长最重要的动力来源，前沿技术进步有助于推动全要素生产率快速增长。严兵（2008）研究了1999—2006年中国制造业内外资企业全要素生产率的动态变化特征，通过对全要素生产率进行分解发现，前沿技术进步是全要素生产率水平提高的核心动力。白俊红等（2009）基于1998—2006年中国30个省级地区面板数据，采用超越对数随机前沿模型测算了中国各地区的全要素生产率增长率，研究发现，前沿技术进步是全要素生产率提高的根本动力，并且各地区研发创新的全要素生产率和技术进步水平均不断提高，但是增长速度较慢，为了提高全要素生产率水平，中国应该增加创新投入，推动前沿技术进步。范剑勇等（2013）基于1998—2007年中国制造业企业数据的研究发现，前沿技术进步是提高全要素生产率水平的主要影响因素，而规模效应和配置效应对全要素生产率增长的作用非常小，技术效率改善对全要素生产率增长的影响为负。

另一方面，还有部分学者采用数据包络分析法将全要素生产率增长进行分解，进而探讨技术进步对全要素生产率增长的贡献。赵春雨等（2011）采用DEA－Malmquist生产率指数法测算了1999—2009年中国经济总体8大部门的全要素生产率水平，并采用基于方向性距离函数的Malmquist－Luenberger生产率指数测算了1999—2009年工业部门18个分行业的绿色生产率水平，研究发现，经济总体全要素生产率以及绿色全要素生产率的增长都主要得益于技术进步。秦炳涛等（2016）基于2000—2010年中国地级市层面数据，采用Malmquist生产率指数法对全要素生产率的测算结果发现，技术进步水平的提高以及技术效率的改善均是全要素生产率水平提高的重要影响因素。此外，李平（2016）采用数据包络分析法和随机前沿生产函数法对微观厂商全要素生产率的分解结果显示，技术进步和技术效率都有助于推动全要素生产率水平的提高，中国应该注重加快科技创新步伐、助力企业提质增效。

综上所述，传统的基于前沿面的随机前沿生产函数法和数据包络分析法能够将全要素生产率增长分解为前沿技术进步、技术效率等变量，进而研究前沿技术进步对全要素生产率增长的贡献。通过对相关文献的梳理本章发现，前沿技术进步是全要素生产率提升的重要影响因素。

2.2.3 技术来源视角下的技术创新

中国作为最大的发展中国家，和发达国家相比，中国的技术水平和研发创新能力相对较低。面对发达国家技术前沿，中国可以通过吸收、学习、引进国外先进技术提高技术创新能力，也可以通过自主研发增强技术创新能力。

技术引进和自主研发均有助于全要素生产率水平的提升。

一方面，引进、吸收、学习国外先进技术是提高全要素生产率水平的重要途径。首先，从出口的角度看，出口有助于提高企业全要素生产率水平（Baldwin、Gu，2003；Biesebroeck，2005；Yang、Mallick，2010）。因为出口企业进入国际市场以后将面临更加激烈的国际市场竞争，进而迫使企业提高生产率。而且，出口企业能够更加便捷地学习、吸收和模仿国外先进技术，通过"干中学"提升企业自身的生产率水平。其次，进口中间品也有助于企业全要素生产率水平的提升（Goldberg 等，2010；Mendoza，2010；Halpern 等，2015）。因为进口的中间品是新知识和新技术的载体，企业通过进口中间品能够学习国外先进技术，进而提高企业全要素生产率水平。再次，对外直接投资有助于学习先进技术，促进生产率水平的提高。Pradhan 和 Singh（2008）研究了 1988—2008 年印度汽车企业的对外直接投资对印度本国汽车行业的影响，研究发现印度汽车企业的对外直接投资有助于印度汽车企业利用国外先进技术和研发资源，促进印度汽车行业的发展。最后，参与全球经营也是全要素生产率水平提升的重要影响因素。参与全球经营的企业能够学习国外厂商的先进技术，因此，参与全球经营的企业比国内企业有更高的创新产出（Criscuolo 等，2010）。综上所述，国外研究成果表明，参与出口、进口中间投入品、对外直接投资以及参与全球经营的企业更有可能学习国外先进技术，并提升企业全要素生产率水平。

国内相关研究成果分别从技术引进方式、技术研发型外向 FDI、中间品贸易自由化和出口等角度研究了学习国外先进技术对提升全要素生产率水平的重要性。首先，从技术引进方式来看，朱平芳和李磊（2006）基于中国上海市大中型工业企业面板数据，研究了技术贸易和 FDI 两种技术引进方式对生产率的影响，研究发现，随着 FDI 转移的无形技术是三资企业劳动生产率以及全要素生产率比内资企业高的主要原因，而有形技术购买对国有企业劳动生产率水平和技术水平的提高具有显著的促进作用。其次，技术研发型外向 FDI 有助于企业利用全球优势资源以及当地的研发创新条件进行研发创新活动，有助于企业与当地企业共同从事研发活动、分享研发创新成果、降低企业研发创新风险，有助于企业直接并购国外先进技术。因此，技术研发型外向 FDI 有助于提升企业自身的技术水平和创新能力，进而提升企业全要素生产率水平（蒋冠宏等，2013）。蒋冠宏等（2013）采用 2005—2008 年中国对外投资的工业企业数据的实证研究结果显示,技术研发型外向FDI显著提升了企业生产率水平,并且技术研发型外向FDI对生产率提升作用呈倒"U"形,表明"学习效应"随着时间的推移呈先上升后下降的趋势。再次,中间品贸易自由化也是全要素生产率提升的重要影响因素。毛其淋和许家云(2015)基于1999—2007年中国企业层面微观数据和进口关税数据研究了中间品贸易自由化对中国制造业企业生产率演化的影响,研究发现,中间品贸易自由化有助于提高企业研发创新水平,进而提高企业生产率水平。最后,出口企业通过在国际市场上学习、吸收和模仿先进技术有助于提高自身全要素生产率水平。易靖韬和蒙双(2016)基于2005—2007年中国电子通信行业企业数据的研究发现,企业出口和创新行为决策以及二者的联动作用有助于促进企业全要素生产率水平的提高,验证了"出口中学习"效应。综上所述,技术引进和技术追赶是中国全要素生产率水平快速提升的主要原因。改革开放以来,外商直接投资、中间投入品进口、跨国公司的进入等均有助于中国企业学习国外先进技术,进而提升企业全要素生产率水平(刘世锦等,2015)。

另一方面,在引进、学习、吸收国外先进技术的同时,应该更加重视提升国内企业的自主创新能力。研发活动能够积累知识,并促进产品和工艺创新,进而为全要素生产率水平的提升和经济健康可持续发展提供动力和支持(吴延兵,2008),因此,提升企业自主创新能力应该重视自主研发活动。吴延兵(2008)基于1996—2003年中国地区工业面板数据的研究发现,自主研发和国外技术引进均显著促进了全要素生产率水平的提升,但是中国自主研发的吸收、学习和消化能力较低,没有与技术引进形成互补优势,中国应该更加注重提升企业自主研发能力。中国今后应该继续引进、学习、吸收国外先进技术,但与此同时,还应该更加注重原始性创新(刘世锦等,2015),提升自主创新能力。技术吸收过程是中国经济增长和全要素生产率提升的重要源泉,自主创新是中国长期全要素生产率提升的主要力量,技术吸收和自主创新相结合才是中国经济长期发展的有效途径(朱军,2017)。余泳泽和张先轸(2015)以中国29个省级地区为样本,采用面板门限回归模型,讨论了适宜性创新模式选择和全要素生产率之间的关系,研究发现,只有与要素禀赋、制度环境与经济发展阶段相匹配的适宜性创新模式才有助于提高全要素生产率水平。

综上所述，通过梳理和总结技术创新对全要素生产率影响的相关文献可以发现，无论基于研发投入视角、生产率分解视角还是技术来源视角，增加研发投入、技术进步、引进国外先进技术和增强自主创新能力所带来的技术创新有助于全要素生产率水平的提升，技术创新是全要素生产率增长的主要来源。

2.2.4 技术创新作用下产业集聚对生产率的影响研究

通过对已有文献的总结和梳理，本章发现，国内外大量研究成果支持技术创新有助于全要素生产率提升的重要结论。那么，在技术创新的作用下，产业集聚对全要素生产率增长产生怎样的影响？本章将进一步对产业集聚通过技术创新影响全要素生产率提升的相关文献进行梳理。

（1）产业集聚通过技术创新影响全要素生产率的研究。

关于产业集聚通过技术创新影响全要素生产率增长的相关文献，主要采用传统的基于前沿面的随机前沿生产函数法或数据包络分析法测算全要素生产率，并将全要素生产率增长分解为前沿技术进步和技术效率等，进而研究产业集聚通过各分解项对全要素生产率增长带来的影响。王燕和徐妍（2012）采用 DEA－Malmquist 生产率指数法将 2000—2008 年中国 20 个制造业行业全要素生产率增长进行分解，研究发现，产业集聚通过技术进步和技术效率均有助于提高全要素生产率，但是相对于技术效率，技术进步的促进作用更大，然而，产业集聚对技术进步和全要素生产率的促进作用随着产业集聚水平的提高而逐步下降。王丽丽（2012）以 2001—2007 年中国 28 个制造业行业为样本，采用数据包络分析的 Malmquist 指数法将全要素生产率进行分解，研究发现，产业集聚对全要素生产率增长的促进作用随着贸易开放程度的提高而提高，在贸易开放程度较高的条件下，产业集聚主要通过技术进步促进全要素生产率水平的提升。陈丰龙和徐康宁（2012）基于 2001—2010 年中国 28 个制造业行业层面的数据，采用 DEA－Malmquist 生产率指数法分解中国制造业全要素生产率的研究发现，本土市场规模与全要素生产率、技术进步和技术效率之间的关系均显著为正，并且产业集聚通过影响技术进步有助于促进全要素生产率水平的提高。综上所述，产业集聚通过技术进步有助于全要素生产率水平的提升。

此外，技术创新对全要素生产率提升的促进作用已被大量研究所证实，因此，部分研究直接探讨了产业集聚对技术创新的影响效应。一方面，知识溢出对企业技术创新具有重要作用。王永进和张国峰（2015）结合1998—2007年中国工业企业数据研究了人口集聚带来的沟通外部性对企业技术创新的影响，研究发现，人口集聚有助于扩大企业研发支出的规模并提高企业研发创新的可能性。此外，杜威剑和李梦洁（2015）基于《中国工业企业数据库》研究了产业集聚对企业创新决策和企业创新产出的影响，研究结果表明，产业集聚能够显著促进企业产品创新。另一方面，地方政府对中国制造业产业集聚的干预普遍存在，那么，地方政府干预下的产业集聚对企业技术创新产生怎样的影响？胡彬和万道侠（2017）从企业技术创新模型的选择行为出发，研究发现，地方政府干预为中国制造业企业集聚营造了一种低成本竞争的发展环境，产业集聚降低了中国制造业企业选择高端创新模型的可能性。地方政府对产业集聚的不当干预会降低甚至阻碍产业集聚积极作用的发挥，政府应该着力增强产业集聚的市场力量以提升企业创新意愿。

（2）专业化集聚和多样化集聚对技术创新的影响研究。

根据集聚区内的企业是否属于同一行业可以将产业集聚划分为专业化集聚和多样化集聚。Marshall（1920）认为知识溢出更有可能发生在属于同一行业的企业之间，因为同一行业内的企业具有相似的知识结构和技术需求，专业化集聚更有助于企业创新。而Jacobs（1969）认为知识溢出更有可能发生在属于不同行业的企业之间，因为属于不同行业的企业具有多样性和差异化特征，不同行业的企业集聚有助于多样性和互补性知识的相互交流和碰撞，并由此产生新知识和新思想，多样化集聚更有助于企业创新。在Marshall（1920）和Jacobs（1969）的研究基础上，大量学者关于专业化集聚和多样化集聚对技术创新的差异化影响展开研究，并基于不同的样本数据得到不同的研究结论。

国外学者Glaeser等（1992）对1956年和1987年美国170个城市的研究、Feldman和Audretsch（1999）基于美国小企业管理创新数据库（SBIDB）的研究、Oort（2002）基于新西兰研发劳动力成本数据的研究均发现，行业之间的知识溢出更有助于促进创新，研究结果支持了Jacobs外部性理论。然而，Baptista和Swann（1998）对1975—1982年英国248个制造业企业创新数据的研究发现，专业化集聚更有助于创新。而Paci和Usai（1999）对意大利784个地区和85个行业创新和产出活动的研究以及Andersson等（2005）对1994—2001年瑞典专利数据的研究认为专业化集聚和多样化集聚均有助于增加创新产出。此外，Duranton和Puga（2001）认为专业化集聚和多样化集聚对企业创新活动的影响与企业所处的生命周期阶段有关，多样化经济有助于年轻企业的研发创新，而专业化经济有利于成熟企业的研发创新，年轻企业会选择定位于多样化城市，而成熟企业会选择定位于专业化城市。

国内关于专业化集聚和多样化集聚对创新影响问题的研究主要包括以下几个方面：首先，专业化集聚和多样化集聚对企业创新的差异化影响。彭向和蒋传海（2011）采用中国30个地区21个工业行业数据研究了区域内专业化知识溢出和多样化知识溢出对产业创新的差异化影响，研究发现，专业化知识溢出和多样化知识溢出均有助于促进地区产业创新，但是多样化知识溢出中的产业互补性对产业创新的促进作用更大。其次，专业化集聚和多样化集聚对创新的影响与其他因素有关。董晓芳和袁燕（2014）认为专业化集聚和多样化集聚对企业创新的影响与企业生命周期的不同阶段有关。董晓芳和袁燕（2014）从企业生命周期的角度研究了多样化外部经济和专业化外部经济对企业创新的影响，研究发现，多样化外部经济更有利于年轻企业创新，而专业化外部经济更有助于成熟企业创新。最后，多样化集聚和专业化集聚对企业创新的影响在不同行业内的表现不同。张昕和李廉水（2007）基于中国29个省、市、自治区内医药制造业、电子和通信设备制造业的研究发现，专业化溢出有助于医药制造业、电子和通信设备制造业创新，而多样化溢出对医药制造业创新绩效有显著的正向影响，但是对电子和通信设备制造业创新绩效的影响为负。

2.3 产业集聚与全要素生产率：聚焦于资源配置的研究线索

技术进步和研发创新能力的提高是全要素生产率增长的主要来源之一，提高全要素生产率的另一主要途径是改善资源配置效率。当生产资源由低生产率企业流向高生产率企业时，这种跨企业资源再配置有助于提高加总生产率。此外，低生产率企业退出市场以及高生产率企业进入市场也有助于加总生产率水平的提高。通常情况下，将要素资源在在位企业间的再配置称为静态资源配置，将要素资源在在位企业间的再配置以及高生产率企业的市场进入和低生产率企业的市场退出行为带来的资源再配置称为动态资源配置。关于改善资源配置效率对于提高全要素生产率的重要性已被大量研究所证实。本节通过对相关文献进行梳理为改善资源配置有助于全要素生产率提升的重要性提供证据支持，并总结了产业集聚通过资源配置影响全要素生产率的相关研究成果。

2.3.1 国家和行业层面的资源配置

改善资源配置效率、降低资源配置扭曲有助于全要素生产率水平的提升。Foster 等（2006）基于美国制造业企业数据的研究支持了改善资源配置效率有助于促进全要素生产率提升的结论。改善资源配置对全要素生产率提升的重要性自 Hsieh 和 Klenow（2009）的研究以来开始得到重视。Hsieh 和 Klenow（2009）通过构建一个垄断竞争模型，测算了中国、印度和美国的资源配置程度，研究发现，中国和印度制造业的资源配置效率显著低于美国，如果中国和印度的资源配置效率能够达到美国的水平，那么，中国制造业全要素生产率水平能够提高 30%—50%，印度制造业全要素生产率水平能够提高 40%—60%。此外，改善不同部门之间的资源错配也有助于全要素生产率水平的提升。Aoki（2012）认为不同部门之间的劳动力流动障碍导致日本在农业部门与非农业部门之间存在劳动力错配，这种部门间的资源错配是造成日本全要素生产率损失和经济发展停滞的主要原因。通常情况下，如果高生产率企业占有更大的市场份额，低生产率企业占有更小的市场份额，那么市场资源配置是有效的。Bartelsman 等（2013）采用企业规模和企业生产率之间的协方差衡量资源配置效率，研究发现，不同地区的资源配置效率与该地区的市场化水平有关，市场扭曲带来的资源错配是不同国家之间生产率差异的主要来源，此外，如果美国制造业内高生产率企业占有更大的市场份额，低生产率企业占有更小的市场份额，那么，与随机配置相比，美国制造业全要素生产率水平能够提高 50%。

中国经济高速增长的背后主要依赖于大量的要素投入，然而，随着人口老龄化和"人口红利"的消失，要素投入型的经济发展模式是不可持续的。

因此，改善资源配置效率、挖掘传统要素的潜力对全要素生产率提升的重要性开始受到国内学者的关注。姚战琪（2009）研究发现，要素再配置对经济总体以及工业部门生产率增长的贡献均较低，并且部门内部以及部门之间要素配置的不合理是造成要素总配置效率较低的主要原因。虽然中国的要素再配置对全要素生产率增长的贡献较小，但是资源配置对全要素生产率增长的积极作用却不容忽视，未来应该着力完善市场体制，纠正要素配置扭曲。此外，新企业的进入会带来激烈的市场竞争，而且不同企业具有不同的生产率水平，因此，高生产率企业进入市场、低生产率企业退出市场以及生产资源在在位企业之间的再配置有助于改善微观层面的资源配置效率，进而有助于促进生产率增长（简泽，2011）。简泽（2011）以1998年、2002年、2007年中国服装制造业、家用影音设备制造业、汽车整车制造业和计算机整机制造业作为样本，研究发现，市场扭曲会导致产业内不同企业之间的资源配置扭曲，进而导致产业内不同企业之间的生产率水平存在差异，如果能够有效消除市场扭曲，样本产业的全要素生产率水平能够增加8.83%—469.77%，样本产业的加权平均生产率水平能够增加40%以上。

上述研究主要在国家层面、经济总体层面或者主要工业部门层面展开研究，那么，资源配置对全要素生产率的影响在同一产业内有怎样的表现？首先，在农业方面的研究成果有，朱喜等（2011）采用2003—2007年中国农村固定跟踪观察农户数据的研究发现，改善要素配置扭曲能够使农业全要素生产率水平提高20%以上，其中，东部地区、西部地区、中部地区和东北地区分别能够增加31.8%、32.9%、11.6%和11.0%。袁志刚和解栋栋（2011）的研究结果显示，劳动力在农业部门和非农业部门之间的错配导致全要素生产率水平下降约2%—18%，有效消除劳动力在部门之间的流动障碍能够释放中国农业未来增长的潜力。陈训波（2012）关于中国农业资源配置扭曲对全要素生产率影响的研究结果表明，中国农业在不同部门之间存在明显的资本和劳动配置扭曲，如果能够有效消除要素配置扭曲，中国农业全要素生产率水平能够提高6%—36%。其次，改善资源配置效率对全要素生产率增长的重要性还体现在生产性服务业和能源产业中。陈艳莹和王二龙（2013）认为要素市场扭曲导致生产性服务业畸形依赖社会网络关系获取生产要素，进而导致企业经营目标短期化，从而直接抑制了生产性服务业全要素生产率水平的提高，此外，要素市场扭曲还制约了制造业的演化进程，进而间接阻碍生产性服务业全要素生产率水平的提升。王芃和武英涛（2014）从行业和企业两个层面、产品市场和要素市场两个维度研究了中国能源市场扭曲对全要素生产率的影响，研究发现，在两层面和两维度上均存在能源市场相对扭曲问题，如果能源市场相对扭曲得到纠正，能源产业全要素生产率水平能够提高43.51%。

综上所述，不论是在国家内部、行业之间还是行业内部，资源错配均会导致全要素生产率损失，而有效改善资源配置效率、消除资源配置扭曲能够提高全要素生产率。

2.3.2　政府政策影响下的资源配置

政府政策会影响要素市场的资源配置效率进而影响全要素生产率。在早期的研究中，Hopenhayn 和 Rogerson（1993）发现解聘税会造成劳动力资源在跨企业之间的配置扭曲，并造成加总全要素生产率水平下降。Guner 等（2008）采用印度、日本和意大利的企业层面数据，实证检验了政府依据企业规模大小制定的财税政策对资源配置进而对产出的影响。Leal（2010）则研究了税收政策通过资源错配对非正式部门生产率提升的影响。异质性企业之间的资源配置是不同国家之间单位产出差异的重要来源，Restuccia 和 Rogerson（2008）发现政策扭曲通过加剧资源错配会造成全要素生产率水平下降30%—50%。国内学者罗德明等（2012）研究发现，要素市场政策扭曲使效率低下的国有企业存活下来，并抑制了私有部门的发展，造成资源配置扭曲，降低了整个经济的全要素生产率水平，如果消除政策扭曲，中国制造业加总全要素生产率水平能够提高9.15%。此外，如果地方政府能够降低重点产业的要素使用成本或提高重点产业的资源占有量，扶持重点产业以及重点产业中生产率增长率更高的企业，使生产资源在重点产业与非重点产业之间、重点产业内不同生产率水平的企业之间重新配置，那么，地方政府的重点产业政策能够通过改善资源配置效率，尤其是通过提高产业内跨企业的资源配置效率提高产业加总生产率水平（宋凌云、王贤彬，2013）。总之，政府政策会影响要素市场的资源配置，进而影响全要素生产率水平。合理的政策有助于改善资源配置，提高全要素生产率，而政府不当干预会导致资源配置扭曲，降低全要素生产率水平。

2.3.3 资本和劳动要素的资源配置

资本和劳动力是企业生产过程中所需要的最基础和最重要的两种投入要素，资本和劳动力配置扭曲会造成全要素生产率水平下降。从国外相关研究成果来看，一方面，改善劳动力资源配置效率有助于促进全要素生产率的增长（Ozyurt，2009），另一方面，信贷市场不完全导致的资本错配是不同国家之间生产率水平存在巨大差异的主要来源（Banerjee、Duflo，2005），但是当信贷市场不完全时，企业能够通过自筹经费的方式减少资本错配对企业生产率产生的负面影响（Banerjee、Moll，2010）。资本从低边际产品的企业流向高边际产品的企业能够使整个经济体的产出增加，当信贷市场不完全时，资本不能得到有效配置，进而导致全要素生产率损失（Moll，2014）。Moll（2014）通过构建异质性企业一般均衡模型，并采用数值模拟方法研究了金融摩擦对生产率的影响，研究发现，当存在持久性的经济冲击时，企业能够通过自筹经费的方式克服信贷约束的影响，持久冲击带来的金融摩擦对企业生产率的负面影响较小，但是，当企业面临短暂外部冲击时，金融摩擦会导致企业生产率遭受较大的损失。

从国内的研究成果来看，赵春雨等（2011）基于1999—2009年中国经济总体8大部门和工业18个分行业数据的研究发现，劳动力再配置对经济总体8大部门的生产率增长具有弱的"结构红利"，对工业18个分行业生产率增长具有负效应，资本要素再配置对经济总体以及工业18个分行业生产率增长的贡献均为负，侧面说明了改善要素配置效率对生产率提升和经济增长的重要性和紧迫性。如果资本配置和劳动配置均是有效的，那么，1998—2007年中国制造业全要素生产率水平能够提高30.1%—57.1%，其中，改善资本配置效率能够使全要素生产率水平提高10.1%，改善劳动配置效率能够使全要素生产率水平提高7.35%（龚关、胡关亮，2013）。王林辉和袁礼（2014）研究了中国8大产业内资本错配对全要素生产率的影响，研究结果显示，资本错配导致全要素生产率水平平均下降2.6%，资本错配导致实际产出和潜在产出之间存在较大的缺口，使实际产出仅占潜在产出的70%—89%。此外，财政资金配置扭曲也会导致全要素生产率水平下降，李明等（2016）基于2005年世界银行调查的中国120个城市近12400家制造业企业数据的研究认为,中国财政体制改革应该重视提高财政资金配置效率。贺京同和何蕾(2016)研究发现,劳动力在行业间的资源配置能够解释劳动生产率提升的18.45%,资本在行业间的资源配置能够解释资本生产率下降的77.4%,资本错配是全要素生产率下降的主要原因,应该注重改善资本配置扭曲,提升资本配置效率。

综上所述,国内外研究成果表明,资本和劳动力配置扭曲均会导致全要素生产率水平下降。因此,提高全要素生产率应该既注重改善资本市场的资源配置效率又注重消除劳动力市场的资源配置扭曲。

2.3.4 动态资源配置

通常情况下,将要素资源在在位企业之间的再配置称为狭义资源配置,即静态资源配置,将静态资源配置以及企业市场进入和退出行为带来的资源再配置称为广义资源配置,即动态资源配置(Banerjee、Moll,2010)。Banerjee和Moll(2010)发现资源配置扭曲能够持续存在的主要原因在于动态资源错配。Peters(2013)认为资源配置不仅包括要素资源在在位企业之间的再配置,还包括异质性企业的动态进入行为,并强调了企业市场进入行为的重要性,因为新企业进入市场会加剧市场竞争,导致低生产率企业退出市场,进而改善资源配置,并且动态资源错配带来的生产率损失是静态资源错配的4倍。Midrigin和Xu(2014)认为要素市场扭曲带来的金融摩擦不仅会扭曲企业进入决策和企业技术使用决策,还会导致在位企业的资本配置扭曲,进而降低总体经济效率,并且前者带来的效率损失比后者更大。由此可见,动态资源错配比静态资源错配带来的效率损失更大。

国内学者认为要素市场扭曲不仅会导致在位企业的资源配置效率损失,还会通过垄断势力扭曲企业的进入退出行为,进而降低全要素生产率。盖庆恩等(2015)的实证检验结果表明,改善资本市场扭曲和劳动力市场扭曲能够分别使中国制造业全要素生产率水平提高57.79%和33.12%,其中,改善资本配置扭曲和劳动配置扭曲通过影响在位企业资源配置效率使全要素生产率水平分别提高31.46%和11.42%,通过影响企业进入和退出行为使全要素生产率水平分别提高26.32%和21.69%。此外,房价上涨会影响在位企业间的资源配置和企业进入退出行为,进而降低资源配置效率以及全要素生产率。

陈斌开等（2015）基于中国微观企业数据的研究发现，房价上涨1%导致资源配置效率下降0.062%，导致全要素生产率水平下降0.045%。曲玥（2016）的研究发现，中国工业企业的劳动静态配置效率显著高于资本静态配置效率，并且中国工业企业间的动态资源配置效率具有很大的改善空间，其中，劳动动态配置改善空间有13.6%，资本动态配置改善空间有6倍以上，提高全要素生产率应该注重资本市场化改革，改善资本配置效率。由于要素市场扭曲会影响企业生产行为和企业进入退出行为，进而导致企业间生产率差异扩大，因此，降低要素市场扭曲有助于降低企业间的生产率差异（李鲁等，2016）。

综上所述，通过对资源配置影响全要素生产率的相关文献进行梳理和总结可以发现，相关研究主要从国家和行业层面的资源配置、政府政策影响下的资源配置、资本和劳动要素的资源配置以及动态资源配置的角度展开。并且，基于不同角度的研究结果均表明，资源错配会导致全要素生产率水平下降，而有效消除资源错配能够提高全要素生产率水平。总之，改善资源配置也是全要素生产率增长的主要来源。

2.3.5　资源配置作用下产业集聚对生产率的影响研究

本章通过对资源配置和全要素生产率关系问题的相关研究进行梳理发现，改善资源配置效率、消除资源配置扭曲能够促进全要素生产率水平提升，那么，产业集聚如何通过资源配置影响全要素生产率？通过研读相关文献发现，关于资源配置作用下产业集聚如何影响全要素生产率的研究相对匮乏。又由于改善资源配置效率有助于全要素生产率增长的结论已得到大量研究的证实，因此，相关文献主要从不同角度研究产业集聚对资源配置的影响。

一方面，经济集聚通过技术溢出、信息共享以及规模经济等渠道能够提升资源配置效率（陈旭等，2016）。首先，从产业集聚对不同生产要素资源配置的影响的角度来看，盛丹和王永进（2013）基于1998—2007年中国工业企业数据和2005年世界银行投资环境调查数据，研究了产业集聚对信贷资源配置效率的影响，研究发现，由于企业在地理位置上的临近降低了监督成本和信息不对称，并通过信息扩散增加了企业的违约成本，产业集聚有助于信贷资源由劣质企业流向优质企业，进而提高信贷资源配置效率，从而产业集聚有助于推动融资依赖行业的快速发展和产业结构升级。而季书涵等（2016）基于中国工业企业数据研究了产业集聚对资本错配和劳动力错配的改善效果，研究发现，产业集聚主要通过优化劳动力结构和降低资本门槛改善资源配置，并且产业集聚通过优化劳动力结构和降低资本门槛对资本配置和劳动力配置的改善效果与资本配置和劳动力配置程度有关。其次，王永进和张国峰（2016）以开发区为研究对象的研究结果表明，开发区政策通过吸引新企业进入加剧开发区内企业之间的市场竞争，进而导致低生产率企业被迫退出市场，使生产资源由低生产率企业流向高生产率企业，提高了开发区内的资源配置效率。

另一方面，产业过度集聚带来的拥挤效应不利于资源配置效率的改善。孙元元和张建清（2015）将资源配置效率划分为集约边际下的资源配置效率和扩展边际下的资源配置效率，研究发现，由于产业集聚带来的拥挤效应和低技术外部性，中国制造业空间集聚并没有有效改善扩展边际下的资源配置效率。孙元元和张建清（2015）认为应该注重产业集聚带来的外部性，降低产业集聚的拥挤效应，提高产业集聚带来的要素共享效应和规模效应。此外，在中国经济的发展过程中，地方政府对经济集聚的干预普遍存在。师博和沈坤荣（2013）从这一事实出发，研究了政府干预下的产业集聚对能源效率的影响，师博和沈坤荣（2013）认为，政府干预下的"企业扎堆"会导致严重的资源浪费和资源错配问题，进而导致能源效率恶化。谢小平等（2017）则从城市层级的角度研究了新企业选址带来的资源配置问题，研究发现，新企业倾向定位于高层级城市，因为定位于高层级城市更有可能获得政企关联或资源行政配置所带来的好处，然而，这种套利型集聚会导致高层级城市存在资源错配问题，不利于生产率水平的提升。

综上所述，一方面，产业集聚有助于改善资源配置，进而提高全要素生产率水平；另一方面，产业过度集聚和政府不当干预下的产业集聚也可能加剧资源错配，进而对全要素生产率水平的提升产生阻碍作用。

3

产业集聚和全要素生产率的测算与分析

本章主要对中国制造业的产业集聚水平和全要素生产率水平进行测算和描述性统计分析，并将中国制造业加总生产率增长进行分解，探讨中国制造业加总生产率增长的来源。首先，分别对产业集聚和全要素生产率的测算方法进行总结、比较和评价，并在此基础上选用合适的方法测算中国制造业的产业集聚水平和企业全要素生产率水平，进而通过描述性统计分析初步把握中国制造业产业集聚和全要素生产率的发展状况。其次，在对生产率分解方法进行总结、比较和评价的基础上，对中国制造业加总生产率增长进行分解，分别研究技术创新和资源配置对加总生产率增长的贡献，以及在不同产业集聚水平上，技术创新和资源配置对加总生产率增长的贡献份额是否存在显著差异。

3.1 中国制造业产业集聚的测算与分析

产业集聚主要指生产活动在某一地理范围内的集中。关于产业集聚问题的研究最早源于 Marshall。Marshall（1920）认为外部性是经济集聚形成的关键因素，并且外部性具有锁定效应（lock – in effect），即当一个产业选择定位于某一区位以后，该产业会长期在该区域内生产，而且产业集聚能够带来密集的劳动力市场、中间投入品共享和知识溢出等好处。Hoover（1936）进一步将经济集聚划分为地方化经济和城市化经济，地方化经济是指生产相似产品的企业在某一地理空间上的集聚，而城市化经济是指不同产业内的企业在某一地理空间上的集聚。

3.1.1 产业集聚的测算方法

通过对文献进行总结和梳理发现，关于产业集聚问题的研究主要包括三点：测算产业集聚水平的大小、探讨产业集聚的影响因素以及产业集聚对经济绩效的影响。然而，不论是研究产业集聚的影响因素还是产业集聚对经济绩效的影响，均需要准确测算产业集聚水平的大小。本节首先对产业集聚的测算方法进行详细的总结、比较和评价，然后在此基础上选择合适的测算方法对中国制造业的产业集聚水平进行测算和描述性统计分析。测算产业集聚水平一般以从业人数为基础，少数研究以工业增加值为基础。但是，工业增加值容易受中间投入品、工业总产值等变量的影响。而就业人数不包括货币价格因素，不需做出调整，各年之间具有可比性，以从业人数为基础测算产业集聚水平更具有稳健性。此外，经济活动主要由人完成，就业人员的集聚在一定程度上能够反映经济活动的集聚（Ciccone、Hall，1996）。并且，Ellison 和 Glaeser（1997）、Duranton 和 Overman（2008）、文东伟和冼国明（2014）、张国峰等（2016）等均以从业人数为基础测算产业集聚水平，与已有文献保持一致便于对测算结果进行对比。

产业集聚的测算方法主要包括赫芬达尔指数、空间基尼系数、EG 指数、区位熵指数、市场潜能指数以及经济密度指数。本节将依次介绍每一种测算方法。

（1）赫芬达尔指数。

$$H_i = \sum_j \left(\frac{e_{ij}}{\sum_j e_{ij}} \right)^2 \qquad (式3-1)$$

其中，e_{ij} 是行业 i 内企业 j 的就业人数，$\sum_j e_{ij}$ 表示行业 i 的总就业人数，H_i 表示行业 i 的赫芬达尔指数，即行业内企业就业人数占该行业总就业人数之比的平方和。赫芬达尔指数对行业内所占份额较大的企业给予较大的权重，对行业内所占份额较小的企业给予较小的权重。因此，赫芬达尔指数能够反映行业内企业的规模分布和行业集聚程度。赫芬达尔指数越小，表示行业内企业规模分布越平均、产业集聚程度越低；反之，赫芬达尔指数越大，行业内企业规模分布越不平均、产业集聚程度越高。赫芬达尔指数多用于研究市场集中度和市场结构。在极端情况下，当市场中仅存在一个垄断企业的时候，赫芬达尔指数为 1，当市场中存在 N 个规模相同的企业时，赫芬达尔指数为 1/N。赫芬达尔指数的大小受到行业划分层次的影响，行业划分越细，采用赫芬达尔指数测算得到的产业集聚水平越小；反之，行业划分越粗，产业集聚水平越大。

茅锐（2015）采用赫芬达尔指数分别测算了中国二位数、三位数和四位数行业分类下市级的产业集聚程度。季书涵等（2016）采用赫芬达尔指数测算了中国制造业 29 个二位数行业的产业集聚程度。孙楚仁和陈瑾（2017）基于中国工业企业年度调查数据库中的工业行业数据，采用赫芬达尔指数测算了中国各省份工业行业的集聚程度。

(2) 空间基尼系数。

$$G_i = \sum_s \left(\frac{e_{is}}{e_{in}} - \frac{e_s}{e_n} \right)^2 \quad \quad (式3-2)$$

其中，e_{is} 表示行业 i 在区域 s 中的就业人数，$e_{in} = \sum_s e_{is}$ 表示行业 i 在全国的总就业人数，$e_s = \sum_i e_{is}$ 表示区域 s 内所有行业的就业人数，$e_n = \sum_s \sum_i e_{is}$ 为全国所有行业的总就业人数。G_i 表示行业 i 的空间基尼系数，即行业 i 在区域 s 的就业人数占行业 i 在全国总就业人数的份额与区域 s 总就业人数占全国总就业人数的份额之差的平方和。空间基尼系数越趋于 0 表示行业分布越分散，越趋于 1 表示行业分布越集中。

Audretsch 和 Feldman（1996）采用基尼系数测算了美国二位数制造业部门产品和创新活动的地理集中度。Amiti（1997）采用基尼系数测算了 1968—1990 年欧盟国家制造业的地理集中度，发现欧盟国家专业化集聚程度在不断提高。国内学者贺灿飞和潘峰华（2011）采用基尼系数测算了中国省级二位数制造业行业的产业集聚程度，并在此基础上分析了产业集聚的形成原因和时间趋势。陆铭和冯皓（2014）采用空间基尼系数测算城市规模差距，城市规模差距是反映空间集聚程度的核心变量。

(3) EG 指数。

$$EG_i = \frac{G_i - (1 - \sum_s x_s^2) H_i}{(1 - \sum_s x_s^2)(1 - H_i)} \quad \quad (式3-3)$$

其中，G_i 为空间基尼系数，H_i 为赫芬达尔指数，x_s 表示地区 s 所有行业就业人数占全国所有行业就业人数的份额，即 $x_s = e_s/e_n$，$e_s = \sum_i e_{is}$ 表示区域 s 所有行业的就业人数，$e_n = \sum_s \sum_i e_{is}$ 为全国所有行业就业人数。EG_i 表示行业 i 的 EG 指数。EG 指数越大则产业集聚程度越高，EG 指数越小表示产业集聚程度越低。采用 EG 指数测算产业集聚程度需要选择企业所处的行业层面和地区层面，EG 指数的大小受到行业分类和地区范围的影响。在给定行业分类的基础上，地区层面划分越细 EG 指数越小。因此，省级层面的 EG 指数大于市级层面，市级层面的 EG 指数大于县级层面。在给定地区范围的基础上，行业划分越细 EG 指数越大。因此，二位数行业分类下的 EG 指数小于三位数行业，三位数行业分类下的 EG 指数小于四位数行业。

Rosenthal 和 Strange（2001）采用 EG 指数测算了美国州级地区层面制造业的产业集聚水平，探讨了美国制造业经济集聚的微观基础。Henderson（2003）采用 EG 指数测算了 1963—1992 年美国 742 个县 317 个都市区内 5 个主要的三位数机械产业和 4 个主要的高新技术产业的集聚程度。Maurel 和 Sédillot（1999）采用 EG 指数研究了法国制造业行业的集聚程度。国内学者路江涌和陶志刚（2006）基于 1998—2003 年中国制造业企业数据，采用 EG 指数测算了不同地区范围和不同行业分类下制造业的产业集聚程度，在此基础上不仅分析了中国制造业产业集聚的时间趋势，还与其他国家的产业集聚水平进行了对比分析。文东伟和冼国明（2014）进一步基于 1998—2009 年中国制造业企业数据，分别在省级、市级、县级三个地区层面和二位数、三位数、四位数行业三个行业层面测算了中国制造业的产业集聚水平。佟家栋和刘竹青（2014）、胡翠和谢世清（2014）等学者均在研究中采用 EG 指数测算产业集聚水平。

（4）区位熵指数。

$$LO_{is} = \frac{e_{is}/e_s}{e_{in}/e_n} \qquad (式3-4)$$

其中，e_{is} 表示行业 i 在区域 s 中的就业人数，$e_s = \sum_i e_{is}$ 表示区域 s 所有行业的就业人数，$e_{in} = \sum_s e_{is}$ 表示行业 i 在全国的就业人数，$e_n = \sum_s \sum_i e_{is}$ 为全国所有行业的就业人数。LO_{is} 表示行业 i 在区域 s 的区位熵指数，采用区域 s 行业 i 的就业人数占本区域所有行业就业人数的份额与行业 i 在全国的就业人数占全国所有行业总就业人数之比表示。区位熵指数主要用于衡量行业 i 在区域 s 的专业化程度，该指数越大，表示行业 i 在区域 s 的专业化程度相对于全国越高。

Glaeser 等（1992）采用区位熵指数测算了 1956—1987 年美国 170 个城市的产业专业化程度。Holmes 和 Stevens（2002）采用区位熵指数测算了专业化地理集中度。吴三忙和李善同（2011）采用区位熵指数测算了中国省级三位数行业的专业化集聚程度。余泳泽等（2013）采用区位熵指数测算了中国金融行业的空间集聚程度。范剑勇等（2014）采用区位熵指数测算了县级层面三位数行业的专业化水平。张国峰等（2016）分别在行业层面和企业层面构建就业区位熵指数，用来衡量城市内行业的专业化集聚程度。

（5）市场潜能。

$$MP_s = \sum_r \frac{Y_r}{d_{sr}} = \sum_{s \neq r} \frac{Y_r}{d_{sr}} + \frac{Y_r}{d_{ss}} \qquad (式3-5)$$

其中，Y_r 表示 r 地区是国内生产总值，d_{sr} 表示地区 s 和地区 r 之间的地理距离，d_{ss} 表示地区 s 的内部距离，地区内部距离的测算公式为 $d_{ss} = 2/3\sqrt{area_s/\pi}$，$area_s$ 表示各地级市辖区的土地面积。市场潜能主要用来衡量地区市场规模或本地市场效应。

市场潜能的度量方法主要分为两种：一是 Harris（1954）提出的市场潜能函数，即名义市场潜能；二是 Redding 和 Venables（2004）基于双边贸易流数据构建的 MA 和 SA 指数，即真实市场潜能（赵增耀、夏斌，2012）。真实市场潜能指标测算得到的市场潜能更加精确，并且具有微观理论基础，但是 Ottaviano 和 Pinelli（2006）认为真实市场潜能指数的现实意义不大。名义市场潜能由于其计算过程简单，且数据获取相对容易，在研究中得到广泛应用。国内学者韩峰等（2014）认为采用名义市场潜能测算得到的国内市场潜力能够反映城市可能获得的整体市场规模或城市对市场的接近性。刘修岩（2014）认为不同区域之间是相互影响的，并采用市场潜能指标来捕捉区域之间集聚的相互影响。吴晓怡和邵军（2016）认为市场潜能是新经济地理学中反映集聚程度的关键变量，代表了一个地区的潜在市场需求规模，因此也借鉴 Harris（1954）的方法计算市场潜能。

（6）经济密度。

$$ED_s = \frac{var_s}{area_s} \qquad （式3-6）$$

其中，$area_s$ 表示地区 s 的土地面积，var_s 表示地区 s 的人口数量、从业人数、工业总产值等变量，分别用于测算人口密度、就业密度和产出密度。ED_s 表示区域 s 的经济密度，即单位土地面积所承载的经济活动。经济密度越大表示经济集聚程度越高，该值越小表示经济集聚程度越低。经济密度指标多用于衡量区域经济集聚程度。

Ciccone 和 Hall（1996）、Ciccone（2002）在研究中采用就业密度衡量区域集聚程度。Dekle 和 Eaton（1999）基于日本地市级工资和土地租金数据，采用单位面积增加值估算了制造业和金融服务业的集聚程度。Ottaviano 和 Pinelli（2006）采用人口密度衡量技术外部性。覃一冬（2013）采用服务业部门的劳动力就业密度衡量中国各省市经济活动的空间集聚程度。吴晓怡和邵军（2016）采用地级市层面就业密度衡量经济活动的空间集聚程度。伍骏骞等（2016）采用县级层面的经济密度衡量经济集聚程度。

3.1.2 测算方法的选取

赫芬达尔指数、空间基尼系数、EG 指数、区位熵指数、市场潜能以及经济密度均可用于测算经济集聚程度，但是不同测算方法各有其优点和不足之处。

赫芬达尔指数计算过程简单，便于测算和理解，并且赫芬达尔指数考虑了行业内企业的市场份额和企业个数。因此，赫芬达尔指数能够较好地测算市场集中度。但是赫芬达尔指数忽略了地区差异因素，不能体现地区差异对市场集中度的影响。此外，赫芬达尔指数没有考虑其他产业的空间布局，是一个绝对指标，不能用于不同行业之间的比较分析。

空间基尼系数由基尼系数发展而来，主要用于度量地理集中程度。空间基尼系数是对赫芬达尔指数的进一步修正。空间基尼系数不仅计算过程简单，还考虑了地区面积差异对集聚程度的影响，而且采用空间基尼系数测算的集聚程度在不同行业之间具有可比性。但是，空间基尼系数没有考虑企业规模因素，不能区分产业集聚的类型，即产业集聚是由少数大型企业随机集聚形成还是由大量小型企业为了获得集聚外部性和自然优势而形成的。

EG 指数是对空间基尼系数的进一步修正，因为当行业内存在少数大型企业且企业区位选择是随机的时候，空间基尼系数测算的集聚程度会偏大。由于空间基尼系数没有考虑企业规模差异和行业内企业数量差异，导致空间基尼系数测算的集聚水平存在一定程度的失真。而 EG 指数充分考虑了企业规模、区域差异等因素对产业集聚程度的影响，并且 EG 指数能够区分产业集聚是随机形成的还是由于集聚外部性和自然优势等因素而形成的。因此，EG 指数能够更加准确地测算产业集聚水平，在产业集聚领域被广泛使用。但是，EG 指数也存在一定的不足之处，即 EG 指数无法去除区域边界的影响，存在可更改的地区单元问题（Duranton、Overman，2008；文东伟、冼国明，2014）。而 Duranton 和 Overman（2008）创建的 DO 指数在一定程度上能够弥补 EG 指数的不足，但是采用 DO 指数测算产业集聚水平需要企业具体的位置信息，而这一信息往往难以获得。因此，DO 指数的应用受到一定程度的限制。

区位熵指数主要用于反映某地区某行业的专业化程度，市场潜能主要用来衡量地区市场规模或本地市场效应，这两个指数的侧重点不同。经济密度指标计算过程简单，数据便于获取，能够消除不同区域之间地理面积差异对集聚程度的影响。但是，人口密度和就业密度等指标容易受到劳动密集型企业的影响而高估区域的空间集聚程度（邵宜航、李泽杨，2017），且区位熵指数、市场潜能指数和经济密度指标多用于测算区域层面的经济集聚程度。

综上所述，通过对不同测算方法的比较和评价，本书将采用 EG 指数测算中国制造业的产业集聚水平。然而，采用 EG 指数测算产业集聚水平需要同时界定行业层面和地区层面，因为行业和地区层面的不同会影响 EG 指数的大小，地区层面划分的越细，EG 指数越小，行业层面划分越细，EG 指数越大。此外，测算产业集聚水平应该选择较低的区域层面和较细的行业层面，因为区域层次越低，越有助于准确反映集聚状况，行业层面越细，越能正确度量行业的技术外部性和控制行业特征（范剑勇等，2014），越细化的行业层次越能捕捉产业集聚的客观事实（邵朝对等，2016）。因此，本书基于中国制造业微观企业数据采用 EG 指数测算中国市级三位数行业的产业集聚水平。

3.1.3 数据说明

本书使用的数据源于中国国家统计局建立和维护的《中国工业企业数据库》。该数据库的样本范围包含全部国有工业企业及规模以上非国有工业企业。规模以上是指年主营业务收入达到一定额度以上，2011 年以前年主营业务收入在 500 万元以及 500 万元以上的企业被定义为规模以上企业，2011 年开始年主营业务收入达到 2000 万元以及 2000 万元以上的企业被定义为规模以上企业。《中国工业企业数据库》样本量大、信息齐全，截至 2007 年该数据库共收录了 33 万多家企业，其产出约占中国工业总产值的 95%。但是，该数据库存在很多问题，如指标缺失、指标异常、匹配混乱等。因此，在使用之前需要对《中国工业企业数据库》进行匹配和整理。

首先，本书借鉴 Brandt 等（2012）和杨汝岱（2015）的方法对 1998—2007 年[①]国有工业企业及规模以上非国有工业企业样本数据进行处理。其次，借鉴聂辉华等（2012）、靳来群等（2015）等人的方法进行样本筛选以剔除异

---

① 由于 2008 年企业法人代码缺失，2008—2009 年数据缺失严重，2010 年数据质量较差，而且，从 2011 年开始，《中国工业企业数据库》"规模以上"统计口径发生了变化，更重要的是，2008—2013 年缺少工业增加值、固定资产净值年平均余额、中间投入合计等关键变量，从而无法测算企业全要素生产率水平，因此，本章主要以 1998—2007 年作为样本区间进行分析。

常值的影响。再次，对行业代码进行调整和匹配。最后，对地区代码进行转换和统一。通过上述处理得到本书使用的样本数据，具体处理过程如下所述。

样本匹配过程如下：首先利用"法人代码"信息进行匹配，如果"法人代码"匹配不上或者"法人代码"信息重复，则采用"企业名称"进行匹配，如果"企业名称"匹配不上或者"企业名称"重复，则采用"法人代表姓名+地区代码（县）"进行匹配，如果采用"法人代表姓名+地区代码（县）"依然匹配不上或者信息重复，则进一步采用"地区代码（县）+行业类别（三位数行业代码）+电话号码"进行匹配，依次类推采用"开业时间+地区代码（县）+行业类别（四位数行业代码）+邮政编码+主要产品""企业代码+登记注册类型+国有控股情况"进行匹配。

样本筛选主要包括以下几个方面：剔除固定资产原值、固定资产净值、总资产、总固定资产、工业总产值、工业增加值、中间投入等缺失、为零、为负的样本；剔除从业人数少于8人的样本；剔除销售额小于500万元的样本；剔除流动资产大于总资产、总固定资产大于总资产、固定资产净值大于总资产、固定资产净值大于固定资产原值、本年折旧大于累计折旧的样本；剔除中间投入或工业增加值大于总产出的样本；剔除开工时间早于1949年或晚于2007年或企业年龄小于零的样本；剔除省地县码缺失的样本；剔除应付工资总额小于等于0的样本；剔除补贴收入小于0的样本；剔除出口交货值小于0、销售产值为0、本年折旧为负数、管理费用为负数的样本，以避免异常值的影响。

行业代码的调整和匹配思路如下：由于1998—2007年的行业代码有重大变更，其中，1998—2002年采用1994版的《国民经济行业分类与代码》，而2003—2007年采用2002版的《国民经济行业分类与代码》。本书将1994版的行业代码（GB/T4754-1994）转换为2002版的行业代码（GB/T4754-2002），从而使1998—2007年的行业代码得到统一。在行业代码转换的过程中，1994版的部分行业通过分解才能和2002版的行业相匹配，为了防止分解过程造成的偏误，本书将属于这些行业的样本予以删除。此外，本书主要研究对象为中国制造业行业，因此，本书将非制造业样本删除，仅保留二位数行业代码为C13—C43（不包括C38、C43）的企业。经过上述整理，最终得到29个二位数行业，158个三位数行业。

地区代码的转换和统一过程如下：根据《中华人民共和国行政区划代

码》，以《最新县及县以上行政区划代码（截至 2015 年 9 月 30 日）》为基准，并结合 GBT2260 - 1999 版和 GBT2260 - 2002 版的行政区划代码表，将 1998—2007 年的地区代码进行转换和统一，通过对地区代码进行转换，最终得到 31 个二位数地区代码，339 个四位数地区代码。

3.1.4 中国制造业产业集聚水平的发展趋势

本节在采用 EG 指数测算市级三位数行业产业集聚水平的基础上，通过简单平均的方式得到中国制造业产业集聚水平的年均值。图 3 - 1 为中国制造业产业集聚水平年均值的时间趋势和环比增长速度。图 3 - 1 表明，在 1998—2007 年，中国三位数行业分类下的制造业平均产业集聚水平在不断提高。产业集聚水平年均值由 1998 年的 0.012 增加到 2007 年的 0.021，增加了 75%。从产业集聚水平年均值的环比增速来看，2001 年中国制造业的产业集聚水平年均值的环比增速小于 0，说明相对于 2000 年，2001 年中国制造业的产业集聚水平有下降趋势。但是，除了 2001 年以外，1998—2007 年，中国制造业的年均产业集聚水平的环比增速均大于 0，表明 1998—2007 年中国制造业的产业集聚水平整体在不断提高。其中，2000 年、2002 年和 2004 年产业集聚水平年均值的环比增速较快，分别达到 16.7%、15.4% 和 25%。总之，1998—2007 年中国制造业的产业集聚水平在不断提高。

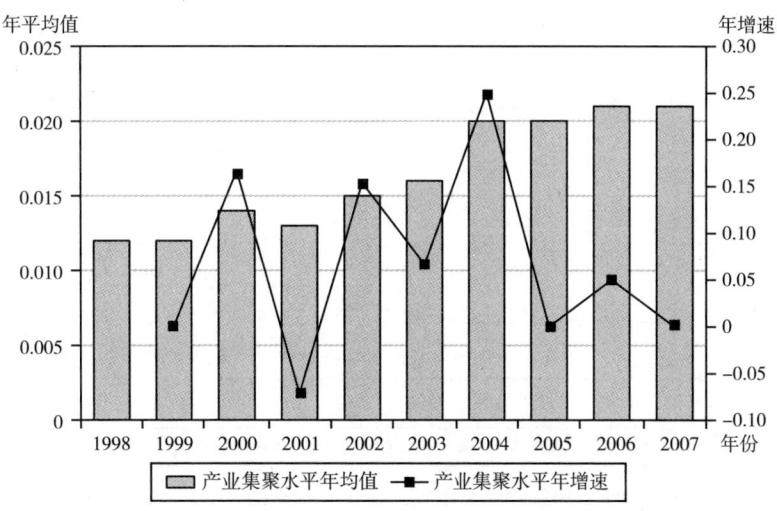

图 3 - 1　1998—2007 年中国制造业产业集聚水平年均值和环比增速

3.1.5 不同产业集聚水平的行业所占比重

判断产业集聚水平的大小并没有绝对的标准。本节借鉴 Ellison 和 Glaeser（1997）的方法，依据产业集聚水平将中国三位数行业分类下的制造业进行分组。将产业集聚水平小于或等于 0.02（$EG_i \leqslant 0.02$）的行业称为低度集聚行业，将产业集聚水平大于 0.02 且小于 0.05（$0.02 < EG_i < 0.05$）的行业称为中度集聚行业，将产业集聚水平大于或等于 0.05（$EG_i \geqslant 0.05$）的行业称为高度集聚行业。路江涌和陶志刚（2006）、文东伟和冼国明（2014）等也依据这种方法对中国制造业进行分组。本节采用同样的方法便于同现有的测算结果进行比较。

图 3-2 为按照产业集聚水平将中国制造业进行分组以后，不同组内三位数行业的个数占三位数制造业行业总数的比重及其时间趋势。如图 3-2 所示，1998—2007 年中国制造业市级层面三位数行业分类下分别有 62.03%—80.38% 的行业属于低度集聚行业，有 15.19%—30.38% 的行业属于中度集聚行业，仅有 3.16%—7.59% 的行业属于高度集聚行业，这表明中国制造业主要由低产业集聚水平的行业构成，中国制造业的产业集聚水平整体偏低。文东伟和冼国明（2014）对 1998—2009 年中国制造业产业集聚水平的测算结果表明，在地级市和三位数行业层面上，中国制造业有 57.41%—79.75% 的行业属于低度集聚行业，有 15.34%—32.72% 的行业属于中度集聚行业，有 4.91%—9.88% 的行业属于高度集聚行业。文东伟和冼国明（2014）对中国

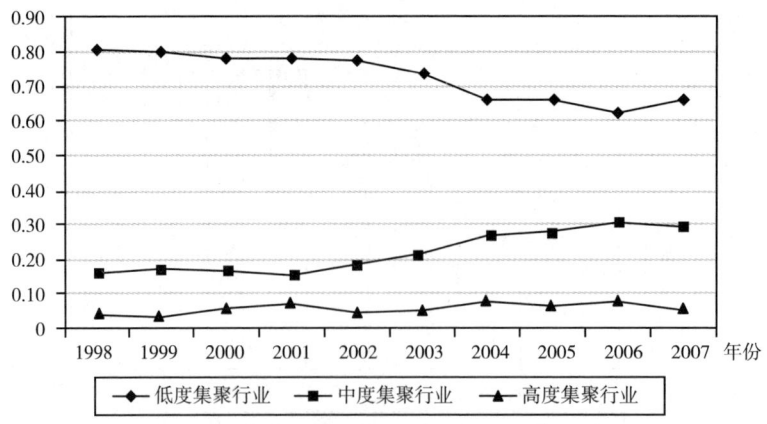

图 3-2 1998—2007 年中国制造业不同产业集聚水平的企业所占比重及其时间趋势

制造业产业集聚水平的测算结果验证了本书测算结果的可靠性。此外，从不同组内行业个数所占比重的时间趋势来看，低度集聚行业所占比重呈下降趋势，中度集聚行业所占比重不断提高，高度集聚行业所占比重有小幅度上升。总体来看，1998—2007年中国制造业的产业集聚水平在不断提高。综上所述，虽然中国制造业的产业集聚水平整体偏低，但是中国制造业的产业集聚水平在不断提高。

3.1.6 中国制造业三位数行业的产业集聚水平

中国制造业整体产业集聚水平的发展趋势以及不同产业集聚水平分组下中国制造业行业所占比重的统计结果均表明，中国制造业的产业集聚水平在不断提高。但是，上述统计结果仅仅揭示了中国制造业产业集聚水平的一般特征。在上述统计结果的基础上，本节进一步分析中国制造业三位数行业层面上的产业集聚水平。

表3-1列举了1998—2007年产业集聚水平最高的前20位三位数制造业。按照产业集聚水平的由高到低以及在表3-1中出现次数的由多到少进行排序，产业集聚水平最高的行业主要有C373（摩托车制造业）、C136（水产品加工业）、C404（电子计算机制造业）、C174（丝绸纺织及精加工业）、C401（通信设备制造业）、C316（耐火材料制品制造业）、C413（钟表与计时仪器制造业）、C407（家用视听设备制造业）、C241（文化用品制造业）、C374（自行车制造业）、C415（文化、办公用机械制造业）、C315（陶瓷制品制造业）、C376（航空航天器制造业）、C244（玩具制造业）、C182（纺织面料鞋的制造业）等行业。根据沈能等（2014）[①]的划分方法，C373、

[①] 劳动密集型行业包括农副食品加工业（C13），食品制造业（C14），饮料制造业（C15），纺织业（C17），纺织服装、鞋、帽制造业（C18），皮革、毛皮、羽毛（绒）及其制品业（C19），家具制造业（C21），造纸及纸制品业（C22），印刷业和记录媒介的复制（C23），文教体育用品制造业（C24）；资源密集型行业主要包括石油加工、炼焦及核燃料加工业（C25），橡胶制品业（C29），塑料制品业（C30），非金属矿物制品业（C31），金属制品业（C34）；资本密集型行业包括烟草制品业（C16），木材加工及木、竹、藤、棕、草制品业（C20），化学纤维制造业（C28），黑色金属冶炼及压延加工业（C32），有色金属冶炼及压延加工业（C33）；技术密集型行业包括化学原料及化学制品制造业（C26），医药制造业（C27），通用设备制造业（C35），专用设备制造业（C36），交通运输设备制造业（C37），电气机械及器材制造业（C39），通信设备、计算机及其他电子设备制造业（C40），仪器仪表及文化、办公用机械制造业（C41）。

C374、C376、C401、C404、C407、C413、C415 属于技术密集型行业，C136、C174、C182、C241、C244 属于劳动密集型行业，C315、C316 属于资源密集型行业。

表 3-1　1998—2007 年中国产业集聚水平最高的前 20 位行业

时间 排序	1998	1999	2000	2001	2002	2003	2004	2005	2006	2007
1	136	174	332	373	373	373	373	373	373	373
2	415	136	182	233	136	136	404	401	401	404
3	316	316	373	316	174	404	136	136	404	401
4	244	373	136	174	316	174	401	404	174	136
5	373	244	316	413	404	401	174	174	136	174
6	413	404	244	136	407	316	316	316	316	316
7	332	415	404	404	413	407	413	241	182	194
8	174	413	174	407	244	241	407	407	415	193
9	404	182	374	182	241	252	245	413	407	315
10	243	309	413	415	332	413	374	374	241	395
11	252	161	161	244	415	182	415	415	315	407
12	233	407	233	309	252	244	241	315	413	241
13	161	332	415	191	182	332	315	193	394	403
14	204	242	409	399	233	374	376	379	242	415
15	376	252	401	315	401	376	194	134	194	296
16	402	376	407	374	374	315	395	182	379	413
17	307	241	134	243	409	415	252	244	296	134
18	193	243	399	241	315	395	134	376	193	376
19	241	134	204	252	376	134	244	194	374	182
20	407	402	241	169	309	242	296	252	395	374

注：表中为三位数制造业的行业代码。

表 3-2 列举了 1998—2007 年产业集聚水平最低的前 20 位三位数制造业。按照产业集聚水平的由低到高以及在表 3-2 中出现次数的由多到少进行排序，产业集聚水平最低的行业主要有 C162（卷烟制造业）、C221（纸浆制造业）、C301（塑料薄膜制造业）、C302（塑料板、管、型材的制造业）、

C212（竹、藤家具制造业）、C214（塑料家具制造业）、C223（纸制品制造业）、C253（核燃料加工业）、C272（化学药品制剂制造业）、C322（炼钢业）、C379（交通器材及其他交通运输设备制造业），其中，C162、C221、C301、C302在1998—2007年的产业集聚水平始终处于较低水平。根据沈能等（2014）的划分方法，C212、C214、C221、C223属于劳动密集型行业，C253、C301、C302属于资源密集型行业，C162、C322属于资本密集型行业，C272、C379属于技术密集型行业。

表3-2　1998—2007年中国产业集聚水平最低的前20位行业

时间排序	1998	1999	2000	2001	2002	2003	2004	2005	2006	2007
1	365	214	379	253	212	212	212	212	356	212
2	143	379	143	212	419	253	253	162	162	162
3	245	263	322	379	379	419	169	356	212	169
4	379	365	253	333	143	162	162	301	223	356
5	322	251	221	214	322	221	302	302	301	302
6	251	356	245	322	162	322	223	169	221	223
7	221	322	419	143	281	301	301	223	302	295
8	214	253	301	356	301	302	265	276	341	341
9	169	221	144	301	221	223	343	253	253	343
10	347	143	162	221	302	379	341	265	343	301
11	301	301	281	162	223	281	391	391	161	265
12	162	201	275	281	272	272	275	352	391	412
13	201	272	146	419	352	275	412	341	231	231
14	272	353	272	294	359	352	231	343	265	221
15	302	162	214	146	214	359	153	231	169	391
16	292	169	302	276	146	146	221	412	264	153
17	149	146	292	362	353	265	352	153	153	264
18	353	294	362	302	232	151	393	264	306	181
19	294	292	291	272	266	153	272	175	181	253
20	266	394	153	223	294	393	314	181	352	312

注：表中为三位数制造业的行业代码。

3.2 中国制造业全要素生产率的测算与分析

全要素生产率是指在各种要素投入水平给定的前提下所能达到的额外生产效率（蔡昉，2013），主要用于度量生产过程中要素投入转化为产出的总体效率（白重恩、张琼，2015）。全要素生产率在增长核算理论中指的是产出增长率扣除各投入要素增长率加权和之后的"残差"（林毅夫、任若恩，2007）。在新古典增长理论框架中，Solow（1957）将指数方法应用于生产函数，提出了一种测算全要素生产率的方法，即产出增长中扣除要素投入增长的贡献以后的剩余，这部分"剩余"为产出中不能被投入要素所解释的部分，即索罗余值。

3.2.1 全要素生产率的测算方法

全要素生产率的测算方法可以划分为参数估计法、非参数估计法、半参数估计法。其中，参数估计法主要包括固定效应估计法（FE）、系统广义矩估计法（GMM）、随机前沿分析法（SFA），非参数估计法主要包括数据包络分析法（DEA），半参数估计法主要包括OP法和LP法。

在测算企业全要素生产率之前，需要首先选择企业的生产函数形式。在实际应用中，通常采用Cobb – Douglas生产函数（C – D生产函数）和超越对数生产函数（Trans – log生产函数）。虽然超越对数生产函数形式灵活，能更好地避免由函数形式误设带来的偏误（王争等，2006），但是，超越对数生产函数不能提供比Cobb – Douglas生产函数更多的信息，并且，Cobb – Douglas生产函数结构简约易用，对规模经济的测度直观且符合常理。因此，在实际应用中Cobb – Douglas生产函数更受欢迎（鲁晓东、连玉君，2012）。本书假设企业生产函数为Cobb – Douglas形式：

$$Y_{it} = TFP_{it} K_{it}^{\alpha} L_{it}^{\beta} \qquad (式3-7)$$

对Cobb – Douglas生产函数取对数以后得到如下线性形式的生产函数：

$$\ln Y_{it} = \ln TFP_{it} + \alpha \ln K_{it} + \beta \ln L_{it} + \mu_{it} \qquad (式3-8)$$

其中，Y_{it}表示企业产出，K_{it}表示企业的资本投入，L_{it}表示企业的劳动投入。TFP_{it} 表示能够被企业决策者观察到而研究人员未能观察到的企业全要素生产率水平，企业根据自身当期的生产率水平决定当期的要素投入数量，因此，TFP_{it} 会影响企业的要素投入决策。μ_{it} 为企业决策者和研究人员均没有观察到的生产率冲击，包括不可观测的外生冲击和测量误差等，因此，μ_{it} 与企业的要素投入决策无关。

由于企业全要素生产率水平 TFP_{it} 会影响企业的要素投入决策（K_{it} 和 L_{it}），这会导致普通最小二乘法（OLS）的估计结果存在严重的偏误：一是企业的生产要素投入决策受到企业当期被观测到的生产率水平的影响，即资本投入 K_{it} 和劳动投入 L_{it} 与企业生产率 TFP_{it} 相关，进而导致同时性偏误；二是当企业面临低效率冲击时，资本存量更大的企业预期前景更好、利润更高，退出市场的概率更小，因此，企业退出市场的概率和企业资本存量负相关，进而使资本系数被低估，造成样本选择偏误。为了解决同时性偏误和样本选择偏误，学术界衍生出不同的生产率估计方法。

（1）固定效应法。

固定效应法（FE）通过消除 TFP_{it} 来解决企业生产函数中当期可观测的生产率和要素投入决策相关所造成的同时性偏误。然而，采用固定效应法解决生产函数的同时性偏误的前提是，假定可观测到的企业生产率水平 TFP_{it} 随着企业个体可变，但 TFP_{it} 随时间不变，这一假定与现实不符。因此，固定效应法不能很好地解决生产函数的同时性偏误，进而固定效应法的估计结果很难令人信服。

（2）系统广义矩估计法。

系统广义矩估计法（SYS-GMM）是由 Blundell 和 Bond（1998）提出的一种方法。系统广义矩估计法采用工具变量解决模型的同时性偏误问题。该方法假设生产率具有固定效应（$\ln TFP_{it} = \ln TFP_i + \eta_{it}$），并假定 η_{it} 满足一定的条件（$\eta_{it} = \rho \eta_{it-1} + \zeta_{it}$），结合企业生产函数的线性表达式（$\ln Y_{it} = \ln TFP_{it} + \alpha \ln K_{it} + \beta \ln L_{it} + \mu_{it}$），对企业生产函数求差分得到：

$$\ln Y_{it} = \rho \ln Y_{it-1} + (\ln TFP_i - \rho \ln TFP_i) + \alpha(\ln K_{it} - \rho \ln K_{it-1}) + \beta(\ln L_{it} - \rho \ln L_{it-1}) + \zeta_{it} + (\mu_{it} - \rho \mu_{it-1}) \quad (式3-9)$$

其中，ρ 为差分系数，$\ln TFP_i - \rho \ln TFP_i$ 为生产率固定效应。对上式进一步求差分方程以消除生产率固定效应，并采用三阶滞后项作为工具变量，以解决模型的同时性偏误问题，更多滞后变量可提高估计的精确性。鲁晓东和连玉君（2012）、张天华和张少华（2016）对系统广义矩估计法进行了详细的介绍。系统广义矩估计法采用差分项和滞后项作为工具变量。因此，该方法要求较长样本期间，这在一定程度上会限制该方法的使用。此外，系统广义矩估计法还可能存在弱工具变量问题，弱工具变量问题会造成估计结果偏误。

（3）随机前沿分析法。

随机前沿分析法（SFA）最早由 Meeusen 和 Broeck（1977）、Aigner 等（1977）提出。随机前沿分析法通过假定可观测部分的生产率服从某一分布，从而将可观测到的生产率从随机扰动项中分离出来，进而采用最大似然估计法对生产函数进行估计（张天华、张少华，2016）。随机前沿法通常被用于研究全要素生产率增长的来源。但是，随机前沿法的测算结果容易受到生产函数形式设定以及生产率分布假设的影响。

（4）数据包络分析法。

数据包络分析法（DEA）最早源于 Farrell（1957），Charnes 等（1978）等学者在 Farrell（1957）的基础上进一步将数据包络分析法进行完善。数据包络分析法采用线性规划技术基于投入和产出数据构造生产前沿面，进一步测算技术进步和技术效率。数据包络分析法不需要设定生产函数的具体形式，从而避免了函数形式误设带来的问题。但是，数据包络分析方法没有考虑随机误差等因素所带来的影响，并且，测算结果对数据异常值较为敏感，该方法还忽视了数据的随机变化，没有考虑要素之间的替代弹性，而且，单个企业的测算误差会影响所有企业的估计结果，在实际应用中主要用于对宏观加总数据的分析。

（5）OP 法。

OP 法是 Olley 和 Pakes（1996）提出的一种半参数估计法。OP 法假定当期生产率水平越高的企业投资越多，并构建企业投资需求方程 $invest_{it} = invest_t(lnTFP_{it}, lnK_{it})$，假设投资 $invest_{it} > 0$，且投资 $invest_{it}$ 和生产率 $lnTFP_{it}$ 之间存在严格的正相关关系，进而可以得到投资需求方程的反函数方程 $lnTFP_{it} = h_t(invest_{it}, lnK_{it})$，该式表明可观测部分的生产率可以由投资和资本存量来表示，将该式代入生产函数方程中，可得到 $lnY_{it} = \alpha lnK_{it} + \beta lnL_{it} + h_t(invest_{it}, lnK_{it}) + \mu_{it}$，通过该方程可以得到劳动系数 β 的一致估计量。因此，Olley 和 Pakes（1996）通过将企业投资看作企业生产率的代理变量，以解决同时性偏误问题。为了得到资本系数 α 的一致估计量，Olley 和 Pakes（1996）采用企业生存概率方程控制样本选择性偏误，并结合劳动系数 β 的估计值以及方程 $\phi_t(\text{invest}_{it}, \ln K_{it}) = \alpha \ln K_{it} + h_t(\text{invest}_{it}, \ln K_{it})$，采用非线性最小二乘法得到资本系数 α 的一致估计量。因此，OP 法能够同时解决同时性偏误和样本选择偏误，从而得到更加精确的估计结果。

（6）LP 法。

采用 OP 法估计企业生产函数需要首先估算企业投资，而企业投资的估算往往比较棘手，并且 OP 法假定企业投资和企业生产率之间存在正相关关系，但是企业实际投资有可能为零。因此，OP 法在实际应用中导致大量样本被丢弃。Levinsohn 和 Petrin（2003）在 OP 法的基础上进一步提出采用中间投入品作为生产率的代理变量以解决可观测到的生产率和要素投入决策相关所造成的同时性偏误问题。由于中间投入品变量基本为正数，采用中间投入品作为企业生产率的代理变量可以避免大量样本被丢弃。而且，中间投入品的数据容易获得、使用容易调整、对生产率冲击的反应比投资更灵敏。并且，中间投入品易于将生产率估计方法与经济理论联系起来（张天华、张少华，2016）。但是，LP 法没有解决样本选择偏误问题（聂辉华、贾瑞雪，2011），而《中国工业企业数据库》中每年有大量的企业进入和退出。

3.2.2 测算方法的选取

《中国工业企业数据库》中每年有大量的企业进入和退出，LP 法没有解决样本选择偏误问题，而 OP 法能够同时解决同时性偏误和样本选择偏误。因此，本书采用 OP 法测算企业全要素生产率。聂辉华和贾瑞雪（2011）、杨汝岱（2015）、吴利学等（2016）、蒋为（2016）等均采用 OP 法测算中国制造业企业全要素生产率水平。又由于不同企业面临的约束条件、采用的生产技术以及要素产出弹性都存在一定的差异，在理论上不同企业的生产行为很难用统一的生产函数刻画，分行业对企业全要素生产率水平进行估计可能更为真实（杨汝岱，2015；张天华、张少华，2016）。因此，本书假设同一行业内的企业具有相似的生产函数，分行业估算资本投入和劳动力投入的要素产出弹性（α 和 β），并根据企业生产函数测算中国制造业企业的全要素生产率水平。企业全要素生产率为：

$$\ln TFP_{it} = \ln Y_{it} - \alpha \ln K_{it} - \beta \ln L_{it} \qquad (式3-10)$$

其中，Y 为工业增加值，本书借鉴盖庆恩等（2015）的方法对 2001 年和 2004 年工业增加值的缺失值进行补充，采用当年工业总产值减去中间投入品再加上增值税衡量 2001 年和 2004 年的工业增加值，并用 1998 年为基期的工业生产者出厂价格指数对名义值进行平减得到实际工业增加值；K 为资本存量，通常采用永续盘存法测算资本存量，然而永续盘存法容易受到基期资本存量、投资额和折旧率的影响，从而测算得到的结果存在较大差异，尤其是在我国数据统计信息不完善等因素的影响下，永续盘存法在实际应用过程中更加棘手（邹涛，2017）。因此，本书借鉴吴延兵和米增渝（2011）、聂辉华和贾瑞雪（2011）、吴利学等（2016）等的做法，采用固定资产净值衡量资本存量；invest 为本年固定资产实际投资额，作为企业生产率的代理变量，本书借鉴毛其淋和盛斌（2011）、简泽（2011）等的方法，采用相邻两年固定资产原值之差衡量本年固定资产实际投资额，固定资产原值和固定资产净值均采用 1998 年为基期的固定资产投资价格指数进行平减；L 为企业从业人员数量。

3.2.3 中国制造业的加权平均生产率水平

首先基于微观企业数据采用 OP 法测算中国制造业企业全要素生产率水平，然后借鉴 Hsieh 和 Klenow（2009）、Brandt 等（2012）、杨汝岱（2015）的方法，通过对企业全要素生产率求加权平均的方式计算中国制造业的全要素生产率水平，权重通常采用工业增加值、工业销售产值和从业人数。本章分别以这三个变量作为权重对中国制造业企业全要素生产率求加权平均以及求简单平均计算中国制造业的全要素生产率水平。由于采用的权重不同，四种方法得到的行业平均生产率的绝对值也存在一定的差异，这种通过对企业数据求平均的方法得到的整体 TFP 绝对值没有含义，但是具有年度可比性（杨汝岱，2015）。因此，采用上述四种方法得到的中国制造业平均生产率分析中国制造业生产率的发展趋势。

从中国制造业整体来看，四种方法得到的加权平均生产率均表明（见图 3-3），在 1998—2007 年中国制造业的平均生产率水平在不断提高。以工业销售产值作为权重测算得到的制造业加权平均生产率水平（tfp_s）由

1998年的5.3672增加到2007年的6.4385,增长了19.96%,年均环比增长速度约为2.05%。以工业增加值作为权重得到的制造业加权平均生产率水平(tfp_a)由1998年的5.5346增加到2007年的6.5498,增加了18.34%,年均环比增速为1.89%。以从业人数作为权重得到的制造业加权平均生产率水平(tfp_e)由1998年的4.5898增加到2007年的5.4791,增长了19.38%,年均环比增长速度约1.99%。简单平均得到的制造业平均生产率水平(tfp_m)由1998年的4.39增加到5.0185,增加了14.32%,年均环比增速为1.51%。上述四种方法测算得到的中国制造业加权平均生产率的时间趋势表明,在1998—2007年,中国制造业的加权平均生产率水平在不断提高,和1998年中国制造业加权平均生产率水平相比,2007年中国制造业加权平均生产率水平增加了14.32%—19.96%,年均环比增速为1.51%—2.05%。

此外,由图3-3可见,中国制造业加权平均生产率水平大于简单平均生产率水平,说明中国制造业内高生产率企业占有更大的市场份额,低生产率企业占有更小的市场份额,表明中国制造业的资源配置是具有效率的。从中国制造业平均生产率的环比增速来看,和2003年相比,2004年的环比增长速度较小,甚至为负,这可能是因为2004年进行经济普查,使大量小企业进入统计数据库中,小企业生产率水平较低,从而拉低了整个行业的平均生产率水平。

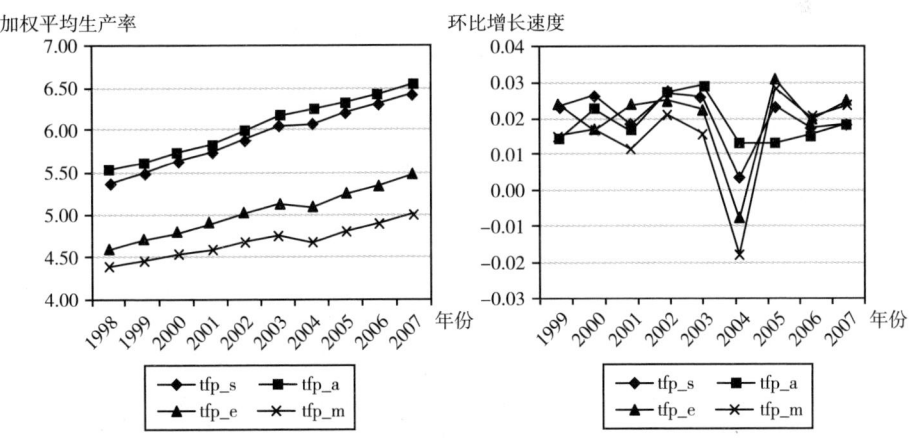

图3-3 中国制造业加权平均生产率及其环比增长速度

注:tfp_s表示以工业销售产值作为权重计算得到的行业加权平均生产率,tfp_a表示以工业增加值作为权重计算得到的行业加权平均生产率,tfp_e表示以从业人数作为权重计算得到的行业加权平均生产率,tfp_m表示简单平均得到的行业平均生产率。

3.2.4 不同产业集聚水平上的加权平均生产率水平

本章以工业销售产值作为权重,通过求加权平均的方式得到中国三位数制造业的加权平均生产率,再按照产业集聚水平将中国三位数行业分类下的制造业进行分组。将产业集聚水平小于或等于0.02的行业称为低度集聚行业,将产业集聚水平大于0.02且小于0.05的行业称为中度集聚行业,将产业集聚水平大于或等于0.05的行业称为高度集聚行业。最后比较不同产业集聚水平分组下的行业加权平均生产率的差异。图3-4为不同产业集聚水平分组下的行业加权平均生产率的核密度图。通过比较不同产业集聚水平分组下的行业加权平均生产率核密度图可以发现,核密度图存在明显的左截断—右移动特征,左截断表明集聚程度越高的行业组合内存在越少的低生产率行业,右移动表明集聚程度越高的行业组合的整体加权平均生产率越高。图3-4说明,高度集聚行业的加权平均生产率水平普遍高于中、低度集聚行业,且相对于中、低度集聚行业,高度集聚行业内存在较少的低生产率行业,中度集聚行业的加权平均生产率水平整体高于低度集聚行业,且相对于低度集聚行业,中度集聚行业组内也存在较少的低生产率行业。总之,产业集聚水平越高的行业,其生产率水平也普遍较高。

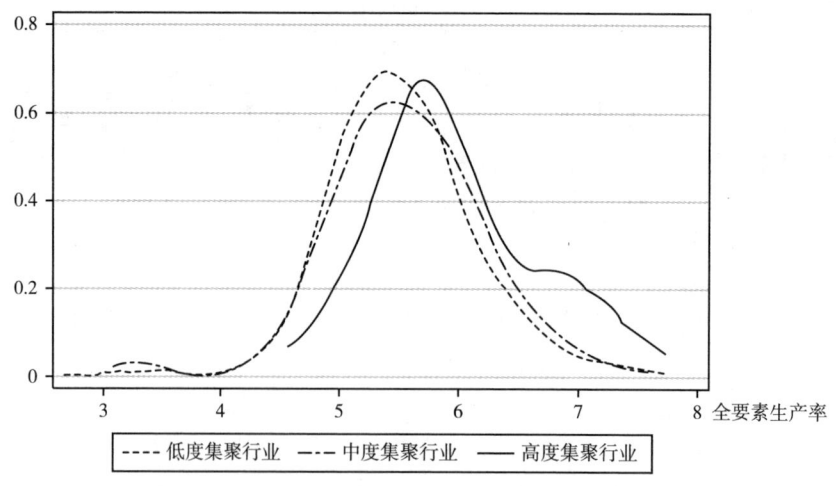

图3-4 不同产业集聚水平的行业加权平均生产率核密度

其次，先按照产业集聚水平将全部样本企业分成三组，再以工业销售产值为权重测算每一组企业的加权平均生产率。图3-5为不同产业集聚水平分组下的企业加权平均生产率的时间趋势。图3-5表明，在1998—2007年，低度集聚行业和高度集聚行业的企业加权平均生产率均呈递增趋势，中度集聚行业的企业加权平均生产率水平在1998—2000年呈上升趋势，2000—2003年呈下降趋势，2003—2007年再次呈上升趋势。从不同产业集聚水平分组下的企业加权平均生产率水平来看，高度集聚组的企业加权平均生产率水平始终高于低度集聚组，中度集聚组的企业加权平均生产率水平在1998—2002年较高，但是2003—2007年较低。

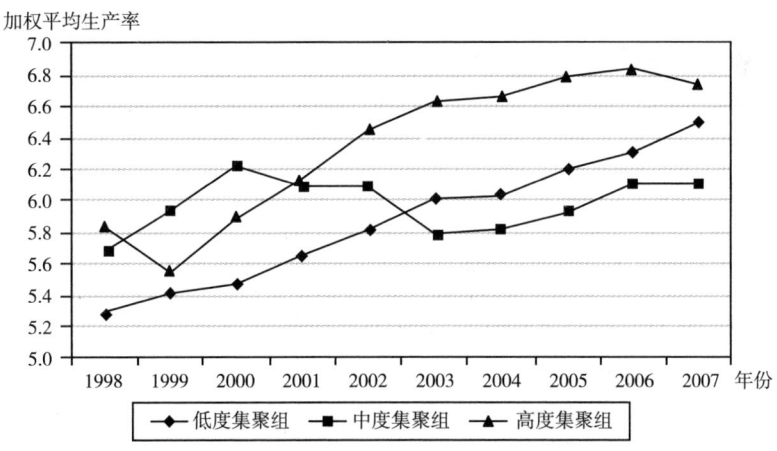

图3-5 不同产业集聚水平的企业加权平均生产率时间趋势

3.2.5 中国制造业三位数行业的加权平均生产率水平

通过对企业全要素生产率求加权平均的方式测算中国制造业三位数行业的加权平均生产率，权重为工业销售产值，进而分析中国制造业三位数行业的平均生产率水平。表3-3列举了1998—2007年加权平均生产率水平最高的前20位三位数制造业。由表3-3可见，全要素生产率水平较高的行业主要有C415（文化、办公用机械制造业）、C267（日用化学产品制造业）、C401（通信设备制造业）、C251（精炼石油产品的制造业）、C265（合成材料制造业）、C372（汽车制造业）、C404（电子计算机制造业）、C261（基础化学原料制造业）、C395（家用电力器具制造业）、C407（家用视听设备制造业)、C411（家用视听设备制造业）、C266（专用化学产品制造业）、C353（起重运输设备制造业）、C322（炼钢业）、C133（植物油加工业）等行业。其中，C261、C265、C266、C267、C312、C353、C395、C401、C404、C407、C411、C415 均属于技术密集型行业，C133 属于劳动密集型行业，C322 属于资本密集型行业，C251 属于资源密集型行业。

表 3-3　　　　1998—2007 年中国制造业加权平均生产率水平最高的前 20 位行业

时间 排序	1998	1999	2000	2001	2002	2003	2004	2005	2006	2007
1	415	415	415	401	401	415	267	267	415	267
2	401	401	251	251	415	267	415	415	267	415
3	251	251	401	267	251	372	251	251	401	251
4	267	404	267	404	267	251	401	401	251	265
5	265	265	404	415	372	401	265	265	265	372
6	404	267	261	372	404	265	372	404	372	261
7	412	266	372	265	265	404	404	372	261	401
8	266	372	265	395	407	407	261	261	331	331
9	261	261	395	411	395	133	133	332	404	411
10	372	407	243	243	243	261	322	133	411	133
11	407	395	407	261	261	411	353	411	332	361
12	395	243	411	353	411	379	407	351	351	332
13	373	373	282	322	133	322	343	322	133	262
14	343	282	373	407	353	395	395	323	322	351
15	353	233	405	334	266	361	379	353	414	333
16	414	405	264	264	322	243	323	262	361	404
17	241	353	241	266	264	353	414	407	353	266
18	264	343	343	379	412	272	272	343	266	375
19	282	412	266	343	376	266	262	266	262	322
20	263	241	334	276	379	264	266	331	395	353

注：表中为三位数制造业的行业代码。

表 3-4 列举了 1998—2007 年加权平均生产率水平最低的前 20 位三位数制造业。由表 3-4 可见，全要素生产率水平较低的行业主要有 C169（其他

烟草制品加工业)、C161(烟叶复烤业)、C154(精制茶加工业)、C204(竹、藤、棕、草制品制造业)、C201(锯材、木片加工业)、C293(锯材、木片加工业)、C296(橡胶靴鞋制造业)、C183(制帽业)、C202(人造板制造业)、C356(烘炉、熔炉及电炉制造业)、C182(纺织面料鞋的制造业)、C292(橡胶板、管、带的制造业)、C151(酒精制造业)、C324(铁合金冶炼业)。其中,C161、C169、C201、C202、C204、C324属于资本密集型行业,C151、C154、C182、C183属于劳动密集型行业,C292、C293、C296属于资源密集型行业,C365属于技术密集型行业。

表3-4　　　　1998—2007年中国制造业加权平均生产率水平最低的前20位行业

时间排序	1998	1999	2000	2001	2002	2003	2004	2005	2006	2007
1	169	169	169	169	169	169	169	169	169	169
2	161	161	161	161	161	161	161	161	161	161
3	402	356	154	154	154	154	154	154	212	204
4	154	154	356	253	204	201	201	204	154	212
5	324	402	402	214	201	204	204	201	204	154
6	214	324	204	324	324	214	214	293	201	183
7	356	204	294	356	294	183	293	183	183	201
8	204	201	214	204	293	202	212	214	202	214
9	293	293	151	402	356	296	183	182	214	202
10	151	221	324	151	183	193	292	202	192	308
11	201	294	201	201	193	293	221	296	182	192
12	134	214	403	293	296	324	182	192	293	213
13	203	134	162	221	214	182	202	211	211	397
14	294	151	296	296	221	299	303	213	203	219
15	296	162	321	292	303	203	296	303	141	296
16	366	366	293	183	202	294	299	299	296	307
17	173	403	183	162	292	223	223	233	213	211
18	221	296	202	294	223	303	397	223	223	309
19	299	292	292	193	299	143	192	308	403	403
20	321	202	223	299	203	211	203	203	308	295

注：表中为三位数制造业的行业代码。

3.3 中国制造业生产率增长的来源：技术创新和资源配置

全要素生产率主要由微观生产效率和资源重新配置效率两部分构成。微观生产效率主要包括体制、管理和技术创新相关的因素，其中，技术创新以及技术进步的速度是经济增长的重要影响因素。资源重新配置效率通过产业结构的调整、升级或者高度化以及高生产率企业的规模扩大获得。未来经济增长不仅要开发新的全要素生产率源泉，还要继续挖掘全要素生产率的传统潜力（蔡昉，2013）。总之，提高全要素生产率应该既注重提高企业技术创新能力又注重改善资源配置效率。技术创新和资源配置是推动全要素生产率增长的两大主要来源。

3.3.1 生产率分解方法

全要素生产率的分解方法主要包括 Baily 等（1992）提出的 BHC 分解法、Foster 等（2001）提出的 FHK 分解法、Griliches 和 Regev（1995）提出的 GR 分解法、Baldwin 和 Gu（2003）提出的 BG 分解法以及 Melitz 和 Polance（2015）提出的 DOP 分解法。上述分解方法通过将行业加权平均生产率的变动进行分解以考察生产率增长的来源。本章首先分别介绍 BHC 分解法、FHK 分解法、GR 分解法、BG 分解法和 DOP 分解法，其次对上述分解法的优点和不足进行比较分析，最后选择合适的分解法对中国制造业加总生产率的变动进行分解，进而分析中国制造业生产率增长的来源。

（1）BHC 分解法。

BHC 分解法由 Baily 等（1992）提出。BHC 分解法将行业加权平均生产率分解为组内效应、组间效应、交叉效应、进入效应和退出效应。组内效应为企业市场份额不变时，企业自身生产率的变动对行业加总生产率变动的影响。组间效应为企业生产率不变时，企业市场份额的变化对行业加总生产率变动的影响。交叉效应为企业生产率和企业市场份额的共同变化对行业加总生产率变动的影响。进入效应为进入企业的加权平均生产率对加总生产率变动的影响。退出效应为退出企业的加权平均生产率对加总生产率变动的影响。BHC 分解法的具体分解公式为：

$$\Delta\Phi = \underbrace{\sum_{i\in S} s_{i1} \cdot \Delta\varphi_i}_{\substack{\text{组内效应}\\\text{技术创新}}} + \underbrace{\sum_{i\in S} \Delta s_i \cdot \varphi_{i1} + \sum_{i\in S} \Delta s_i \cdot \Delta\varphi_i + \sum_{i\in N} s_{i2} \cdot \varphi_{i2} - \sum_{i\in X} s_{i1} \cdot \varphi_{i1}}_{\substack{\text{组间效应}\quad\text{交叉效应}\quad\text{进入效应}\quad\text{退出效应}\\\text{资源配置}}}$$

(式 3-11)

其中，i 表示企业，$\Delta\Phi$ 为两期行业加权平均生产率的变动，即 $\Delta\Phi = \Phi_2 - \Phi_1$，$\Phi_t$ 为第 t 期以企业全要素生产率对数值为基础的行业加权平均生产率，即 $\Phi_t = \sum s_{it}\varphi_{it}$，$\varphi_{it}$ 为企业全要素生产率的对数值，s_{it} 为企业的权重（$0 \leq s_{it} \leq 1$），即企业的市场份额。$\Delta\varphi_i$ 表示两期企业生产率之差，即 $\Delta\varphi_i = \varphi_{i2} - \varphi_{i1}$。$\Delta s_i$ 表示两期企业市场份额之差，即 $\Delta s_i = s_{i2} - s_{i1}$。由于本节介绍的五种分解法均考虑了企业进入和退出行为，因此，在对生产率进行分解前需要首先根据企业状态将企业进行分组。S 表示在位企业组（survivors），N 表示进入企业组（entrants），X 表示退出企业组（exiters）。

BHC 分解法的不足之处在于：一是存活企业的生产率和市场份额不是不变的，因此，组内效应和组间效应缺乏实际意义；二是进入企业对加总生产率变动的贡献总是正的，退出企业对加总生产率变动的贡献总是负的，因此，进入效应和退出效应是有偏的。

（2）FHK 分解法

FHK 分解法由 Foster 等（2001）提出的另一种生产率分解法。该方法以初期加权平均生产率作为参照系，FHK 分解法一定程度上克服了 BHC 分解法的不足。该方法的分解方程如下：

$$\Delta\Phi = \underbrace{\sum_{i\in S} s_{i1} \cdot \Delta\varphi_i}_{\substack{\text{组内效应}\\\text{技术创新}}} + \underbrace{\sum_{i\in S} \Delta s_i \cdot (\varphi_{i1} - \Phi_1) + \sum_{i\in S} \Delta s_i \cdot \Delta\varphi_i + \sum_{i\in N} s_{i2} \cdot (\varphi_{i2} - \Phi_1) - \sum_{i\in X} s_{i1} \cdot (\varphi_{i1} - \Phi_1)}_{\substack{\text{组间效应}\quad\text{交叉效应}\quad\text{进入效应}\quad\text{退出效应}\\\text{资源配置}}}$$

(式 3-12)

与 BHC 分解法不同的是，FHK 分解法以初期企业加权平均生产率作为参照系，具体表现在组间效应、进入效应和退出效应。组间效应表明，全要素生产率水平高于初期行业加权平均生产率水平的企业的市场份额越大越有利于提高行业加总生产率。进入效应表明，当进入企业的生产率水平高于初期行业加权平均生产率水平时，企业进入有利于提高行业加总生产率。退出效应表明，当退出企业生产率水平低于初期加权平均生产率水平时，企业退出有助于提高行业加总生产率。

（3）GR 分解法。

Griliches 和 Regev（1995）提出的 GR 分解法采用初期加权平均生产率和末期加权平均生产率的均值作为参照系，这种方法通过对误差进行平滑一定程度上解决了 FHK 分解法对测量误差比较敏感所带来的问题。GR 分解法的具体分解公式如下：

$$\Delta\Phi = \underbrace{\sum_{i\in S}\bar{s}_i \cdot \Delta\varphi_i}_{\substack{\text{组内效应}\\ \text{技术创新}}} + \underbrace{\sum_{i\in S}\Delta s_i \cdot (\bar{\varphi}_i - \bar{\Phi})}_{\text{组间效应}} + \underbrace{\sum_{i\in N}s_{i2} \cdot (\varphi_{i2} - \bar{\Phi})}_{\text{进入效应}} - \underbrace{\sum_{i\in X}s_{i1} \cdot (\varphi_{i1} - \bar{\Phi})}_{\text{退出效应}}$$
$$\text{资源配置}$$

（式 3 - 13）

其中，$\bar{s}_i = (s_{i1} + s_{i2})/2$，$\bar{\varphi}_i = (\varphi_{i1} + \varphi_{i2})/2$，$\bar{\Phi} = (\Phi_1 + \Phi_2)/2$。FHK 分解法将行业生产率分解为四部分，即组内效应、组间效应、进入效应和退出效应。组内效应反映了当企业初期和末期的平均市场份额不变时，企业自身生产率的变动对行业加总生产率的影响。组间效应反映了当企业初期和末期的平均生产率水平高于行业初期和末期加权平均生产率的平均值时，提高该企业的市场份额有助于提高行业加总生产率。进入效应表明当进入企业的生产率水平高于行业初期和末期加权平均生产率的平均值时，企业进入有助于提高行业加总生产率。退出效应表明当退出企业的生产率水平低于行业初期和末期加权平均生产率的平均值时，企业退出有助于提高行业加总生产率。

（4）BG 分解法。

FHK 分解法和 GR 分解法均将进入企业和退出企业的生产率水平与行业加权平均生产率水平进行比较，进而测算进入效应和退出效应的大小。而 Baldwin 和 Gu（2003）认为进入企业更多地与退出企业进行竞争，进入企业会取代退出企业。因此，Baldwin 和 Gu（2003）将行业生产率的变动分解为三部分，即组内效应、组间效应和净进入效应。具体分解公式如下：

$$\Delta\Phi = \underbrace{\sum_{i\in S}\bar{s}_i \cdot \Delta\varphi_i}_{\substack{\text{组内效应}\\ \text{技术创新}}} + \underbrace{\sum_{i\in S}\Delta s_i \cdot (\bar{\varphi}_i - \Phi_{X1})}_{\text{组间效应}} + \underbrace{\sum_{i\in N}s_{i2} \cdot (\varphi_{i2} - \Phi_{X1})}_{\text{净进入效应}}$$
$$\text{资源配置}$$

（式 3 - 14）

BG 分解法得到的组内效应和 GR 分解法相同，不同的是 BG 分解法的组间效应采用退出企业的初期加权平均生产率作为参照系。当企业两期全要素生产率水平的均值高于退出企业初期加权平均生产率水平时，提高该企业的市场份额有利于提高行业生产率。净进入效应表明，当企业生产率水平高于退出企业初期加权平均生产率水平时，企业的进入退出行为有助于提高行业生产率水平。

(5) DOP 分解法。

Melitz 和 Polanec（2015）提出的 DOP 分解法是对 OP 分解法（Olley、Pakes，1996）的进一步拓展。OP 分解法将行业生产率分为企业平均生产率以及企业生产率和企业市场份额的协方差两部分，而 DOP 分解法在 OP 分解法的基础上考虑了企业进入和退出行为，并能更加准确地测算各分解项对加总生产率变动的贡献。DOP 分解法的计算公式如下：

$$\Delta\Phi = \underbrace{(\overline{\varphi}_{S2} - \overline{\varphi}_{S1})}_{\substack{\text{组内效应}\\ \text{技术创新}}} + \underbrace{(\text{cov}_{S2} - \text{cov}_{S1}) + s_{E2}(\Phi_{E2} - \Phi_{S2}) + s_{X1}(\Phi_{S1} - \Phi_{X1})}_{\substack{\text{组间效应}\qquad\quad\text{进入效应}\qquad\quad\text{退出效应}\\ \text{资源配置}}}$$

(式 3 – 15)

其中，$\overline{\varphi}_{St} = \left(\sum_{i=1}^{n_{St}}\varphi_{it}\right)/n_{St}$，$\overline{\varphi}_{St}$ 表示在位企业全要素生产率水平的均值，n_{St} 表示第 t 期在位企业的个数，$\text{cov}_{St} = \sum_{i \in S}(s_{it} - \overline{s}_t)(\varphi_{it} - \overline{\varphi}_t)$，$s_{Gt} = \sum_{i \in G}s_{it}$，$s_{Gt}$ 代表 G 组企业第 t 期总的市场份额，$\Phi_{Gt} = \sum_{i \in G}(s_{it}/s_{Gt})\varphi_{it}$，$\Phi_{Gt}$ 代表 G 组企业第 t 期的加权平均生产率。

DOP 分解法将加总生产率的变动分解为四部分：一是组内效应，即在位企业自身生产率的变化对行业加总生产率的贡献，用于衡量在位企业技术创新能力的变化对行业加总生产率水平的影响；二是组间效应，即在位企业市场份额的再配置对行业加总生产率的影响，用于衡量资源配置对行业生产率增长的贡献，当高生产率的在位企业占有更大的市场份额，低生产率的在位企业占有更小的市场份额时，在位企业资源配置有利于提高行业加总生产率水平；三是进入效应，当进入企业加权平均生产率水平高于同期在位企业加权平均生产率水平时，企业进入有助于提高行业加总生产率；四是退出效应，当退出企业加权平均生产率水平低于同期在位企业加权平均生产率水平时，企业退出有利于提高行业加总生产率。组间效应、进入效应和退出效应共同衡量了动态资源配置对行业加总生产率的影响。动态资源配置考虑了不同生产率企业的进入退出行为,高生产率企业进入和低生产率企业退出有助于改善资源配置效率,进而提高行业加总生产率。综上所述,本章采用组内效应衡量技术创新对加总生产率增长的贡献,采用组间效应、进入效应和退出效应衡量资源配置对加总生产率增长的贡献。

3.3.2 分解方法的选取

在对 BHC 分解法、FHK 分解法、GR 分解法、BG 分解法和 DOP 分解法进行详细介绍的基础上,本节对五种生产率分解法进行比较分析。首先,虽然 BHC 分解法、FHK 分解法、GR 分解法和 BG 分解法都在分解过程中考虑了企业进入和退出行为对行业加总生产率的影响,但是这四种分解法均采用相同的生产率作为参考系(BHC 分解法的参考生产率为 0、FHK 分解法以初期加权平均生产率作为参照系、GR 分解法采用初期加权平均生产率和末期加权平均生产率的均值作为参照系、BG 分解法以退出企业初期加权平均生产率水平作为参考系),这种方法一定程度上会导致进入效应和退出效应的测算误差。而 Melitz 和 Polance(2015)提出 DOP 分解法采用同期在位企业加权平均生产率作为参照系,解决了企业进入效应和退出效应的测算偏误;其次,BHC 分解法、FHK 分解法、GR 分解法和 BG 分解法对组间效应的构建服务于进入效应和退出效应的构建以及分解方程两边的平衡,而 DOP 分解法构建的组间效应不仅与企业生产率异质性理论相联系还独立于进入效应和退出效应的估计,能够真实反映在位企业资源配置情况(吴利学等,2016)。通过上述比较分析,本章采用 Melitz 和 Polance(2015)提出的 DOP 分解法对行业加总生产率的变动进行分解。

3.3.3 企业状态的界定

在对行业加总生产率的变动进行分解之前,需要首先对企业的市场状态进行界定。关于企业市场状态的界定方法主要有两种。第一种方法是将样本期的第一年作为基准年份。以本章为例,本章研究期间为 1998—2007 年。因此,以 1998 年作为基准年份,1998 年不存在而在第 t 年存在的企业视为第 t 年的新进入企业,1998 年存在但在第 t 年及第 t 年以后均不存在的企业视为第 t-1 年的退出企业，1998 年存在且第 t 年依然存在的企业视为第 t 年的在位企业。Melitz 和 Polance（2015）、杨汝岱（2015）采用这种方法定义企业状态。第二种方法是将上一年作为基准年份。该方法将第 t-1 期及之前均不存在而第 t 期存在的企业视为第 t 期的新进入企业，将第 t-1 期存在而在第 t 期及之后均不存在的企业视为第 t-1 期的退出企业，将第 t 期既不是进入企业也不是退出企业的企业视为第 t 期的在位企业。Dunne 等（1998）、毛其淋和盛斌（2013）、李坤望和蒋为（2015）采用这种方法定义企业状态。

本书借鉴 Melitz 和 Polance（2015）、杨汝岱（2015）的方法，以 1998 年为基期定义企业市场状态，该方法无法识别 1998 年的进入企业和 2007 年的退出企业。此外，本书将退出《中国工业企业数据库》以后再也没有出现的企业定义为退出企业，如果企业退出《中国工业企业数据库》以后又再次出现，这类企业不被认定为退出企业。表 3-5 为 1998—2007 年进入企业、退出企业和在位企业的基本情况。表 3-5 的统计结果显示：第一，1998 年中国制造业共有 90836 家企业，到 2006 年有 66495 家企业退出，退出企业占 1998 年企业总数约 73.20%，1998—2007 年只有约 26.80% 的企业存活下来；第二，2007 年中国制造业存在 272624 家企业，其中，新进入企业有 248283 家，新进入企业占企业总数的 91.07%，只有 8.93% 的企业从 1998 年存活至 2007 年。综上所述，1998—2007 年中国制造业内存在大量的进入企业和退出企业，中国制造业的企业进入率和退出率均比较高。此外，表 3-5 中，第 4 列和第 5 列在位企业总数不同，这是因为部分企业在 1998—2007 年是不连续存在的，这会导致第 4 列统计的在位企业总数大于第 5 列统计的在位企业总数。

表 3-5　　　　　1998—2007 年企业进入、退出基本情况　　　　　单位：家

时间	1998 年（t=1）			第 t 年（t=2）		
	企业总数	退出企业	在位企业	在位企业	进入企业	企业总数
1998	90836	16791	74045			
1999	90836	27044	63792	67026	30569	97595
2000	90836	38991	51845	56711	40980	97691
2001	90836	44749	46087	45094	66889	111983
2002	90836	50331	40505	40553	82441	122994
2003	90836	58053	32783	36366	106423	142789

续表

时间	1998年（t=1）			第t年（t=2）		
	企业总数	退出企业	在位企业	在位企业	进入企业	企业总数
2004	90836	60988	29848	29870	188769	218639
2005	90836	63638	27198	27753	185789	213542
2006	90836	66495	24341	25871	213772	239643
2007				24341	248283	272624

3.3.4 技术创新和资源配置对行业生产率增长的贡献

在对中国制造业加总生产率增长进行分解之前，需要首先测算中国制造业加权平均生产率。本节借鉴聂辉华和贾瑞雪（2011）、毛其淋和盛斌（2013）的方法采用企业销售产值作为权重。本节以1998年为基期，因此，加总生产率的变动主要体现为各年中国制造业加权平均生产率水平与1998年制造业加权平均生产率水平之差。以1998年为基期既能够测算中国制造业加权平均生产率的变动又能够体现中国制造业加权平均生产率水平的时间趋势。

表3-6为采用DOP分解法对中国制造业加总生产率变动进行分解的结果。中国制造业加总生产率增长的分解结果显示：首先，在1998—2007年，中国制造业的全要素生产率水平在不断提高，相对于1998年，2007年中国制造业加总生产率增长了1.017；其次，组内效应、组间效应和退出效应对中国制造业加总生产率增长的贡献均为正，表明中国制造业在位企业技术进步水平、在位企业资源配置效率和低生产率企业的市场退出行为均有助于提高行业平均生产率；最后，进入效应对中国制造业加总生产率增长的贡献为负，表明低生产率企业的市场进入行为会拉低中国制造业的平均生产率水平，即低生产率企业的市场进入行为不利于中国制造业生产率水平的提高。

表3-6　　　　中国制造业加总生产率变动的分解结果

时间	总增长	组内效应	组间效应	进入效应	退出效应
1999	0.125	0.081（0.645）	0.059（0.469）	-0.052（-0.412）	0.037（0.297）
2000	0.271	0.137（0.508）	0.090（0.331）	-0.024（-0.089）	0.068（0.250）
2001	0.374	0.196（0.525）	0.107（0.285）	-0.045（-0.121）	0.116（0.311）

续表

时间	总增长	组内效应	组间效应	进入效应	退出效应
2002	0.529	0.293（0.554）	0.196（0.370）	-0.078（-0.148）	0.119（0.224）
2003	0.683	0.373（0.546）	0.264（0.386）	-0.108（-0.158）	0.154（0.225）
2004	0.703	0.361（0.513）	0.402（0.572）	-0.258（-0.366）	0.198（0.282）
2005	0.846	0.468（0.553）	0.428（0.506）	-0.273（-0.323）	0.223（0.264）
2006	0.954	0.564（0.591）	0.439（0.460）	-0.269（-0.282）	0.220（0.231）
2007	1.071	0.664（0.619）	0.452（0.422）	-0.296（-0.277）	0.252（0.235）

注：括号外为各分解项的分解结果，括号内为各分解项对行业生产率增长的贡献份额。

图3-6为技术创新和资源配置对中国制造业加总生产率增长的贡献份额及其时间趋势。图3-6表明：首先，技术创新和资源配置对中国制造业加总生产率增长的贡献份额均为正，且技术创新的贡献份额大于资源配置的贡献份额，表明提高技术创新水平、改善资源配置效率均是行业加总生产率增长的重要来源，并且提高技术创新水平比改善资源配置效率更重要；其次，从时间趋势来看，2000—2002年技术创新对行业加总生产率增长的贡献份额增加，2002—2004年技术创新的贡献份额下降，而2004—2007年技术创新的贡献份额再次增加，资源配置对行业加总生产率增长的贡献份额的时间趋势相反。总的来看，在1998—2007年，技术创新对提高中国制造业加总生产率的作用更重要。

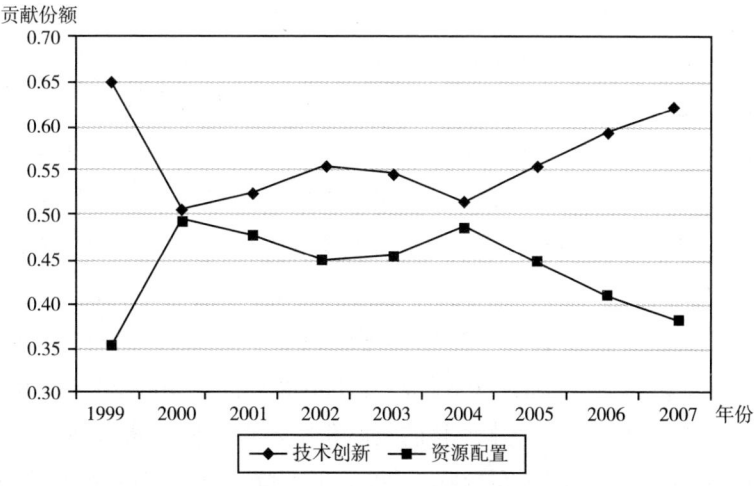

图3-6 1998—2007年技术创新和资源配置对中国制造业加总生产率增长的贡献

3.3.5 不同产业集聚水平上技术创新和资源配置的贡献

本章在上述研究中发现,不同产业集聚水平分组下的企业加权平均生产率及其时间趋势存在一定的差异,那么,不同产业集聚水平分组下的加总生产率增长的来源是否相同?本节通过采用DOP分解法对不同产业集聚水平分组下的加总生产率增长进行分解,研究不同产业集聚水平分组下加总生产率增长的来源。首先,本节按照产业集聚水平将中国制造业企业进行分组,将产业集聚水平小于或等于0.02的企业归为低产业集聚水平企业,将产业集聚水平大于0.02且小于0.05的企业归于中产业集聚水平企业,将产业集聚水平大于或等于0.05的企业归于高产业集聚水平企业。其次,采用DOP分解法对不同产业集聚水平分组下的加总生产率增长进行分解,分解结果如图3-7—图3-9所示。

(1) 低产业集聚水平企业加总生产率增长的来源。

图3-7为低产业集聚水平企业的加总生产率增长的分解结果。首先,从加总生产率的变动及其分解项来看,在1998—2007年,低产业集聚水平企业的加总生产率水平在不断提高,其中,组内效应、组间效应、退出效应也均呈上升趋势,而进入效应呈下降趋势,说明低产业集聚水平企业的技术创新能力在不断提高,资源配置效率在不断改善,低生产率企业不断退出,但是在低产业集聚水平企业内存在低生产率企业不断进入的问题。其次,从各分解项对加总生产率增长的贡献份额来看,组内效应对加总生产率增长的贡献份额最高,组间效应次之,退出效应的贡献份额较低,进入效应的贡献份额为负。因此,低产业集聚水平企业的加总生产率增长的主要来源是在位企业技术创新能力的增强,其次是静态资源配置效率的提高,最后是低生产率企业的市场退出行为,而低生产率企业的市场进入行为对加总生产率增长产生了负面影响。再次,从各分解项对加总生产率增长贡献份额的时间趋势来看,组内效应的贡献份额在1998—2004年逐渐减少,但2004—2007年又缓慢回升,组间效应的贡献份额在1998—2004年不断提高,但在2004—2007年又略有下降,退出效应对生产率增长的贡献份额不断下降,进入效应的贡献份额在1999—2001年提高,在2001—2004年下降,在2004—2007年再次提高。由此可见,在低产业集聚水平企业内,技术创新在2001—2007年对加总

生产率增长的贡献份额相对平稳，静态资源配置对加总生产率增长的作用越来越重要，低生产率企业的市场退出行为对加总生产率增长的贡献越来越小，而低生产率企业的市场进入行为始终对加总生产率增长产生负面影响。最后，从技术创新和资源配置对加总生产率增长的贡献份额来看，在低产业集聚水平企业内，技术创新对加总生产率增长的贡献份额始终高于资源配置的贡献份额，并且在2001—2007年，技术创新和资源配置对加总生产率增长的贡献份额的时间趋势相对稳定，表明技术创新和资源配置均有助于提高低产业集聚水平企业的加总生产率，但是技术创新对加总生产率增长的贡献份额相对更大。

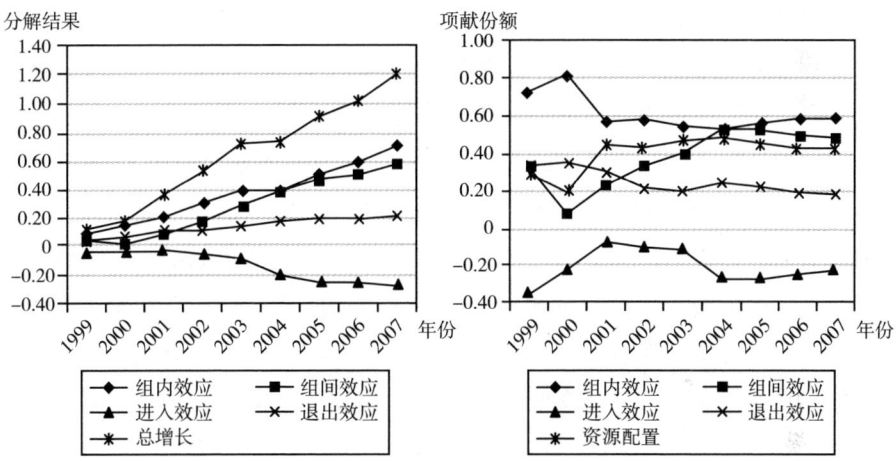

图3-7 1998—2007年低产业集聚水平企业加总生产率增长的分解结果

注：左图为加总生产率的变动及其分解项的分解结果，右图为各分解项对加总生产率增长的贡献份额。

（2）中产业集聚水平企业加总生产率增长的来源。

图3-8为中产业集聚水平企业加总生产率增长的分解结果。首先，从加总生产率的变动及其分解项来看，中产业集聚水平企业的加总生产率的变动趋势存在明显的阶段性特征。在2000—2003年加总生产率水平呈下降趋势，在2003—2007年呈上升趋势。各分解项的时间趋势存在明显的差别，组内效应和退出效应呈上升趋势，而组间效应和进入效应呈下降趋势，说明中产业集聚水平企业的技术创新水平在不断提高，低生产率企业不断退出市场，但是中产业集聚水平企业的资源配置效率不断下降，而且大量低生产率企业不断进入市场。其次，从各分解项对加总生产率增长的贡献份额来看，组内效

应的贡献份额最大,退出效应次之,组间效应和进入效应对加总生产率增长的贡献份额较小甚至为负,表明中产业集聚水平企业加总生产率增长主要源于在位企业技术创新水平的提高以及低生产率企业的市场退出行为,而静态资源配置在1999—2002年有助于提高加总生产率,但是在2003—2007年对加总生产率增长产生负面影响,此外,低生产率企业的市场进入行为始终对加总生产率增长产生负向影响。再次,从各分解项对加总生产率增长贡献份额的时间趋势来看,组内效应和退出效应对加总生产率增长的贡献份额在1999—2003年呈递增趋势,在2003—2007年呈下降趋势,组间效应则在1999—2003年呈递减趋势,在2003—2007年呈递增趋势,进入效应的贡献份额在1999—2004年呈下降趋势,在2004—2007年呈上升趋势。最后,从技术创新和资源配置对加总生产率增长的贡献来看,在1998—2007年,技术创新对中产业集聚水平企业的加总生产率增长的贡献份额高于资源配置的贡献份额,并且在1998—2003年技术创新的贡献份额不断增加,但在2003—2007年又不断下降,资源配置则相反,表明中产业集聚水平企业的加总生产率增长主要源于技术创新,虽然在2003年以后二者趋势不断缩小,但资源配置对加总生产率增长的贡献份额为负,2003年以后技术创新有利于中产业集聚水平企业加总生产率水平的提高,而资源配置则产生负向影响。总之,中产业集聚水平企业加总生产率增长主要源于技术创新而非资源配置。

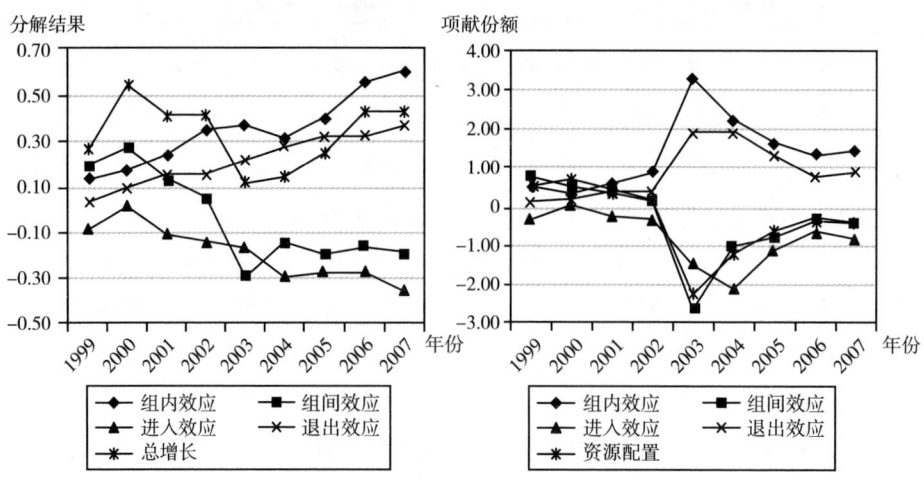

图3-8 1998—2007年中产业集聚水平企业加总生产率增长的分解结果

注:左图为加总生产率的变动及其分解项的分解结果,右图为各分解项对加总生产率增长的贡献份额。

(3) 高产业集聚水平企业加总生产率增长的来源。

图 3-9 为高产业集聚水平企业加总生产率增长的分解结果。首先，从行业加总生产率的变动及其分解项来看，在 1998—2007 年，高产业集聚水平企业的加总生产率水平在不断提高，其中，组内效应不断提高，组间效应在 1999—2004 年呈上升趋势，在 2004—2007 年呈下降趋势，退出效应有缓慢上升的趋势，进入效应整体呈下降趋势，表明高产业集聚水平企业的技术创新水平在不断提高，在位企业资源配置效率在 1999—2004 年不断改善，但是在 2004—2007 年逐渐恶化，低生产率企业不断退出市场，与此同时大量低生产率企业不断进入市场。其次，从各分解项对加总生产率增长的贡献份额来看，组间效应对加总生产率增长的贡献份额最大，组内效应和退出效应次之，进入效应的贡献份额最低并且为负。由此可见，高产业集聚水平企业的加总生产率增长主要源于在位企业资源配置效率的改善，在位企业的技术创新能力的提高和低生产率企业的市场退出也有助于提高加总生产率水平，而低生产率企业的进入会造成加总生产率水平下降。再次，从各分解项对加总生产率增长的贡献份额的时间趋势来看，组内效应的贡献份额逐渐增加，组间效应和进入效应整体呈下降趋势，退出效应的贡献份额相对稳定，因此，在高产业集聚水平企业内，技术创新和静态资源配置对加总生产率增长的贡献份额的差距在不断缩小。最后，从技术创新和资源配置对加总生产率增长的贡献来看，资源配置对加总生产率增长的贡献份额始终高于技术创新的贡献份额，但是从时间趋势来看，二者之间的差距在不断缩小，表明高产业集聚水平企业加总生产率增长主要源于资源配置效率的改善，但技术创新能力的提高也有助于提高加总生产率水平。

综上所述，本节首先按照产业集聚水平的大小将中国制造业企业进行分组，然后采用 DOP 分解法分别对不同产业集聚水平的企业加总生产率增长进行分解，研究不同产业集聚水平上中国制造业加总生产率增长的来源。

通过比较图 3-7—图 3-9 可以发现：低产业集聚水平企业的加总生产率增长主要源于技术创新，但资源配置也有利于提高加总生产率水平；中产业集聚水平企业的加总生产率增长主要源于技术创新，而资源配置在 1999—2002 年有利于加总生产率水平的提高，但是在 2003—2007 年不利于提高加总生产率水平；高产业集聚水平企业加总生产率增长主要源于资源配置效率的改善，但技术创新也有利于提高加总生产率。由此可见，在不同的产业集

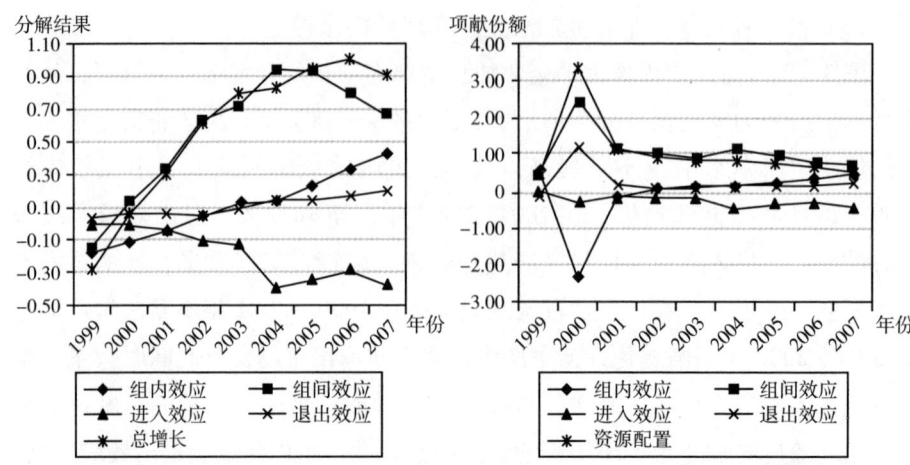

图 3－9　1998—2007 年高产业集聚水平企业加总生产率增长的分解结果

注：左图为加总生产率的变动及其分解项的分解结果，右图为各分解项对加总生产率增长的贡献份额。

聚水平上，技术创新和资源配置对加总生产率增长的贡献份额存在显著差异。随着产业集聚水平的提高，技术创新对加总生产率增长的贡献先增加后减少，而资源配置对加总生产率增长的贡献先减少后增加。

这可能是因为：一方面，当产业集聚水平较低时，随着产业集聚水平的提高，产业集聚通过知识溢出效应、降低企业面临的风险和成本、增加企业创新所需的生产要素、提供多元化的市场需求等渠道为企业创新提供了良好的外部环境，而当产业集聚水平较高时，企业将面临生产资源短缺、要素价格上涨等问题，这不利于企业增加创新产出；另一方面，中国制造业产业集聚具有很强的政府主导性，政府干预下的产业集聚会带来严重的资源错配问题，而当产业集聚水平较高时，激烈的市场竞争迫使低生产率企业退出，高生产率企业在市场中存活下来，使资源配置得以改善。因此，当产业集聚水平较低时，加总生产率增长主要源于技术创新，当产业集聚水平较高时，加总生产率增长主要源于资源配置。本书将在第 5 章和第 6 章分别研究产业集聚对企业创新和资源配置的影响。

3.4　本章小结

本章首先对产业集聚和全要素生产率的测算方法以及生产率分解方法进

行总结、比较和评价，然后在此基础上选择合适的方法基于中国工业企业微观数据测算中国制造业的产业集聚水平和全要素生产率水平，分析中国制造业产业集聚和全要素生产率的发展现状，并对行业加总生产率增长进行分解，分析技术创新和资源配置对中国制造业加总生产率增长的贡献。

首先，对产业集聚水平的测算方法进行了详细的总结。产业集聚的测算方法主要包括赫芬达尔指数、空间基尼系数、EG 指数、区位熵指数、市场潜能指数以及经济密度。赫芬达尔指数没有考虑地区差异，空间基尼系数没有考虑企业规模因素，而 EG 指数充分考虑了企业规模、区域差异等因素对产业集聚程度的影响，而且 EG 指数能够区分产业集聚是随机形成的还是由集聚外部性和自然优势形成的。因此，EG 指数能够更加准确地测算产业集聚水平，弥补了赫芬达尔指数和空间基尼系数的不足，在产业集聚领域被广泛使用。此外，区位熵指数主要用于反映某行业在某地区的专业化程度，市场潜能主要用来衡量地区市场规模或本地市场效应，经济密度指标容易受到劳动密集型企业的影响而高估区域的空间集聚程度。综上所述，本书采用 EG 指数测算中国制造业的产业集聚程度。

产业集聚水平的测算结果显示：第一，在 1998—2007 年，中国制造业的产业集聚水平在不断提高；第二，中国制造业三位数行业分类下有 57.41%—79.75% 的行业属于低度集聚行业，有 15.34%—32.72% 的行业属于中度集聚行业，仅有 4.91%—9.88% 的行业属于高度集聚行业，表明中国制造业的产业集聚水平整体偏低，然而，从时间趋势上来看，低度集聚行业在中国制造业中所占比重逐渐减少，而中、高度集聚行业所占比重在不断提高，表明中国制造业的产业集聚水平在不断提高；第三，产业集聚水平较高的行业多数属于技术密集型行业，而产业集聚水平较低的行业多数属于劳动密集型和资源密集型行业。

其次，对全要素生产率的测算方法进行简介、比较和评价，并测算了中国制造业的全要素生产率水平。全要素生产率的测算方法主要包括固定效应法、系统广义矩估计法、随机前沿分析法、数据包络分析法、OP 法和 LP 法。固定效应法假定可观测到的企业生产率水平随着企业个体可变而随时间不变，这一假定与现实不符。系统广义矩估计法要求较长的样本期间，在一定程度上限制了该方法的使用，而且还可能存在弱工具变量问题。随机前沿法的测算结果容易受到生产函数形式设定以及生产率分布假设的影响。数据包络分析方法没有考虑随机误差等因素所带来的影响,并且测算结果对数据异常值较为敏感,忽视了数据的随机变化,没有考虑要素之间的替代弹性。LP法没有有效解决样本选择偏误问题,而《中国工业企业数据库》中每年有大量的企业进入和退出。考虑到OP法能够同时解决同时性偏误和样本选择偏误,本章采用OP法测算中国制造业的全要素生产率水平。

全要素生产率水平的测算结果显示:第一,1998—2007年中国制造业加权平均生产率水平在不断提高,并且和1998年相比,2007年中国制造业加权平均生产率水平增加了14.32%—19.96%,年均环比增速约为1.51%—2.05%;第二,在1998—2007年,高产业集聚水平和低产业集聚水平企业的加权平均生产率均呈递增趋势,并且高产业集聚水平企业的加权平均生产率水平高于低产业集聚水平企业,中产业集聚水平企业的加权平均生产率水平具有较大的波动;第三,中国制造业三位数行业加权平均生产率水平较高的行业主要分布在技术密集型行业中,而加权平均生产率水平较低的行业主要分布在资本、劳动和资源密集型行业中。

最后,在总结和比较生产率分解方法的基础上对中国制造业加总生产率增长进行分解,探讨技术创新和资源配置对行业加总生产率增长的贡献。行业加总生产率变动的分解方法主要包括BHC分解法、FHK分解法、GR分解法、BG分解法以及DOP分解法。其中,BHC分解法、GR分解法、FHK分解法和BG分解法均采用相同的生产率作为参考系,一定程度上导致企业进入效应和退出效应的测算误差,DOP分解法采用同期在位企业加权平均生产率作为参照系,一定程度上克服了企业进入效应和退出效应的测算偏误。此外,BHC分解法、GR分解法、FHK分解法和BG分解法对组间效应的构建服务于进入效应和退出效应的构建以及分解方程两边的平衡,而DOP分解法得到组间效应不仅与企业生产率异质性理论相联系还独立于进入效应和退出效应的估计,能够真实反映在位企业资源配置状况(吴利学等,2016)。因此,本章采用DOP分解法对中国制造业加总生产率的变动进行分解。

生产率分解结果显示:第一,1998—2007年中国制造业加总生产率增长主要源于在位企业技术创新水平的提高、在位企业资源配置效率的改善和低生产率企业的市场退出行为,低生产率企业的市场进入行为对行业加总生产率增长产生了负面影响;第二,技术创新水平的提高和资源配置效率的改善是中国制造业加总生产率增长的主要来源,并且提高技术创新水平比改善资源配置效率更重要；第三，不同产业集聚水平分组下的加总生产率增长来源存在显著差异，低产业集聚水平企业加总生产率增长主要源于技术创新，但资源配置也有利于提高加总生产率水平，中产业集聚水平企业加总生产率增长主要源于技术创新，而资源配置在1999—2002年有利于加总生产率水平的提高，但是在2003—2007年不利于提高加总生产率水平，高产业集聚水平企业加总生产率增长主要源于资源配置，但技术创新也有利于提高加总生产率。

4

产业集聚对全要素生产率影响的理论分析与实证检验

全要素生产率水平的提高是中国经济健康可持续发展的主要动力和源泉。而产业集聚作为一种重要的空间组织形式，不仅能够为企业提供密集的劳动力市场、中间投入品共享和知识溢出等好处，还会影响异质性企业的进入和退出行为。此外，产业过度集聚还可能带来拥挤效应，进而阻碍全要素生产率的提高。并且，中国制造业的产业集聚在形成和发展过程中普遍受到政府干预的影响，在政府干预的影响下，企业为了追求"政策租"而"扎推"形成的虚假产业集聚会阻碍生产率水平的提高。鉴于中国制造业的产业集聚水平在不断提高，关于产业集聚对全要素生产率影响问题的研究就变得越来越重要。本章以产业集聚为视角，在理论分析的基础上，采用实证检验的方式，研究产业集聚对全要素生产率的影响效应。本章首先分析了产业集聚对全要素生产率的影响渠道，然后采用线性拟合图、核密度图法和分位数识别法进行初步描述性统计分析，最后在理论分析和描述性统计分析的基础上，实证检验产业集聚对全要素生产率的影响效应。

4.1　产业集聚对全要素生产率影响的理论分析

产业集聚对全要素生产率的影响渠道可以分为集聚效应、选择效应和成本效应。其中，在集聚效应或（和）选择效应的作用下，产业集聚有助于促进全要素生产率水平的提高。成本效应包括产业过度集聚带来的拥挤效应和政府不当干预下企业为了追求"政策租"形成的虚假产业集聚。拥挤效应和虚假产业集聚会造成全要素生产率水平下降。

4.1.1　集聚效应

企业在某一地理范围内的集聚能够带来密集的劳动力市场、中间投入品共享和知识溢出（Marshall，1920）。Duranton 和 Puga（2004）在 Marshall（1920）提出的集聚经济理论的基础上，将集聚经济的微观机制划分为共享、匹配和学习。共享包括共享不可分割的产品或基础设施、共享中间投入品、共享专业化的收益以及分担风险，匹配包括提高匹配质量、增加匹配机会，学习包括知识的产生、传播和积累，即知识、信息和技术等的溢出过程。集聚效应通过共享、匹配和学习有助于提高全要素生产率水平。本章在Marshall（1920）、Duranton和Puga（2004）、Rosenthal和Strange（2004）、Puga（2010）等研究的基础上对集聚效应进行梳理和总结。

（1）共享。

①共享不可分割的产品或设施。部分产品或基础设施的建立和维持需要大量的固定成本，这种产品或基础设施具有不可分割性，单个厂商拥有这种不可分割的产品或基础设施是不现实的，这种不可分割的产品或设备往往由多数厂商共同享有，并且随着厂商数量的增加每个厂商消费不可分割产品或设施的边际成本会下降。因此，共享不可分割的产品或设施有助于降低厂商的生产成本。

②共享中间投入品。共享中间投入品的前提条件是中间投入品行业具有规模经济效应。当中间投入品行业存在规模经济时，集聚区域内的下游企业通过将中间投入品外包给中间投入品生产商，中间投入品生产商可以通过扩大生产规模降低其长期平均成本，进而实现规模经济，下游企业通过共享中间投入品可以降低自身的生产成本。Holmes（1999）研究发现集聚区的企业更倾向于从本集聚区内的中间投入品供应商那里购买更多的中间投入品，且中间投入品购买强度和产业集聚程度之间存在正相关关系。Overman和Puga（2010）研究发现，如果最终产品生产者需要投入大量的中间投入品，并且中间投入品生产者在空间上呈集聚的分布状态，那么最终产品生产者会靠近中间投入品供应商并形成集聚分布状态。

③共享专业化的收益。较大的市场有助于形成专业化分工（Henderson、Becker，2000）。Smith（1776）的研究发现，当工人数量增加时产出会增加得更多，这是因为工人数量的增加有助于工人进行专业化分工，进而从事专业化生产，专业化生产通过"干中学"、降低生产成本、降低劳动强度等渠道有助于提高企业生产率。因此，工人数量的增加通过专业化分工使产出增加得更多（Duranton、Puga，2004）。总之，企业或生产要素在某一地理范围内的集聚有助于企业享受专业化分工带来的好处。

④分担风险。工人或企业主要面临两种风险，一是来自工人或企业层面的风险，二是来自行业层面的风险（Rosenthal、Strange，2004）。一方面，专业化集聚有助于降低工人或企业层面的风险。以企业和劳动力之间的雇佣关系为例，在同一行业内，劳动力具有相似的技术，企业具有相似的劳动力需

求,如果劳动力终止雇用关系,那么位于专业化集聚区的企业能够找到相似的劳动力进行替代,如果企业终止雇用关系,那么位于专业化集聚区的劳动力也能找到与其技术匹配的其他企业。因此,专业化集聚有助于降低工人或企业出于自身原因解除雇用关系所带来的风险。另一方面,多样化集聚有助于降低行业层面的风险。当某一行业受到负的外部冲击时,该行业将面临大量劳动力失业问题,而多样化集聚有助于吸收部分失业劳动力,进而降低行业层面负外部冲击所带来的风险。Krugman(1991)、Stahl 和 Walz(2001)的研究为上述观点提供了证据支持。Krugman(1991)认为当企业面临某种特定的冲击时,企业会对劳动力雇佣数量进行调整,如果企业所处地区具有大量相似技术的劳动力,那么面对外部冲击时,企业能够更加灵活地调整劳动力需求决策。Stahl 和 Walz(2001)研究发现行业层面的风险概率越大,不同行业内的企业越可能形成集聚,而企业层面的风险概率越大,同一行业内的企业越有可能形成集聚。

(2)匹配。

①提高匹配的质量。匹配主要源于经济主体和生产要素的异质性。匹配包括雇主和雇员的匹配、购买者和供给者的匹配以及商业伙伴的匹配等。以劳动力和企业之间的匹配为例,假设不同劳动力提供不同的技术,不同企业有不同的技术需求,如果企业所需的技术和劳动力提供的技术不匹配,则会产生劳动力再培训等成本。因此,需求和供给的不匹配对企业和劳动力均会造成负面影响,而提高匹配质量既能降低市场摩擦成本又能节约企业生产成本。由于集聚地区往往存在大量不同的劳动力和企业,劳动力提供的技术和企业所需的技术之间的差距更小,因此,集聚有助于提高匹配的质量,降低不匹配或者匹配质量低劣带来的成本(Helsley、Strange,1990)。

②增加匹配的机会。由于集聚地区存在大量的生产要素、产品和经济主体,集聚地区的企业对生产要素的需求、消费者对产品的需求、厂商对合作伙伴的需求更有可能得到满足,即集聚地区有更多匹配的机会。Costa 和 Kahn(2001)研究发现具有大学以上文凭的夫妻双方更倾向于进入大城市,这是因为在大城市内夫妻二人都能找到合适工作的机会较多。Gan 和 Li(2016)对美国学术市场新经济学博士的研究发现,在一个有更多工作机会和更多候选人的专业化领域里有更多的匹配机会,即密集的劳动力市场能够提供更多的匹配机会。

(3) 学习。

学习机制主要包括新知识的创造，知识、技术、信息的传播和扩散，以及知识的动态积累过程（Duranton、Puga，2004）。Marshall（1920）、Rosenthal 和 Strange（2004）将该微观机制归于知识溢出效应。知识溢出是空间地理单元之间通过信息交流获得的智力成果，且不给知识创造者以补偿或给予小于智力成果的补偿价值（白俊红等，2017），是地区或行业之间在经济或业务等交往过程中由于知识存量差异而导致的知识、信息、技术等的转移过程（许箫迪等，2007），是不同主体之间在空间范围内通过知识人才在不同区域之间的流动、大学和企业之间的研发合作、企业家的创业活动以及企业的贸易投资行为等方式进行交流和沟通所产生的知识传播过程（赵勇、白永秀，2009）。

知识分为编码知识和缄默知识（梁琦、詹亦军，2005）。编码知识具有明确的含义，便于表达和分享，而缄默知识是含糊且难以言传和清楚表达的，是偶然可认知的，具有高度的语境限制。知识，特别是缄默知识，需要人与人之间广泛的面对面交流和重复接触来实现。企业或者劳动力在与具有知识和技术的个体进行接触或面对面交流的过程中能够掌握新技术，而且面对面交流还有助于知识的交换、传播和扩散，而集聚地区往往有更多的技术工人，定位于集聚区的企业有更多学习的机会（Glaeser，1999）。Duranton 和 Puga（2001）认为由于多样化的城市能够为年轻企业提供多种尝试和学习的机会，年轻企业会选择定位于多样化的城市环境中。总之，由于集聚地区拥有大量的企业和劳动力，企业之间以及劳动力之间有更多的机会进行沟通和面对面交流，产业集聚具有知识溢出效应。此外，知识溢出具有空间根植性或局域性特征，知识溢出效应会随着地理距离的增加而衰减（Fischer、Varga，2003；梁琦、詹亦军，2005；王文翌、安同良，2014）。

根据知识溢出的接收者和供给者是否属于同一行业，可以将知识溢出分为专业化外部性（MAR 外部性）和多样化外部性（Jacobs 外部性）。MAR 外部性认为同一行业内的企业集聚更有助于知识和信息的传播，其引发的知识溢出有助于研发创新和经济增长。Baptista 和 Swann（1998）对 1975—1982 年英国 248 个制造业企业创新数据的研究发现专业化集聚更有助于企业创新。Jacobs 外部性则认为不同行业的企业集聚有利于多元化、多样化、差异化的知识相互碰撞，进而产生新知识，因此，多样化外部性更有利于创新和经济增长。Glaeser 等（1992）对 1956 年和 1987 年美国 170 个城市的研究、Feldman 和 Audretsch（1999）基于美国小企业管理创新数据库（SBIDB）的研究、Oort（2002）对新西兰研发劳动力成本数据的研究均支持 Jacobs 外部性。

4.1.2 选择效应

位于集聚区的企业能够享受密集的劳动力市场、专业化的中间投入品供应商以及知识溢出等好处，因此，企业更倾向于定位于集聚区。但是，集聚区存在激烈的市场竞争，竞争通过"优胜劣汰"机制迫使低生产率企业退出集聚区，而高生产率企业能够在激烈的市场竞争环境中生存下来并定位于集聚区（Melitz、Ottaviano，2008）。此外，高生产率企业能够从集聚中获得更大的收益（梁琦等，2016），能够占有更大的市场份额（李晓萍等，2015），因此，集聚区更有可能吸引高生产率企业进入。集聚区或大城市能够吸引优质生产要素，拥有丰富的高素质人力资本和健全的基础设施建设，而作为高效率的要素组织载体，高生产率企业更倾向于追求优质生产要素。因此，高生产率企业倾向于定位于大城市，以获得集聚经济优势（Berry、Glaeser，2005；陈强远，2016）。总之，在考虑企业异质性的情况下，产业集聚会吸引高生产率企业进入，并通过"优胜劣汰"的市场竞争机制迫使低生产率企业退出市场或定位于外围区，高生产率企业在竞争中得以生存并定位于集聚区，这种异质性企业空间选择行为带来的选择效应使集聚区具有更高的生产率。

集聚效应和选择效应都有可能导致集聚地区具有更高的生产率，那么，集聚地区的生产率优势是来源于集聚效应还是选择效应？如何识别集聚效应和选择效应？Syverson（2004）认为不同产品之间具有可替代性，这导致集聚区存在激烈的市场竞争，竞争使低效率企业很难在集聚区生存而被迫退出市场，低效率企业的退出使企业生产率分布的左端出现左截断，进而提高了集聚区内企业生产率的最小值和平均值，生产率分布的分散程度下降。在理论分析的基础上，Syverson（2004）利用美国混凝土工厂数据采用分位数识别法对选择效应进行识别。Combes 等（2012）在结合企业选择模型和集聚模型的基础上发展了一个嵌套模型来区分大城市生产率优势的来源，并将集聚效应和选择效应的相对重要性参数化。Combes 等（2012）认为集聚效应能够提高集聚区内所有企业的生产率水平，导致企业对数生产率分布呈右移动特征，而高生产率水平的企业能够从集聚中获得更多的好处，因此集聚效应还会导致对数生产率分布函数的膨胀，选择效应会导致低生产率企业退出市场，表现为企业对数生产率分布呈左截断特征。总之，集聚效应和选择效应对企业生产率分布的形状产生不同的影响。Combes 等（2012）对法国企业数据的研究结果表明，法国不同地区生产率差异主要源于集聚效应而非选择效应。在 Combes 等（2012）提出的方法的基础上，Arimoto 等（2014）、余壮雄和杨扬（2014）、李晓萍等（2015）、王永进和张国峰（2016）分别对集聚效应和选择效应进行识别。

4.1.3 成本效应

成本效应主要包括拥挤效应和虚假产业集聚。拥挤效应是指在产业集聚过程中，大量企业进入同一集聚地区引致的过度集聚问题。拥挤效应会导致集聚区内企业之间过度竞争、交通及通勤成本上升、居住及生活成本上升、生产要素价格上升、基础设施和原材料短缺、生态环境恶化等一系列问题。虚假产业集聚主要是指，中国的产业集聚在形成和发展过程中具有很强的政府主导性，地方政府通过各种优惠政策吸引企业入驻其管辖区，企业为了追求"政策租"而"扎堆"形成虚假产业集聚。拥挤效应和虚假产业集聚不利于全要素生产率水平的提高。

（1）拥挤效应。

拥挤效应是指在产业集聚过程中，大量企业进入同一集聚地区引致的过度集聚问题。拥挤效应会导致集聚地区交通及通勤成本上升、居住及生活成本上升、生产要素价格上升、基础设施和原材料短缺、生态环境恶化等一系列问题，并且为了争夺原材料和公共基础设施，企业之间还存在过度竞争问题（孙浦阳等，2013；李晓萍等，2015）。拥挤效应作为产业集聚的离心力，使区域内所有厂商的生产成本增加，迫使厂商和劳动力从中心地区向外围地区转移。拥挤效应会带来土地和住房价格上升、交通阻塞、环境污染、工资成本上升等问题，进而导致地区内所有生产者的产出水平下降（李君华，2009）。周圣强和朱卫平（2013）认为产业集聚具有规模效应和拥挤效应，规模效应和拥挤效应是"一枚硬币的两面",拥挤效应是在经济集聚过程中产生的某一空间范围内的要素比例失衡所带来的非经济性,这种非经济性会阻碍区域经济增长。总之,过度集聚带来的拥挤效应会对全要素生产率水平的提高产生阻碍作用。

(2)虚假产业集聚。

中国制造业产业集聚的形成和发展受到市场机制和政府干预的双重影响。一方面,在市场机制的引导下,企业为了获得中间投入品共享、技术和知识溢出、靠近供应商和市场等集聚租而自发形成产业集聚。另一方面,产业集聚的形成和发展普遍受到政府干预的影响。在中国式财政分权体制下,地方政府为了追求GDP增长和绩效考核目标,通过提供税收减免、财政补贴等优惠政策吸引企业入驻其管辖区。在政府干预的引导下,企业为了追求"政策租"形成虚假产业集聚。这种虚假产业集聚不仅难以产生市场机制引导下所形成的产业集聚应该具有的集聚效应和技术外溢效应,还可能造成严重的重复建设、市场拥挤、资源错配等一系列问题,降低经济集聚应有绩效。

郑江淮等(2008)研究发现企业为了追求"政策租"而"扎堆"于开发区,这种"企业扎推"并不具有传统意义上的产业集聚效应。钱学锋和陈勇兵(2009)同样发现中国东、中部地区的工业集聚主要是为了获取"政策租",因为中国东部和中部地区的很多工业集聚区主要表现为各种类型的开发区和产业园区,这些开发区和产业园区通过制定大量的优惠政策来吸引企业投资,这导致企业为了追求"政策租"而形成低水平的"企业扎堆"。此外,钱学锋等(2012)发现,中国地方政府并没有对集聚经济创造的"集聚租"征税,原因之一就是中国的产业集聚有可能是政府干预下企业为了追求"政策租"而形成的虚假产业集聚,如果地方政府对这类企业征收"集聚租",这些虚假产业集聚区内的企业很可能会搬离集聚区。李晓萍等(2015)也发现政府干预在中国区域或城市的发展过程中普遍存在,而政府干预下所形成的经济集聚不仅很难产生集聚效应,还有可能带来拥挤效应。特别地,在2002年以后,地方政府为了招商引资展开激烈的"竞次式"补贴竞争,这种"竞次式"补贴竞争不仅会带来经济过度集聚还会造成虚假产业集聚,导致经济集聚对生产率的影响发生重大转变,从集聚效应占主导转变为拥挤效应占主导。

4.2 描述性统计分析

在对产业集聚和全要素生产率的关系进行实证检验之前，本节首先采用线性拟合图对产业集聚和行业平均生产率的关系进行初步描述性统计分析，然后分别采用核密度图法和分位数识别法从微观企业层面对集聚效应、选择效应和成本效应进行初步识别。又由于采用全国所有制造业企业样本数据所揭示的结果具有一般性特征，本节将分别在不同年份和不同要素密集型行业内对集聚效应、选择效应和成本效应进行识别。

4.2.1 产业集聚和行业平均生产率关系的初步统计分析

本节首先采用线性拟合图对中国制造业产业集聚和行业平均生产率的关系进行初步统计分析。图4-1为产业集聚和行业平均生产率关系的线性拟合。横轴为产业集聚水平，采用EG指数测算得到。纵轴为行业平均生产率水平，通过对企业全要素生产率水平求加权平均得到，权重采用工业销售产值。产业集聚和行业平均生产率关系的线性拟合结果显示，产业集聚和行业

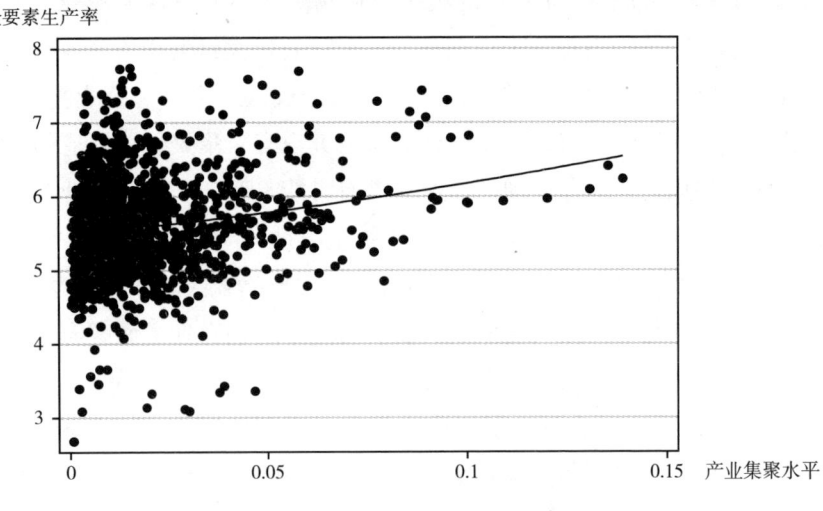

图4-1 产业集聚和行业平均生产率关系的线性拟合

平均生产率之间存在正相关关系,产业集聚水平越高的行业,其加权平均生产率水平也越高。此外,本书在第3章借鉴 Ellison 和 Glaeser(1997)的方法,依据产业集聚水平将中国三位数行业分类下的制造业进行分组,通过比较不同产业集聚水平分组下的行业生产率核密度图可以发现,产业集聚水平越高的行业具有越高的全要素生产率水平。

4.2.2 集聚效应、选择效应和成本效应的识别:核密度图法

行业层面的初步统计结果表明,产业集聚水平更高的行业具有更高的平均生产率水平,那么,这种高生产率是来源于集聚效应还是选择效应?此外,产业过度集聚带来的拥挤效应和政府不当干预下的虚假产业集聚会导致全要素生产率水平下降。本节借鉴 Combes 等(2012)、刘海洋等(2015)的方法,采用核密度图法从微观企业层面对集聚效应、选择效应以及成本效应进行识别。具体地,集聚效应、选择效应和成本效应对企业生产率分布的形状产生不同的影响。集聚效应有助于提高所有企业的生产率水平,因此,集聚效应导致企业生产率分布向右移动。选择效应通过"优胜劣汰"机制迫使低生产率企业退出集聚区,因此,选择效应导致企业生产率分布出现左截断特征。成本效应会导致行业内所有企业生产率水平下降,因此,成本效应会导致企业生产率分布向左移动。总之,根据企业生产率分布特征能够初步识别集聚效应、选择效应和成本效应。

(1)企业全要素生产率分布核密度图。

采用核密度图法对集聚效应、选择效应和成本效应进行识别,需要首先根据企业面临的产业集聚水平的大小将所有制造业企业进行分组。本节将产业集聚水平高于中位数的企业称为高水平产业集聚组,将产业集聚水平低于中位数的企业称为低水平产业集聚组。然后将高水平产业集聚组和低水平产业集聚组的企业全要素生产率分布核密度图进行对比分析,根据企业全要素生产率的分布特征识别集聚效应、选择效应和成本效应。

图4-2为高水平产业集聚组和低水平产业集聚组的企业全要素生产率分布核密度。该图显示企业全要素生产率呈正态分布特征。通过对不同产业集聚水平的企业全要素生产率分布进行对比分析可见,和低水平产业集聚组相比,高水平产业集聚组的企业全要素生产率分布呈右移动、右长尾

的特征,说明高水平产业集聚组的平均生产率水平要高于低水平产业集聚组。因此,存在集聚效应,并且集聚效应的作用大于成本效应的作用。此外,通过图4-2并没有发现存在左截断特征。因此,初步统计分析表明,中国制造业行业内存在集聚效应不存在选择效应,且集聚效应的作用大于成本效应。但是,由于不同时间、不同行业的企业生产率分布可能存在较大的差异,采用全部制造业企业数据容易存在"中和"问题。因此,本章进一步分析不同时间和不同行业的企业生产率分布特征。

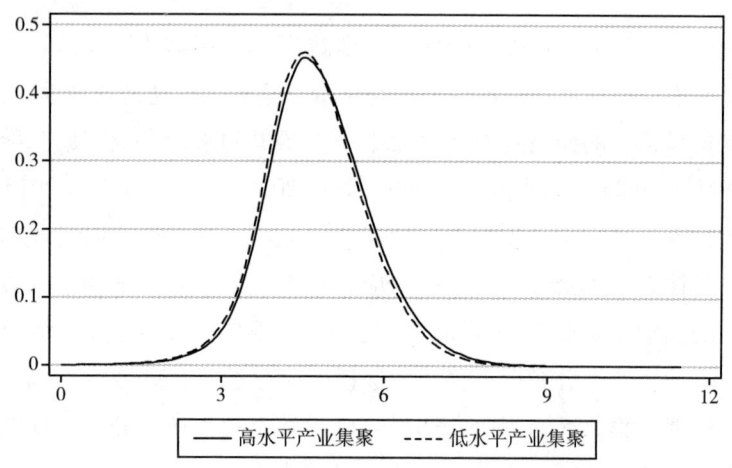

图4-2 企业全要素生产率分布核密度

(2) 不同年份的企业生产率分布核密度图。

集聚效应、选择效应和成本效应对全要素生产率的影响可能因时而异。因此,本节分别对1998—2007年每一年高水平产业集聚组和低水平产业集聚组的企业全要素生产率分布核密度图进行比较分析。不同年份的企业生产率分布核密度图如图4-3所示。图4-3显示,不同年份企业全要素生产率分布核密度呈现出不同的特点。和低水平产业集聚组相比,1998—2003年高水平产业集聚组存在左移动特征,并且1998—2001年左移动幅度逐渐变大,2001—2003年左移动幅度逐渐缩小,而2004—2007年高水平产业集聚组呈右移动特征。这表明1998—2003年存在成本效应,且成本效应的作用大于集聚效应的作用,进而导致高水平产业集聚组的企业全要素生产率水平反而较低。而2004—2007年存在集聚效应,且集聚效应的作用大于成本效应的作用,进而使高水平产业集聚组的企业全要素生产率水平更高。此外，分年度的初步统计结果依然没有发现明显的选择效应。

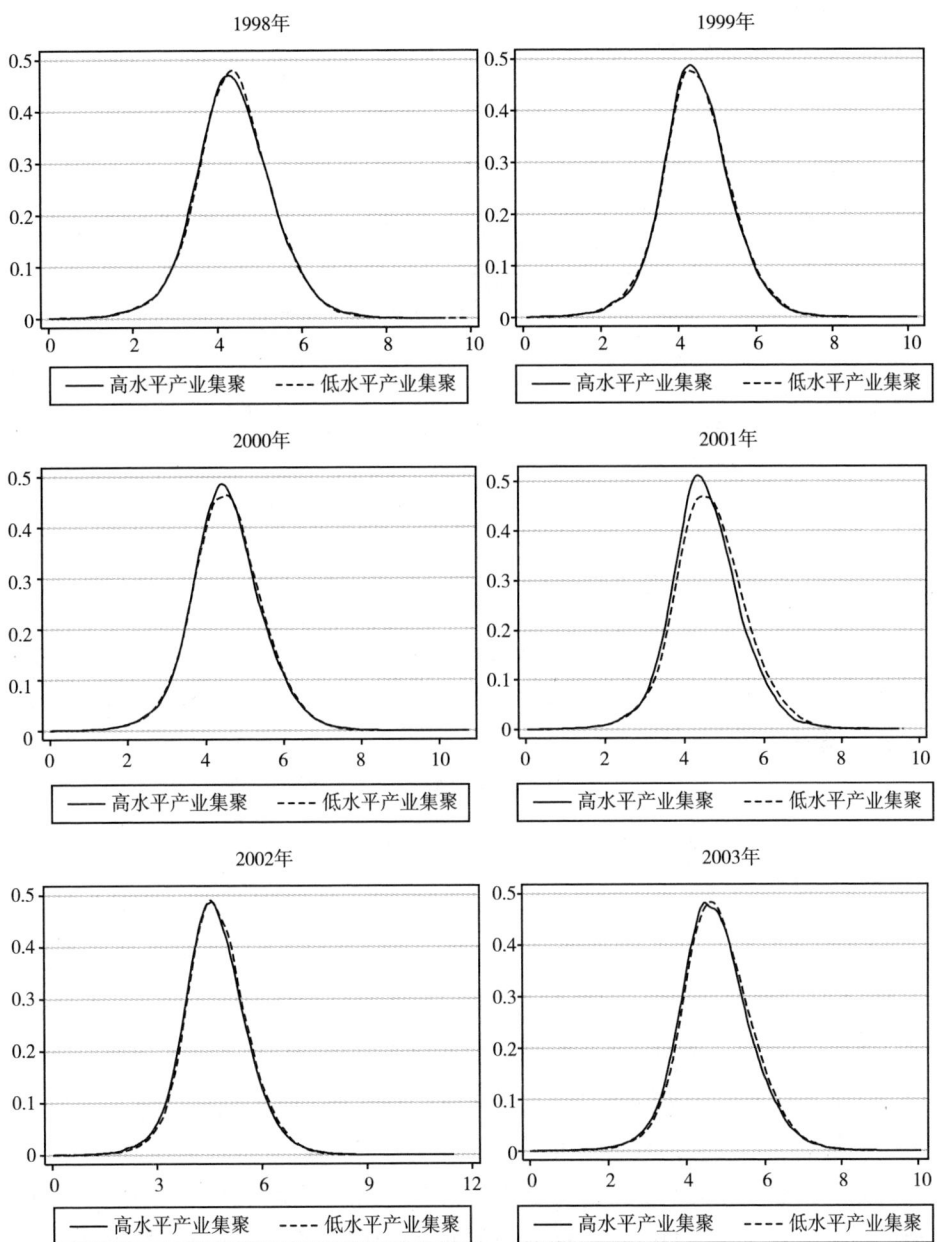

图4-3 不同年份的企业全要素生产率分布核密度

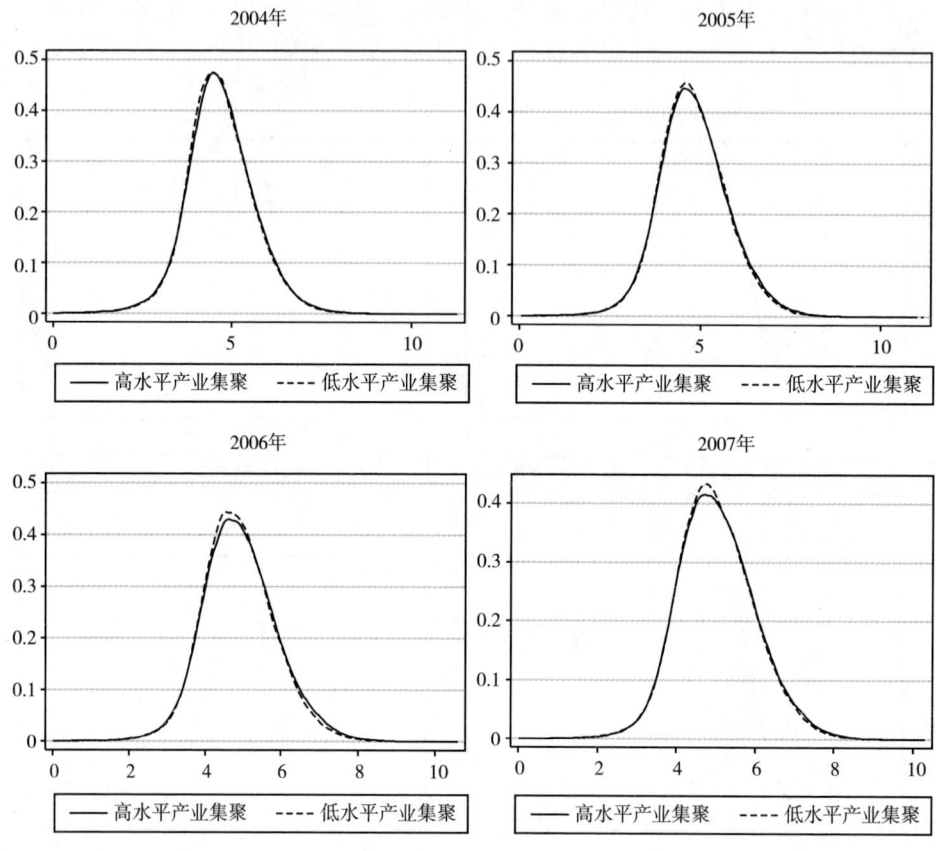

图 4-3 续图

(3) 不同要素密集型行业的企业全要素生产率分布核密度图。

本节根据沈能等（2014）的方法，按照要素投入密度将中国制造业分为劳动密集型行业、资本密集型行业、资源密集型行业和技术密集型行业。不同要素密集型行业的企业全要素生产率分布核密度图的初步统计结果如图4-4所示。图4-4显示，劳动和资本密集型行业内高水平产业集聚组的企业生产率分布均呈明显的右移动特征，并且，劳动密集型行业内高水平产业集聚组的企业生产率分布的右移动幅度较大，资本密集型行业次之。说明劳动密集型和资本密集型行业内高水平产业集聚组的企业平均生产率水平也较高，劳动密集型行业和资本密集型行业内存在集聚效应，且集聚效应的作用大于成本效应。对于资源密集型行业，高水平产业集聚组的企业生产率分布较"瘦"，从核密度图中不能判断集聚效应和成本效应的大小。对于技术密集型行业,高产业集聚水平的企业生产率分布向左移动,表明高水平产业集聚组的企业平均生产率水平反而较低,技术密集型行业的成本效应大于集聚效应,技术密集型行业可能面临着提高产业集聚水平会导致生产率水平下降。

综上所述,不同要素密集型行业存在不同程度的集聚效应和成本效应,产业集聚对不同要素密集型行业生产率的影响可能存在显著差异。此外,从不同要素密集型行业的企业生产率分布核密度图中同样没有发现明显的选择效应。

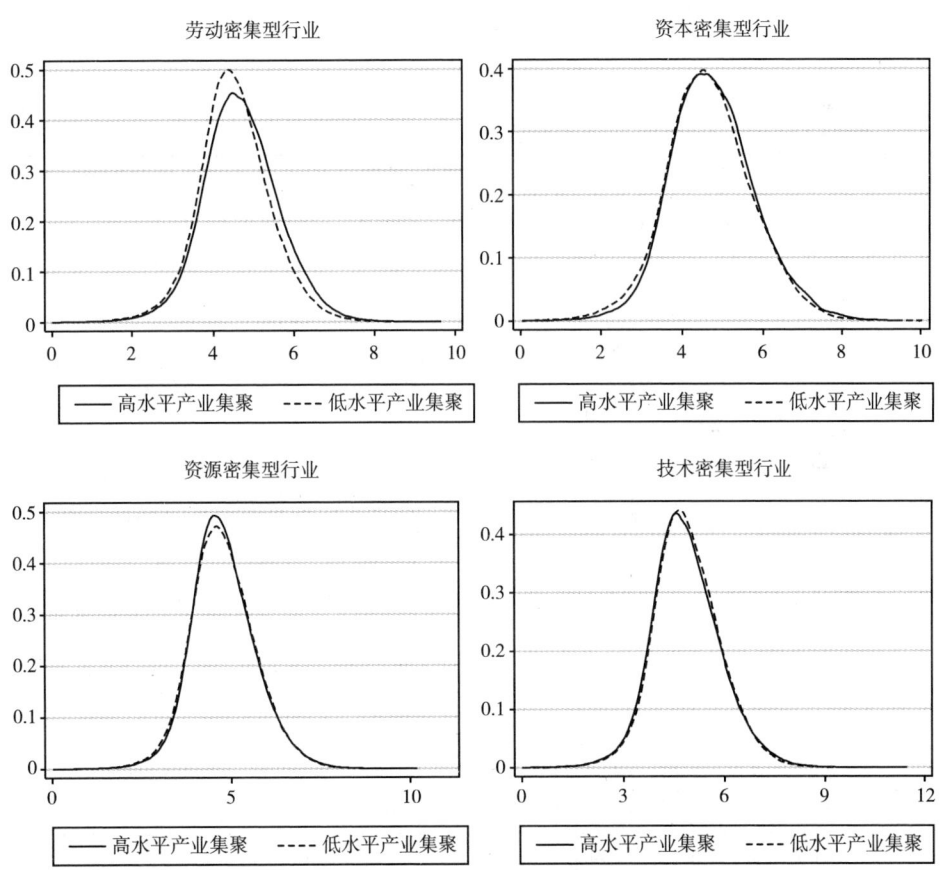

图4-4 不同要素密集型行业的企业全要素生产率分布核密度

(4) 不同分组下企业全要素生产率均值差异检验。

为了比较高产业集聚水平企业和低产业集聚水平企业的全要素生产率均值是否存在显著差异,本节进一步采用组间差异t检验方法对不同分组下企业全要素生产率的均值差异进行检验。检验结果如表4-1所示。表4-1表明，从中国制造业整体来看，高产业集聚水平企业全要素生产率均值显著高于低产业集聚水平企业。从不同年份来看，在1998—2003年，高产业集聚水平企业全要素生产率均值低于低产业集聚水平企业，2000—2003年在统计上是显著的，而1998年和1999年在统计上不显著。此外，2004—2007年，高产业集聚水平企业全要素生产率均值显著高于低产业集聚水平企业。从不同要素密集型企业来看，劳动、资本和资源密集型企业的全要素生产率均值显著高于低产业集聚水平企业，而技术密集型企业的全要素生产率均值显著低于低产业集聚水平企业。组间差异t检验结果与核密度图法得到的结果相一致。

表4-1　　　　　　　　组间差异t检验结果

	高产业集聚水平	低产业集聚水平	组间差异t检验
制造业	4.7931	4.7083	0.0848 ***
1998	4.3914	4.3942	-0.0028
1999	4.4547	4.4634	-0.0087
2000	4.5308	4.5467	-0.0160 ***
2001	4.5369	4.6393	-0.1024 ***
2002	4.6628	4.7070	-0.0442 ***
2003	4.7291	4.7879	-0.0588 ***
2004	4.6859	4.6656	0.0203 ***
2005	4.8175	4.7942	0.0233 ***
2006	4.9243	4.8827	0.0416 ***
2007	5.0326	5.0071	0.0255 ***
劳动	4.6875	4.5266	0.1609 ***
资本	4.7676	4.6699	0.0977 ***
资源	4.7916	4.7788	0.0128 ***
技术	4.8598	4.8805	-0.0207 ***

注：表中为企业全要素生产率均值。

4.2.3　集聚效应、选择效应和成本效应的识别：分位数识别法

核密度图法通过比较高水平产业集聚组和低水平产业集聚组的企业全要

素生产率分布在图形上的差异来初步判断集聚效应、选择效应和成本效应。然而，不同组别的企业全要素生产率分布核密度图差异不大，从图形上判断容易导致分析结果出现偏差。而分位数识别法则通过比较不同组的企业全要素生产率分布在数值特征上的差异进行判断，从而对集聚效应、选择效应和成本效应的识别更加准确。因此，本节进一步采用分位数识别法对集聚效应、选择效应和成本效应进行识别。

分位数识别法的具体思路如下：和低水平产业集聚组相比，如果高水平产业集聚组的集聚效应大于成本效应，则高水平产业集聚组的企业生产率分布整体向右移动，从而较大分位数上的全要素生产率水平也较高；如果高水平产业集聚组的成本效应大于集聚效应，则高水平产业集聚组的企业生产率分布整体向左移动，较大分位数上的全要素生产率水平也较低；如果高水平产业集聚组存在选择效应，则高水平产业集聚组的企业生产率分布的左端非常稀薄，左端分位数上的生产率较高、四分位距较小、方差较小（刘海洋等，2015；李晓萍等，2015）。表4-2分别是高水平产业集聚组和低水平产业集聚组的企业全要素生产率均值、标准差、四分位距以及在不同分位数上的企业全要素生产率水平的统计结果。

表4-2　不同产业集聚水平的企业全要素生产率分布特征

	组别	mean	sd	IQR	p10	p25	p50	p75	p90
制造业	低	4.7083	0.9448	1.1919	3.6011	4.1010	4.6640	5.2929	5.9167
	高	4.7931	0.9664	1.2195	3.6678	4.1649	4.7355	5.3844	6.0334
1998	低	4.3942	0.9243	1.1396	3.2919	3.8285	4.3848	4.9681	5.5469
	高	4.3914	0.9371	1.1654	3.2856	3.8094	4.3713	4.9748	5.5620
1999	低	4.4633	0.9081	1.1307	3.3719	3.9032	4.4491	5.0339	5.5997
	高	4.4547	0.9032	1.1059	3.3948	3.9017	4.4339	5.0076	5.5807
2000	低	4.5467	0.9142	1.1579	3.4458	3.9644	4.5332	5.1223	5.7033
	高	4.5308	0.9198	1.1300	3.4498	3.9600	4.5042	5.0900	5.6844
2001	低	4.6393	0.9084	1.1420	3.5715	4.0638	4.6113	5.2058	5.7888
	高	4.5369	0.8769	1.0773	3.5116	3.9919	4.4975	5.0692	5.6441
2002	低	4.7070	0.8850	1.1120	3.6620	4.1408	4.6738	5.2528	5.8299
	高	4.6628	0.9127	1.1231	3.5942	4.0947	4.6323	5.2178	5.7983
2003	低	4.7879	0.8963	1.1355	3.7343	4.2114	4.7490	5.3469	5.9295
	高	4.7291	0.9097	1.1251	3.6671	4.1520	4.6937	5.2771	5.8737

续表

	组别	mean	sd	IQR	p10	p25	p50	p75	p90
2004	低	4.6656	0.9277	1.1570	3.6063	4.0731	4.6119	5.2301	5.8541
	高	4.6859	0.9483	1.1714	3.5929	4.0868	4.6353	5.2582	5.8935
2005	低	4.7942	0.9362	1.2051	3.6970	4.1758	4.7395	5.3809	6.0029
	高	4.8175	0.9653	1.2292	3.6866	4.1822	4.7591	5.4114	6.0646
2006	低	4.8827	0.9438	1.2187	3.7705	4.2536	4.8256	5.4723	6.1069
	高	4.9243	0.9791	1.2653	3.7691	4.2671	4.8641	5.5324	6.1974
2007	低	5.0071	0.9711	1.2716	3.8613	4.3509	4.9435	5.6225	6.2715
	高	5.0326	0.9909	1.3029	3.8620	4.3564	4.9680	5.6593	6.3255
劳动	低	4.5266	0.8869	1.0944	3.4878	3.9755	4.4962	5.0699	5.6447
	高	4.6875	0.9345	1.1968	3.5765	4.0816	4.6566	5.2784	5.8814
资本	低	4.6699	1.0749	1.3677	3.3965	3.9732	4.629	5.3409	6.0561
	高	4.7676	1.0564	1.3647	3.5193	4.0532	4.7079	5.4179	6.1379
资源	低	4.7788	0.9066	1.1638	3.7077	4.1843	4.7336	5.3481	5.9455
	高	4.7916	0.8946	1.1259	3.7572	4.2086	4.7306	5.3345	5.9473
技术	低	4.8805	0.9701	1.2474	3.7404	4.2421	4.8265	5.4895	6.1357
	高	4.8598	1.0064	1.2752	3.6937	4.2014	4.7917	5.4766	6.1559

注：高表示高水平产业集聚组，低表示低水平产业集聚组。劳动表示劳动密集型行业，以此类推。mean 表示企业全要素生产率均值，sd 表示企业全要素生产率的标准差，IQR 表示企业全要素生产率的四分位距。p10 表示十分位数上的企业全要素生产率值，以此类推。

首先，从中国制造业整体来看，相对于低水平产业集聚组，高水平产业集聚组的企业在较高的分位数上具有较高的生产率。因此，中国制造业存在集聚效应，且集聚效应大于成本效应。那么，是否存在选择效应？表 4-2 显示，虽然在较低的分位数上高水平产业集聚组具有更高的生产率，但同时高水平产业集聚组的标准差和四分位距都较大，从而不满足选择效应的识别条件。

其次，分年度对集聚效应、选择效应和成本效应进行识别。由于在较高的分位数上高水平产业集聚组具有更高的生产率，表明 1998 年存在集聚效应，且集聚效应的作用大于成本效应。由于在较低的分位数上高水平产业集聚组具有较低的生产率，且高水平产业集聚组的标准差和四分位距均较大，表明 1998 年不存在选择效应。依据同样的方法可以得到，1999—2000 年高水平产业集聚组在较高的分位数上生产率反而较低，表明集聚效应的作用小于成本效应。此外，在较低分位数上的生产率较高且四分位距较小，表明存在选择效应。2001—2003年集聚效应的作用小于成本效应，且不存在选择效应。2004—2007年集聚效应的作用大于成本效应，且不存在选择效应。

最后，采用同样的方法对不同要素密集型行业内的集聚效应、选择效应和成本效应进行识别。首先，劳动密集型行业内集聚效应的作用大于成本效应且不存在选择效应。其次，资本密集型行业内集聚效应的作用大于成本效应且存在选择效应。再次，资源密集型行业存在选择效应，但是资源密集型行业内高水平产业集聚组的企业全要素生产率水平在10分、25分和90分位数上高于低水平产业集聚组，但是在50分和75分位数上低于低水平产业集聚组，从而不能准确识别集聚效应和成本效应的大小。最后，技术密集型行业不存在选择效应，技术密集型行业中的高水平产业集聚组的企业生产率水平在10分、25分、50分和75分位数上均小于低水平产业集聚组，但是在90分位数上高于低水平产业集聚组，因此，技术密集型行业可能面临的成本效应大于集聚效应。

综上所述，关于产业集聚和行业平均生产率关系的初步统计结果表明，在行业层面，中国制造业产业集聚和行业平均生产率之间呈正相关关系。在微观企业层面，中国制造业产业集聚的生产率效应主要源于集聚效应而非选择效应，并且集聚效应的作用大于成本效应。此外，集聚效应、选择效应和成本效应对全要素生产率的影响在不同年份和不同要素密集型行业内存在显著差异。在初步统计分析的基础上，本章将进一步对产业集聚和中国制造业行业平均生产率的关系进行实证检验。

4.3 模型设计、变量选取和数据说明

4.3.1 模型设计

产业集聚通过集聚效应或选择效应能够提高行业平均生产率水平。集聚效应通过共享、匹配和学习有助于提高行业内所有企业的生产率以及行业平均生产率。选择效应通过驱逐低生产率企业、保留高生产率企业提高行业平均生产率。此外，产业过度集聚带来的拥挤效应会造成集聚区内所有企业生

产率水平下降，政府干预下企业为了追求"政策租"而形成的虚假产业集聚也不利于生产率水平的提高。因此，拥挤效应和虚假产业集聚对行业平均生产率产生负向影响。在集聚效应、选择效应、成本效应的共同作用下，产业集聚和行业平均生产率之间可能存在非线性关系。因此，本章在计量模型中加入产业集聚的平方项，具体模型设定如下：

$$\text{TFP}_{it} = \alpha + \beta_1 \text{agg}_{it} + \beta_2 \text{agg}_{it}^2 + \beta_3 X_{it} + \mu_{it} \quad \text{(式4-1)}$$

$$X_{it} = \gamma_0 + \gamma_1 \text{size}_{it} + \gamma_2 \text{fix}_{it} + \gamma_3 \text{gov}_{it} + \gamma_4 \text{os}_{it} + \gamma_5 \text{trade}_{it} + \lambda_i + \eta_t + \zeta_{it} \quad \text{(式4-2)}$$

其中，i 表示行业，t 表示时间，TFP 表示行业平均生产率水平，agg 为产业集聚水平，agg^2 为产业集聚的平方项，X 为控制变量。控制变量主要包括企业规模（size）、固定成本（fix）、政府干预强度（gov）、国有企业份额（os）、出口企业份额（trade）以及行业虚拟变量（λ）和时间虚拟变量（η）。

4.3.2 变量选取

（1）行业平均生产率（TFP）。由于 OP 法能够同时解决同时性偏误和样本选择偏误，能够对全要素生产率进行更加精确的测算。因此，本章选取 OP 法测算企业全要素生产率水平，并在企业全要素生产率的基础上，借鉴毛其淋和许家云（2015）、吴利学等（2016）的方法，以工业销售产值作为权重，测算中国制造业三位数行业的加权平均生产率水平（tfp_s）。

（2）产业集聚（agg）。由于 EG 指数充分考虑了企业规模、区域差异等因素对产业集聚程度的影响，而且 EG 指数能够区分产业集聚是随机形成的还是由于集聚外部性和自然优势形成的，EG 指数能够更加准确地测算产业集聚水平，在产业集聚领域得到广泛使用。因此，本章采用 EG 指数测算产业集聚水平。EG 指数的测算公式如下：

$$\text{EG}_i = \frac{\sum_s (\omega_s - x_s)^2 - (1 - \sum_s x_s^2) \sum_j (e_{ij}/\sum_j e_{ij})^2}{(1 - \sum_s x_s^2)[1 - \sum_j (e_{ij}/\sum_j e_{ij})^2]} \quad \text{(式4-3)}$$

其中，j 表示企业；i 表示三位数行业；s 表示四位数地区；ω_s 表示行业 i 在地区 s 的就业人数占行业 i 全国就业人数的份额；x_s 表示地区 s 所有行业就业人数占全国所有行业就业人数的份额；e_{ij} 表示行业 i 中企业 j 的就业人数；EG_i 表示行业 i 的产业集聚指数，该指数越大，则产业集聚程度越高。

(3) 控制变量。通过对理论的总结和文献的梳理，本章主要选取以下变量作为控制变量：①企业规模（size），以工业销售产值为基础（毛其淋、许家云，2015），采用企业工业销售产值实际值对数的行业平均衡量行业平均企业规模。通常情况下，规模较大的企业更有能力采购先进设备，更有可能实现规模经济和专业化分工，进而降低生产成本、提高生产率水平（Pagano、Schivardi，2003；王杰、刘斌，2014）。②固定成本（fix），采用行业内企业管理费用占工业增加值比重的平均值衡量行业平均固定成本（孙浦阳等，2013），固定成本的增加不利于生产率水平的提高。③政府干预强度（gov），参考靳来群等（2015）的方法，采用企业获得的政府补贴与工业增加值之比的行业平均衡量行业平均政府干预强度。合理的政府干预有助于生产率水平的提高，但是政府不当干预会引发企业寻租行为，抑制企业创新积极性，阻碍生产率水平的提高。④国有企业份额（os），参考杨汝岱（2015）的方法，将注册登记类型为110、141、143、151的企业定义为国有企业，再根据国家资本金对注册登记类型为130、159、160的企业中的国有企业进行识别，最后结合蒋为（2016）、邵朝对和苏丹妮（2017）的方法，采用行业内国有企业数量和行业内企业总数的比值衡量行业内国有企业份额。由于国有企业面临着预算软约束，缺乏有效的市场竞争，国有企业的生产率水平往往较低，因此，当行业内国有企业所占份额越大时，该行业的生产率水平越低。⑤出口企业份额（trade），先根据企业出口交货值是否为0将企业划分为出口企业和非出口企业，然后采用行业内出口企业总数占行业内企业总数的比重衡量行业内出口企业份额。表4-3为核心变量的描述性统计结果。

表4-3　　　　　　　　核心变量的描述性统计结果

变量	符号	样本容量	均值	标准差	最小值	最大值
行业生产率	tfp_s	1507	5.580	0.645	2.678	7.740
产业集聚	EG	1506	0.018	0.018	0.000	0.139
企业规模	size	1507	10.14	0.414	9.180	12.250
固定成本	fix	1507	0.326	0.137	0.066	1.354
政府干预强度	gov	1507	0.015	0.023	0.000	0.470
国有企业份额	os	1507	0.122	0.147	0.000	1.000
出口企业份额	trade	1507	0.308	0.192	0.000	1.000

4.3.3 数据说明

本章使用的数据源于中国国家统计局建立和维护的《中国工业企业数据库》，该数据库的样本范围包含全部国有工业企业及规模以上非国有工业企业。《中国工业企业数据库》样本量大、信息齐全，但是该数据库存在很多问题，如指标缺失、指标异常、匹配混乱等问题，因此，需要对数据进行匹配、筛选、转换和统一。首先，本书借鉴 Brandt 等（2012）和杨汝岱（2015）的方法对 1998—2007 年国有工业企业及规模以上非国有工业企业样本数据进行匹配；其次，借鉴聂辉华等（2012）、靳来群等（2015）等人的方法进行样本筛选以剔除异常值的影响；再次，对行业代码进行调整和匹配；最后，对地区代码进行转换和统一。具体处理过程如本书第 3 章所述。

4.4 产业集聚对全要素生产率影响的实证检验

4.4.1 系数相关性检验

在进行实证检验之前，本章先对模型的多重共线性问题进行检验。表 4-4 为核心变量的系数相关性检验结果。检验结果表明，解释变量之间的相关系数值均较小，解释变量之间不存在严重的多重共线性问题。此外，表 4-5 为方差膨胀因子检验。检验结果表明，解释变量的方差膨胀因子均小于 10，再次表明模型不存在严重的多重共线性问题。

表 4-4　　　　　　　　系数相关性检验结果

变量	tfp_s	EG	size	fix	gov	os	trade
tfp_s	1						
EG	0.177	1					
size	0.470	0.220	1				
fix	0.013	0.037	0.112	1			
gov	0.008	-0.039	0.192	0.324	1		
os	-0.279	-0.115	0.305	0.526	0.326	1	
trade	-0.039	0.347	-0.107	0.100	-0.144	-0.273	1

表4-5 方差膨胀因子检验结果

变量	EG	size	fix	gov	os	trade	均值
VIF	1.270	1.600	1.600	1.210	1.780	1.550	
1/VIF	0.790	0.624	0.626	0.829	0.561	0.646	1.520

4.4.2 基准回归分析

本章在三位数行业层面研究产业集聚对中国制造业行业平均生产率的影响。由于双固定效应模型通过控制个体固定效应和时间固定效应能够有效解决由于遗漏不随个体变化和不随时间变化的变量所导致的内生性问题。因此，本章采用双固定效应模型进行实证检验。实证检验结果如表4-6所示。

本章通过分次加入控制变量的方式检验回归结果的稳健性。表4-6中模型（1）的回归结果表明，在仅仅控制时间固定效应和行业固定效应的情况下，产业集聚和行业平均生产率之间呈显著的倒"U"形关系。模型（2）在模型（1）的基础上加入控制变量（企业规模、固定成本、政府干预强度），回归结果显示，产业集聚和行业平均生产率之间依然呈显著的倒"U"形关系。模型（3）在模型（2）的基础上进一步控制行业的国有企业份额和出口企业份额，回归结果表明，产业集聚和行业平均生产率之间依然呈显著的倒"U"形关系。综上所述，模型（1）—模型（3）的回归结果均表明，产业集聚和中国制造业行业平均生产率之间呈显著的倒"U"形关系。当产业集聚水平较低时，提高产业集聚水平有助于提高行业平均生产率，此时集聚效应的作用大于成本效应，而当产业集聚水平高于一定临界值以后，产业过度集聚带来的拥挤效应占主导地位，此时，继续提高产业集聚水平导致行业平均生产率水平下降。此外，本章还对产业集聚和行业平均生产率之间的线性关系进行了实证检验，回归结果如模型（4）所示。模型（4）的回归结果显示，产业集聚和行业平均生产率之间不存在显著的线性关系，再一次表明产业集聚和行业平均生产率之间存在倒"U"形关系，产业过度集聚会导致生产率水平下降，并且该结论具有稳健性。

表 4-6　　　双固定效应模型回归结果

	模型 (1)	模型 (2)	模型 (3)	模型 (4)
EG	4.4816 ** (2.1144)	3.8627 ** (1.9781)	3.3583 * (1.7829)	0.0218 (0.0200)
EG^2	-61.2806 *** (-3.9399)	-48.8413 *** (-3.3911)	-38.2595 *** (-2.7168)	
size		0.7505 *** (5.3958)	0.7297 *** (6.4683)	0.7412 *** (6.4728)
fix		-0.2500 (-1.6097)	-0.0448 (-0.3770)	-0.0403 (-0.3314)
gov		-1.3683 ** (-2.6006)	-1.0294 ** (-2.2137)	-1.0023 ** (-2.1638)
os			-1.0605 *** (-4.9327)	-1.0840 *** (-4.9241)
trade			-0.4567 ** (-2.1304)	-0.4847 ** (-2.2281)
常数项	5.1043 *** (173.6027)	-2.1864 (-1.5664)	-1.6993 (-1.5152)	-1.7714 (-1.5558)
个体效应	控制	控制	控制	控制
时间效应	控制	控制	控制	控制
R^2	0.7550	0.8042	0.8239	0.8220
F	106.8694	115.5588	121.3729	127.0029
N	1506	1506	1506	1506

注：双固定效应回归采用稳健标准误，***、**、* 分别表示1%、5%、10%的统计显著性，小括号内为 t 值。下同。

控制变量的回归结果表明：①行业平均企业规模的回归系数显著为正，表明平均企业规模越大的行业，其平均生产率水平也越高。因为规模越大的企业越有可能具有充足的资金和较强的竞争力，越有能力采购先进技术设备，应对高风险的创新活动，实现规模经济以及劳动力专业化分工，进而提高全要素生产率。因此，行业平均企业规模越大越有助于提高中国制造业行业平均生产率。②政府干预程度越大越不利于行业平均生产率水平的提高。这可能是因为，政府补贴会引发企业非生产性的寻租行为，当企业寻租获得的收益大于研发创新的收益时，企业进行研发创新的积极性减弱，这会阻碍生产率水平的提高。因此，政府干预会造成行业平均生产率水平下降。③行业内国有企业所占比重越多越不利于提高行业平均生产率。这可能是因为，国有企业面临预算软约束和弱的市场竞争环境，缺乏研发创新动力和提高生产率的积极性，从而国有企业生产率水平普遍较低。因此，行业内国有企业所占比重越大，行业平均生产率水平越低。④行业内出口企业越多越不利于提高行业平均生产率。这可能是因为，一是我国出口贸易以加工贸易为主，而加工贸易企业往往是利用廉价劳动力资源进行生产经营的劳动密集型企业，其生产率水平较低，二是出口企业具有惰性，进入国际市场的企业提高生产率的积极性较低，三是我国国内市场进入成本高于国外市场，从而低生产率企业进入国际市场，高生产率企业主要在国内经营（李春顶、赵美英，2010）。因此，行业内出口企业越多行业平均生产率水平反而越低。

4.4.3 稳健性检验

在基准回归分析中，本章通过逐步加入控制变量的方式检验回归结果的稳健性。此外，本章还通过替换被解释变量的方式检验产业集聚和行业平均生产率关系的稳健性。本章将被解释变量替换为行业简单平均生产率（tfp_m），回归结果如表4-7所示。

以行业简单平均生产率为被解释变量的回归结果表明，产业集聚和中国制造业行业平均生产率之间依然存在显著的倒"U"形关系，当产业集聚水平小于拐点时，产业集聚有助于提高行业平均生产率水平，而当产业集聚水平大于临界值以后，继续提高产业集聚水平会导致行业平均生产率水平下降。此外，表4-7中的模型（1）和模型（2）在临界值处对应的产业集聚水平分别为0.044和0.066，通过计算可得中国制造业三位数行业分类下分别有92.24%和97.54%的行业位于提高产业集聚水平有助于提高行业平均生产率的阶段，仅有较小比重的行业位于提高产业集聚水平造成全要素生产率水平下降的阶段。

综上所述，通过逐步加入控制变量以及替换被解释变量的方式进行稳健性检验的结果均表明，中国制造业三位数行业分类下的产业集聚和行业平均生产率之间呈显著的倒"U"形关系，并且中国多数制造业行业位于提高产业集聚水平有助于提高行业平均生产率的阶段，只有少数行业面临产业集聚带来的负面影响。总之,产业集聚对中国制造业行业平均生产率影响的实证检验结果具有稳健性。

表4-7　稳健性检验结果

	tfp_s	tfp_m
	模型(1)	模型(2)
EG	3.3583* (1.7829)	3.2687** (2.0067)
EG^2	-38.2595*** (-2.7168)	-24.8708* (-1.9581)
size	0.7297*** (6.4683)	0.7092*** (18.8938)
fix	-0.0448 (-0.3770)	-0.3217*** (-3.7107)
gov	-1.0294** (-2.2137)	-0.5860*** (-3.3857)
os	-1.0605*** (-4.9327)	-0.6613*** (-8.2913)
trade	-0.4567** (-2.1304)	-0.4545*** (-5.0982)
常数项	-1.6993 (-1.5152)	-2.2425*** (-5.9031)
个体效应	控制	控制
时间效应	控制	控制
R^2	0.8239	0.9206
F	121.3729	563.0066
N	1506	1506

4.4.4　内生性检验

虽然双固定效应模型能够有效克服由于遗漏不随个体和时间因素变化的变量所带来的内生性问题,但是双固定效应模型不能有效解决由逆向因果关系导致的内生性问题。虽然初步统计分析结果表明,产业集聚主要通过集聚效应而非选择效应提高全要素生产率水平,但是为了解决可能存在的逆向因果关系导致的内生性问题,本章借鉴胡翠和谢世清(2014)、张翼等(2015)、赵伟和隋月红(2015)、陈旭等(2016)、吴晓怡和邵军(2016)等的方法,将产业集聚变量滞后一期引入计量模型中。一方面,滞后一期的产业集聚与当期产业集聚相关;另一方面,滞后一期的产业集聚已经前定,从当期的角度看,其取值已经固定,不受当期冲击的影响,外生于当期扰动项,在一定程度上能够克服可能存在的逆向因果关系带来的内生性问题(张翼等,2015;白俊红、卞元超,2016;陈旭等,2016)。

表4-8为将产业集聚指数滞后一期并采用双固定效应模型进行估计所得到的实证检验结果。此外,本章采用分次加入控制变量以及更换被解释变量的方式检验回归结果的稳健性。模型(1)—模型(4)的回归结果均表明,产业集聚二次项系数估计值显著为负,产业集聚和行业平均生产率之间呈显著的倒"U"形关系,并且产业集聚和行业平均生产率之间的非线性关系具有稳健性。随着产业集聚水平的提高,产业集聚会首先提高行业平均生产率水平,而当产业集聚水平高于一定临界值以后,继续提高产业集聚水平会导致行业平均生产率水平下降。

表4-8　　　　　　　　　　内生性检验结果

	tfp_s			tfp_m
	模型(1)	模型(2)	模型(3)	模型(4)
L.EG	4.5039* (1.7533)	2.8189 (1.2270)	2.2465 (1.0118)	2.6264 (1.5949)
(L.EG)^2	-66.0932*** (-2.9782)	-48.5006** (-2.4246)	-38.9015* (-1.7895)	-23.3899* (-1.6992)
size		0.7071*** (5.3713)	0.7602*** (9.7842)	0.7082*** (20.9442)
fix		-0.2846* (-1.7655)	-0.0750 (-0.5510)	-0.3920*** (-5.8356)
gov		-2.0208** (-2.3186)	-1.4705* (-1.8345)	-0.4858* (-1.8771)
os			-0.9243*** (-4.6899)	-0.6587*** (-7.5014)

续表

	tfp_s		tfp_m	
	模型（1）	模型（2）	模型（3）	模型（4）
trade			-0.7996*** (-3.2794)	-0.5131*** (-6.1087)
常数项	6.0474*** (132.2618)	-1.1952 (-0.8742)	-1.5414* (-1.9116)	-2.1125*** (-6.2727)
个体效应	控制	控制	控制	控制
时间效应	控制	控制	控制	控制
R^2	0.7426	0.7895	0.8131	0.9214
F	106.9630	116.8921	115.1079	592.1000
N	1334	1334	1334	1334

4.4.5 行业异质性检验

采用中国制造业全样本数据所得到的估计结果具有一般性特征，不能体现行业之间的差异。因此，本节通过分样本检验产业集聚对不同行业生产率水平的差异化影响。本节首先参照沈能等（2014）的方法，按照要素投入密度将中国三位数行业分类下的制造业分为劳动、资本、资源和技术密集型行业。其次，分别测算不同要素密集型行业的产业集聚水平和行业平均生产率水平，测算结果如图4-5所示。最后，实证检验产业集聚对不同要素密集型行业平均生产率水平的差异化影响，实证检验结果如表4-9和表4-10所示。

（1）特征事实分析。

图4-5描述了不同要素密集型行业的产业集聚水平和全要素生产率水平。首先，从不同要素密集型行业的产业集聚水平来看，资本密集型和资源密集型行业的产业集聚水平从2001年开始均低于劳动密集型行业和技术密集型行业，且资源密集型行业的产业集聚水平略低于资本密集型行业；劳动密集型行业的产业集聚水平在1998—2004年高于其他行业，在2005—2007年仅次于技术密集型行业；技术密集型行业的产业集聚水平从2001年开始高于资本和资源密集型行业，从2005年开始又高于劳动密集型行业，成为产业集聚水平增速最快的行业。总之，技术密集型和劳动密集型行业的产业集聚水

平较高，而资本密集型和资源密集型行业的产业集聚水平较低，沈能等（2014）的研究得到同样的结论。其次，从不同要素密集型行业的加权平均生产率水平来看，技术密集型行业的生产率水平最高，资源密集型行业次之，劳动密集型行业较低，而资本密集型行业的生产率水平在1998—2003年最低，但是增速较快，分别在2004年超过劳动密集型行业，在2007年超过资源密集型行业。

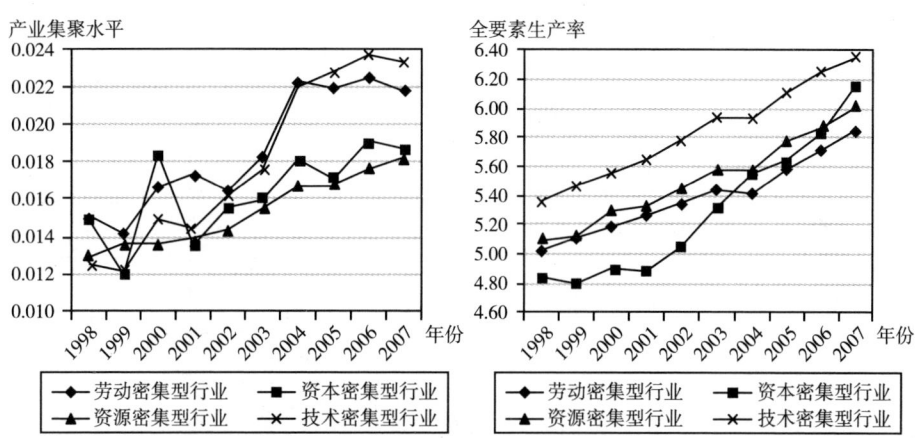

图4-5 不同要素密集型行业的产业集聚水平和全要素生产率水平

注：左图为不同要素密集型行业的产业集聚水平，右图为不同要素密集型行业的全要素生产率水平。

综上所述，劳动密集型行业的产业集聚水平较高，但是生产率水平却较低，和劳动密集型行业相比，资源密集型行业的产业集聚水平更低，但是生产率水平却高于劳动密集型行业，资本密集型行业产业集聚水平比劳动密集型行业低，但是2004年以后资本密集型行业的生产率水平高于劳动密集型行业，技术密集型行业的产业集聚水平在2004年以后高于劳动密集型行业，但是技术密集型行业的生产率水平在1998—2007年始终最高。由此可见，产业集聚对不同要素密集型行业生产率水平的影响可能存在行业异质性。

(2) 行业异质性检验结果。

本节分别检验产业集聚对不同要素密集型行业平均生产率的差异化影响。为了克服可能存在的内生性问题，本节在实证检验过程中将产业集聚指数滞后一期，并采用双固定效应模型进行估计，估计结果如表4-9和表4-10所示。

表4-9　行业异质性检验结果：劳动密集型和资本密集型行业

	劳动密集型行业		资本密集型行业	
	模型（1）	模型（2）	模型（3）	模型（4）
L.EG	3.8786** (2.0735)	10.7295*** (2.6989)	-4.9526** (-2.2561)	13.0600** (2.1501)
(L.EG)²		-86.8122** (-2.6328)		-351.0720*** (-3.7206)
size	0.5526*** (4.1608)	0.5060*** (4.1085)	1.0230*** (6.1151)	1.0707*** (6.6703)
fix	-0.2304 (-0.6682)	-0.2440 (-0.7259)	-0.3109 (-0.5848)	-0.5523 (-1.2291)
gov	-0.9753 (-0.9808)	-1.1173 (-1.1304)	-0.2303 (-0.1255)	-1.7091 (-1.4514)
os	-1.1605*** (-4.5854)	-1.1682*** (-4.8111)	0.7254* (1.7761)	-0.2814 (-0.4214)
trade	-0.5678** (-2.1512)	-0.6251** (-2.2850)	-1.3456** (-2.8433)	-1.0996** (-2.3885)
常数项	0.3360 (0.2457)	0.7553 (0.5980)	-4.6794** (-2.6163)	-5.2595*** (-3.0527)
个体效应	控制	控制	控制	控制
时间效应	控制	控制	控制	控制
R²	0.8157	0.8220	0.8762	0.9046
F	77.0465	66.6619	113.5935	276.0806
N	416	416	137	137

表4-9为产业集聚对劳动密集型行业和资本密集型行业平均生产率影响的回归结果。模型（1）的回归结果显示，产业集聚水平每提高一个单位，劳动密集型行业平均生产率水平提高3.8786个单位，产业集聚和劳动密集型行业生产率在5%的水平上呈显著的正相关关系。模型（2）的回归结果表明，劳动密集型行业的产业集聚和行业平均生产率之间呈显著的倒"U"形关系。当产业集聚水平较低时，提高产业集聚水平有助于提高劳动密集型行业生产率水平，但是当产业集聚水平高于一定临界值以后，继续提高产业集聚水平会导致劳动密集型行业生产率水平下降。通过测算拐点处对应的产业

集聚水平可以发现，拐点处对应的产业集聚水平约为 0.062，在 1998—2007 年，劳动密集型行业内约有 96.15% 的行业位于提高产业集聚水平有助于提升行业平均生产率的阶段。总之，提高产业集聚水平有助于提高劳动密集型行业的生产率水平。模型（3）的回归结果表明，产业集聚水平每提高一个单位，资本密集型行业的生产率水平在 5% 的水平上显著下降 4.9526 个单位。而模型（4）的回归结果显示，资本密集型行业的产业集聚和行业平均生产率之间呈显著的倒"U"形关系。拐点处对应的产业集聚水平约为 0.019，在 1998—2007 年约有 64.15% 的资本密集型行业位于拐点的左端，约有 35.85% 的资本密集型行业位于拐点的右端。由此可见，在资本密集型行业内有相当比重的行业面临的成本效应大于集聚效应。总的来讲，提高产业集聚水平会导致资本密集型行业生产率水平下降。

表 4-10 行业异质性检验结果：资源密集型和技术密集型行业

	资源密集型行业		技术密集型行业	
	模型（1）	模型（2）	模型（3）	模型（4）
L. EG	4.7023 (1.3730)	15.1812 (1.4613)	-3.7752*** (-3.6004)	-3.8272 (-1.4850)
(L. EG)^2		-222.0603 (-1.2998)		0.4647 (0.0265)
size	0.7462*** (4.6526)	0.8119*** (4.3841)	0.5267*** (4.5149)	0.5269*** (4.4293)
fix	-0.3125 (-1.3379)	-0.3825 (-1.4211)	-0.0491 (-0.3043)	-0.0494 (-0.2975)
gov	-2.4167*** (-3.0290)	-2.6334*** (-3.0980)	-1.1426 (-0.9597)	-1.1416 (-0.9524)
os	-1.0112* (-2.0030)	-0.8936 (-1.6820)	-1.0705*** (-3.7160)	-1.0709*** (-3.6972)
trade	-0.1427 (-0.4684)	-0.2688 (-0.9203)	-0.6673* (-1.9966)	-0.6679* (-1.9543)
常数项	-1.5986 (-0.9640)	-2.2983 (-1.1900)	1.2135 (1.0404)	1.2121 (1.0285)
个体效应	控制	控制	控制	控制

续表

	资源密集型行业		技术密集型行业	
	模型（1）	模型（2）	模型（3）	模型（4）
时间效应	控制	控制	控制	控制
R^2	0.8338	0.8396	0.8285	0.8285
F	73.7998	191.4887	63.8266	65.1996
N	273	273	508	508

表4-10为产业集聚对资源密集型行业和技术密集型行业平均生产率影响的回归结果。模型（1）和模型（2）的回归结果表明，产业集聚和资源密集型行业平均生产率之间的关系在统计上不显著。模型（3）和模型（4）的回归结果表明，提高产业集聚水平会造成技术密集型行业平均生产率水平下降，产业集聚水平每提高一个单位，技术密集型行业的生产率水平在1%的水平上显著下降3.7752个单位，产业集聚和技术密集型行业平均生产率水平之间呈显著的负相关关系。

综上所述，本节通过按照要素投入密度将中国制造业分为劳动、资本、资源和技术密集型行业，实证检验了产业集聚对不同要素密集型行业生产率的差异化影响。研究表明：产业集聚有利于提高劳动密集型行业平均生产率水平；产业集聚导致资本密集型和技术密集型行业平均生产率水平下降；产业集聚对资源密集型行业平均生产率的影响在统计上不显著。总之，产业集聚对全要素生产率的影响存在显著的行业异质性。

4.5 专业化集聚和多样化集聚对全要素生产率的差异化影响

4.5.1 专业化集聚的生产率效应

专业化集聚是指同一行业内的企业在某一地理范围内的集聚。本章借鉴Holmes和Stevens（2002）、吴三忙和李善同（2011）、彭向和蒋传海（2011）、盛丹和王永进（2013）、范剑勇等（2014）等的方法，采用区位熵指数衡量某一行业在某一地区的专业化集聚程度。区位熵指数的测算公式如下：

$$LO_{is} = \frac{e_{is}/e_s}{e_{in}/e_n} \qquad (式4-4)$$

其中，e_{is} 表示 s 地区 i 行业的总就业人数，e_s 表示 s 地区的总就业人数，e_{in} 表示 i 行业的总就业人数，e_n 表示全国的总就业人数。LO_{is} 表示 i 行业在 s 地区的区位熵指数，采用 i 行业在 s 地区的就业人数占该地区所有行业就业人数的份额与 i 行业在全国的总就业人数占全国所有行业总就业人数的份额之比表示，用于衡量 i 行业在 s 地区的专业化集聚程度。区位熵指数越大则 s 地区 i 行业的专业化集聚程度越高。同上文保持一致，本章在四位数地区层面和三位数行业层面采用区位熵指数测算专业化集聚程度。采用区位熵指数得到的专业化集聚指标具有行业、地区和时间三个维度，因此，需要在三位数行业和四位数地区层面重新测算被解释变量以及控制变量，测算方法与上文保持一致。

本章采用双固定效应模型对专业化集聚的生产率效应进行检验，因为双固定效应模型通过控制个体固定效应和时间固定效应能够有效解决由于遗漏不随个体变化和不随时间变化的变量所导致的内生性问题。此外，本章将专业化集聚指数滞后一期引入计量模型中，因为滞后一期的解释变量已经前定，不受当期冲击的影响，外生于随机扰动项，一定程度上能够克服可能存在的因果关系带来的内生性问题（张翊等，2015；白俊红、卞元超，2016；陈旭等，2016）。本节采用以工业销售产值为权重的行业加权平均生产率作为被解释变量进行基准回归分析，采用简单平均生产率作为被解释变量进行稳健性检验。专业化集聚对生产率影响的回归结果如表4-11所示。

模型（1）和模型（2）的回归结果表明，专业化集聚和中国制造业行业平均生产率之间既不存在显著的线性关系也不存在显著的非线性关系，专业化集聚对中国制造业行业平均生产率的影响在统计上不显著。模型（3）的回归结果表明，专业化集聚在1%的水平上显著降低了中国制造业行业平均生产率水平。模型（4）的回归结果表明，专业化集聚和中国制造业行业平均生产率之间呈显著的"U"形关系，而且拐点处所对应的专业化集聚水平较高。总的来看，中国制造业行业主要位于提高专业化集聚水平导致中国制造业行业平均生产率水平下降的阶段。总之，模型（3）和模型（4）的回归结果表明，专业化集聚不利于提高中国制造业行业的平均生产率水平。这可能是因为，专业化集聚意味着经济资源全部投入高效率的重复性工作中去，容易忽视新技术和新产品的研发创新（赵伟、隋月红，2015），进而不利于全要素生产率水平的提高。Gao（2004）、薄文广（2007）、吴三忙和李善同（2011）等研究均发现产业专业化对产业增长具有负向影响。本节的研究结果表明，专业化集聚不利于中国制造业行业平均生产率水平的提高，但是研究结论不具有稳健性。

表4-11　专业化集聚对全要素生产率影响的回归结果

	tfp_s		tfp_m	
	模型（1）	模型（2）	模型（3）	模型（4）
L. LO	-0.0002 (-1.1665)	-0.0000 (-0.1142)	-0.0007*** (-3.0430)	-0.0020*** (-5.5248)
(L. LO)²		-0.0000 (-0.4383)		0.0000*** (4.3860)
size	0.5270*** (91.5949)	0.5270*** (91.5202)	0.5846*** (115.1879)	0.5851*** (115.2467)
fix	-0.2300*** (-4.5823)	-0.2300*** (-4.5823)	-0.2514*** (-4.5164)	-0.2514*** (-4.5165)
gov	-0.0531 (-1.2830)	-0.0531 (-1.2837)	-0.0558 (-1.3883)	-0.0554 (-1.3815)
os	-0.3344*** (-21.6121)	-0.3344*** (-21.6167)	-0.3460*** (-22.9546)	-0.3457*** (-22.9431)
trade	-0.1795*** (-18.8506)	-0.1795*** (-18.8494)	-0.1437*** (-17.5886)	-0.1438*** (-17.6044)
常数项	0.1062 (1.5959)	0.1064 (1.5988)	-0.9420*** (-15.2460)	-0.9440*** (-15.2812)
个体效应	控制	控制	控制	控制
时间效应	控制	控制	控制	控制
R²	0.4538	0.4538	0.5340	0.5341
F	2878.5821	2686.4427	3858.5268	3608.3957
N	162233	162233	162233	162233

4.5.2　多样化集聚的生产率效应

多样化集聚是指不同行业内的企业在某一地理范围内的集聚。本节借鉴

Duranton 和 Puga（2000）、刘修岩（2009）、范剑勇等（2014）等研究所采用的多样化集聚指数测算中国制造业的多样化集聚程度。多样化集聚指数的含义为 s 地区 i 行业的总就业人数占该地区总就业人数的比重与 i 行业的全国总就业人数占全国所有行业就业人数的比重之差的绝对值在地区层面加总以后再取倒数。多样化集聚的测算公式如下：

$$DI_i = 1 \bigg/ \sum_s \left| \frac{e_{si}}{e_s} - \frac{e_{in}}{e_n} \right| \tag{式4-5}$$

其中，e_{si} 表示 s 地区 i 行业的总就业人数，e_s 表示 s 地区的总就业人数，e_{in} 表示 i 行业的总就业人数，e_n 表示全国总就业人数。DI 为行业层面的多样化集聚指数，该指数值越大表示多样化程度越高，越小表示多样化程度越低。与上文保持一致，测算多样化集聚指数时同样定位于三位数行业层面和四位数地区层面。

本章采用双固定效应模型检验多样化集聚的生产率效应。为了克服可能存在的内生性问题，本章将多样化集聚变量滞后一期引入计量模型中。此外，本章将工业销售产值为权重得到的行业加权平均生产率作为基准分析的被解释变量，将行业简单平均生产率作为稳健性检验的被解释变量，以检验回归结果的稳健性。回归结果如表 4-12 所示。

模型（1）和模型（2）的估计结果显示，多样化集聚和中国制造业行业平均生产率之间存在显著的正相关关系。多样化集聚水平每提高一个单位，中国制造业行业平均生产率水平在 10% 的水平上提高 0.0032 个单位，多样化集聚有助于提高中国制造业行业平均生产率水平。模型（3）和模型（4）的估计结果同样表明，多样化集聚有助于提高中国制造业行业平均生产率水平，从而该结论具有稳健性。这可能是因为，多样化集聚不仅有助于促进现有知识、信息和技术的传播，还有助于不同知识在相互交流和碰撞的过程中产生新知识和新技术，进而为全要素生产率水平的提升注入新动力，维持企业或行业全要素生产率水平的长期增长。多样化集聚更能够促进创新和经济增长，因为一个地区众多产业的并存比一个产业的集中更能够给该地区带来活力（Jacobs，1969）。此外，张海峰和姚先国（2010）、吴三忙和李善同（2011）的研究同样发现，多样化集聚有助于推动产业增长、促进劳动生产率水平的提升。

表 4-12　　多样化集聚对全要素生产率影响的回归结果

	tfp_s		tfp_m	
	模型 (1)	模型 (2)	模型 (3)	模型 (4)
L.DI	0.0032 * (1.8372)	0.0132 ** (2.0394)	0.0014 ** (1.9937)	0.0047 ** (2.0657)
(L.DI)²		-0.0001 (-1.4871)		-0.0000 (-1.4106)
size	0.7936 *** (9.7103)	0.7885 *** (9.5947)	0.7246 *** (21.1666)	0.7229 *** (21.1061)
fix	-0.0530 (-0.3829)	-0.0509 (-0.3739)	-0.4024 *** (-5.2468)	-0.4017 *** (-5.2180)
gov	-1.5351 * (-1.8943)	-1.5351 * (-1.8887)	-0.5077 ** (-2.1421)	-0.5077 ** (-2.1372)
os	-0.9350 *** (-4.7171)	-0.9110 *** (-4.6337)	-0.6596 *** (-7.0734)	-0.6516 *** (-7.0124)
trade	-0.8196 *** (-3.4502)	-0.8268 *** (-3.5378)	-0.5229 *** (-6.4607)	-0.5253 *** (-6.6198)
常数项	-1.8810 ** (-2.2197)	-1.8494 ** (-2.1841)	-2.2430 *** (-6.3716)	-2.2326 *** (-6.3340)
个体效应	控制	控制	控制	控制
时间效应	控制	控制	控制	控制
R^2	0.8125	0.8135	0.9203	0.9206
F	144.4148	137.3024	630.9938	589.5823
N	1335	1335	1335	1335

4.6　本章小结

本章采用理论分析和实证检验相结合的方式研究了产业集聚对中国制造业行业平均生产率的影响。首先，在理论分析中，本章认为产业集聚可能通过集聚效应、选择效应和成本效应影响全要素生产率水平。其次，本章对产业集聚和行业平均生产率的关系进行初步统计分析，并采用核密度图法和分位数识别法对集聚效应、选择效应和成本效应进行识别。最后，本章基于中国工业企业数据采用双固定效应模型对产业集聚和行业平均生产率的关系进行实证检验。

首先，在理论机制分析中，本章认为产业集聚可能通过集聚效应、选择效应和成本效应影响全要素生产率水平。集聚效应主要包括共享、匹配和学习，共享包括共享不可分割的产品或设施、共享中间投入品、共享专业化的收益以及分担风险，匹配包括提高匹配质量、增加匹配机会，学习包括知识的产生、传播和积累，即知识外溢效应。集聚效应有助于提高集聚区内所有企业的生产率水平，进而提高行业平均生产率水平。选择效应是指在考虑企业异质性的情况下，集聚区激烈的市场竞争迫使低生产率企业退出集聚区，高生产率企业在"优胜劣汰"的市场竞争环境中得以生存并选择定位于集聚区，选择效应会提高集聚区内企业生产率水平的最小值和平均值，进而提高行业平均生产率水平。成本效应主要包括拥挤效应和虚假产业集聚。拥挤效应是指在产业集聚过程中，大量企业进入同一集聚区引致的过度集聚。拥挤效应会导致集聚区内企业过度竞争、交通及通勤成本上升、居住及生活成本上升、生产要素价格上升、基础设施和原材料短缺、生态环境恶化等一系列问题。拥挤效应带来的企业生产成本上升和市场环境恶化等问题会阻碍所有企业提高生产率，进而降低行业平均生产率水平。虚假产业集聚主要是指中国的产业集聚具有很强的政府主导性，政府为了提高政绩通过各种优惠政策吸引企业入驻其管辖区，企业为了追求"政策租"而"扎堆"形成虚假产业集聚。虚假产业集聚不仅难以产生集聚效应，更会在低水平竞争的恶性循环中导致重复建设、产业重构和资源浪费等问题，进而对全要素生产率的提升产生负面影响，阻碍行业生产率水平的提高。

其次，本章对产业集聚和全要素生产率的关系进行初步统计分析。行业层面的初步统计分析结果表明，产业集聚和中国制造业行业平均生产率之间呈正相关关系。从微观企业层面来看，基于中国制造业微观企业数据的统计结果表明，产业集聚主要通过集聚效应而非选择效应提高生产率，并且集聚效应的作用大于成本效应的作用。分年度的统计结果表明，1998 年以及 2004—2007 年存在集聚效应，不存在选择效应，并且集聚效应的作用大于成本效应，1999—2003 年集聚效应的作用小于成本效应，而且 1999—2000 年存在选择效应，2001—2003 年不存在选择效应。分行业的统计结果表明，劳动密集型行业内存在集聚效应而未发现选择效应，并且集聚效应的作用大于成本效应，资本密集型行业内同时存在集聚效应和选择效应，并且集聚效应的作用大于成本效应，资源密集型行业存在选择效应，但不存在集聚效应，技术密集型行业不存在选择效应，而且技术密集型行业可能面临着成本效应的作用大于集聚效应。

最后，本章对产业集聚和行业平均生产率的关系进行实证检验。本章主要研究结论如下：第一，产业集聚和行业平均生产率之间存在显著的倒"U"形关系。当产业集聚水平较低时，集聚效应的作用大于成本效应的作用，提高产业集聚水平有助于提高行业平均生产率，但是当产业集聚水平高于一定临界值以后，成本效应的作用占主导地位，从而继续提高产业集聚水平会造成行业平均生产率水平下降。本章通过分次加入控制变量、替换被解释变量以及将产业集聚指数滞后一期的实证检验结果均表明上述结果具有稳健性。第二，产业集聚对不同要素密集型行业平均生产率的影响存在显著的行业异质性。产业集聚有利于劳动密集型行业提高平均生产率水平，产业集聚对资源密集型行业平均生产率的影响在统计上不显著，产业集聚导致资本密集型行业和技术密集型行业平均生产率水平下降。第三，专业化集聚对中国制造业行业平均生产率水平的提升产生阻碍作用，但是研究结论不具有稳健性，而多样化集聚有助于提高中国制造业行业的平均生产率水平。

5

产业集聚与全要素生产率增长：技术创新视角的实证

技术创新水平的提高和资源配置效率的改善是全要素生产率增长的两大来源。本书在第 3 章的研究发现，技术创新和资源配置均有助于中国制造业生产率水平的提高，而且技术创新对中国制造业加总生产率增长的贡献高于资源配置的贡献。此外，在不同产业集聚水平上，技术创新和资源配置对加总生产率增长的贡献存在显著差异。为了更加深入地挖掘产业集聚对全要素生产率的影响效应，本书从全要素生产率增长来源入手，分别从技术创新和资源配置的角度，研究产业集聚对全要素生产率的影响。

党的十九大报告指出，创新是引领发展的第一动力，是建设现代化经济体系的战略支撑。创新作为经济增长最持久的源泉，是提升经济实力和培育新竞争优势的重要引擎（张璇等，2017）。创新对全要素生产率提升的重要性已被大量研究证实，而企业是创新的微观主体，肩负着创新的历史重任。因此，本章主要研究产业集聚对企业创新的影响效应。本章采用理论分析与实证检验相结合的方式，在理论分析的基础上，基于中国制造业微观企业数据，采用 Heckman 两步法选择模型，实证检验产业集聚对企业创新的影响效应。

5.1 产业集聚对企业创新影响的理论分析

产业集聚既有可能对企业创新产生积极的正向促进作用也有可能阻碍企业创新。一方面，产业集聚通过知识溢出、市场竞争、降低风险和成本、提供要素供给以及多元化的市场需求有助于促进企业创新。另一方面，产业集聚也可能通过拥挤效应、企业创新惰性以及政府不当干预对企业创新产生阻碍作用。

5.1.1 产业集聚对企业创新的促进作用

（1）知识溢出。

产业集聚便于企业或劳动力等市场主体之间进行接触、沟通和互动以及面对面的交流，进而有助于创新知识或研发技术的积累、传播和扩散，而知识的传播和扩散又有助于新知识和新技术的产生。又由于集聚区内的市场主体通常社会文化背景相同、地理位置相互临近、彼此之间高度关联，企业在通过吸收外部信息和知识进行研发创新的过程中具有低交易成本、高协同的独特优势（陈建军等，2007）。因此，产业集聚所带来的知识溢出对企业创新具有重要的推动作用。彭向和蒋传海（2011）认为，企业之间在地理位置上的临近便于面对面交流和接触，有助于知识的传播、吸收和累积，而知识是研发创新最重要的生产要素，因此，产业集聚通过知识溢出有助于促进区域内产业创新。王永进和张国峰（2015）的研究发现，人口集聚所带来的沟通外部性不仅有助于提高企业进行研发创新的概率，还促使企业增加研发支出的规模，从而使更多的企业开展研发创新活动。余泳泽（2011）认为创新要素在地理空间上的接近便于创新主体之间进行知识和信息的交流与互动，进而促使知识和技术迅速传播，因此，创新要素的集中有利于企业创新效率的提高。

（2）激烈的市场竞争。

由于集聚区内存在大量的企业，这导致位于集聚区的企业面临着激烈的市场竞争。在激烈的市场竞争环境下，企业为了提高自身的市场竞争力或扩大自身的市场份额会产生创新意愿和创新动力，谋求技术进步和产品升级（Zucker、Darby，2007）。否则，企业将面临利润下降或被迫退出市场的风险。而且，当行业内存在大量新企业进入、行业竞争非常激烈时，行业内的企业更有可能增加创新投入（中国企业家调查系统，2015）。陈丰龙和徐康宁（2012）认为，企业数量增加带来的市场竞争会迫使企业进行技术创新，企业为了保持原有的技术优势也要不断创新。市场竞争有助于提升企业创新能力（董晓芳、袁燕，2014）。总之，产业集聚所带来的市场竞争成为企业从事创新活动的强大动力。

（3）降低风险和成本。

产业集聚有助于降低企业创新面临的风险和成本。集聚区内企业之间频繁地交流所产生的信誉机制有助于降低企业研发创新的风险。集聚区内企业和生产要素之间匹配效率的提高能够使企业研发创新投入需求及时得到满足，降低企业创新的搜寻和交易成本。产业集聚所带来的知识溢出有助于知识累积，知识累积所形成的公共知识池增加了研发创新的机会、提高了创新成功的概率。因此，产业集聚有助于降低企业面临的市场风险和经营成本，激励企业增加研发投入，提高企业创新成功的概率（Baptista、Swann，1998；Audretsch、Feldman，2004；陈建军等，2007；王永进、张国峰，2015）。王文翌和安同良（2014）的研究表明，知识溢出通过降低企业研发创新的风险和成本提高了企业的创新绩效，从而接受专业化知识溢出的上市公司的研发绩效高于未接受知识溢出的上市公司。

（4）增加要素供给。

产业集聚有助于吸引资本要素、人才要素和研发要素的流入，进而形成要素集聚。要素集聚为企业的研发创新活动提供了充足的要素供给以及研发创新环境，有助于企业增加研发投入和创新产出。又由于充当知识载体的要素的自由流动可以带动知识在不同市场主体之间的互动和交流，加速创新知识和研发技术在空间的积累和传播，而不同知识的相互碰撞和交流还有助于产生新知识和新想法，增加要素供给的多样性。因此，要素集聚以及要素在集聚区内的自由流动有助于企业创新。特别是研发要素的集聚和流动，因为研发要素携带了更多的知识和技术，研发要素的集聚和流动更有助于创新知识和研发技术的积累和传播，更有可能推动企业创新（白俊红等，2017）。

（5）多元化的市场需求。

产业集聚能够产生多元化的市场需求。在相同或相近的收入水平上，大城市比小城市有更多的高端市场需求（陈建军等，2007）。对高端产品或差异化产品的市场需求会激励集聚区内的企业增加研发投入、从事研发创新活动、加速产品的更新换代以满足多元化的市场需求。因此，集聚区内差异化和多元化的市场需求也会激励企业进行研发创新（王永进、张国峰，2015）。

5.1.2 产业集聚对企业创新的阻碍作用

（1）拥挤效应。

产业集聚对企业创新的影响与产业集聚水平有关。当企业过度集聚在某一区域时，产业过度集聚带来的拥挤效应反而不利于企业创新。拥挤效应是指在产业集聚过程中，大量企业进入同一集聚地区引致的过度集聚问题。拥挤效应会引起集聚地区交通及通勤成本上升、居住及生活成本上升、生产要素价格上升、基础设施和原材料短缺、生态环境恶化等一系列问题，并且，为了争夺原材料和公共基础设施，企业之间还存在过度竞争问题（孙浦阳，2013；李晓萍等，2015）。产业过度集聚不仅难以对企业创新产生积极的推动作用，还有可能增加企业的研发创新成本，降低企业的研发创新利润。企业之间的恶性竞争还会破坏企业之间长期建立的信誉和声誉，降低企业合作创新的可能性。总之，产业过度集聚带来的拥挤效应会阻碍企业创新。

(2) 企业创新惰性。

企业的创新成果，如新知识、新技术等，具有正外部性。随着产业集聚水平的提高，集聚区内企业数量的增加，企业之间的互动和交流会更加频繁，这使企业的创新成果更容易被其他竞争对手学习和模仿，导致企业的创新产出不足以弥补其创新投入，这会降低企业创新积极性。此外，技术创新本身具有较高的风险性和不确定性，企业会因技术外溢、研发风险以及研发前景和研发结果的不确定性而缺乏研发动力（黎文靖、郑曼妮，2016）。因此，随着产业集聚水平的提高，企业参与创新的积极性可能下降。

(3) 政府不当干预。

基于中国原有的计划经济历史，地方政府存在直接干预经济的惯性（黎文靖、郑曼妮，2016）。在经济转型期，地方政府通常采用行政手段对微观经济活动进行干预。中国制造业的产业集聚在形成和发展过程中普遍受到政府行为或政府政策的影响。地方政府通常采用财政补贴、税收减免等优惠政策吸引企业入驻其管辖区，在政府优惠政策的引导下，企业为了追求"政策租"而形成虚假产业集聚。这种政府干预下所形成的虚假产业集聚实质上是一种低效率的"企业扎堆"（郑江淮等，2008）。虚假产业集聚不仅不具有集聚效应还可能带来拥挤效应（李晓萍等，2015）。虚假产业集聚的主要目的是享受优惠政策带来的"政策租"，当优惠政策为企业带来的收益超过企业研发创新所获得的报酬时，企业更加不会倾向于通过高投入、高风险的研发创新来获取利润。因此，虚假产业集聚容易滋生企业创新惰性，导致企业的创新投入和创新产出水平下降。地方政府以"政策租"引导产业集聚发展的做法，破坏了产业集聚的自增强效应，弱化了企业选择差异化竞争战略的作用机理，这种"温室效应"容易引发企业创新惰性（胡彬、万道侠，2017）。此外，虚假产业集聚还可能引发企业寻租，企业为了享受更高额度的财政补贴、税收减免等优惠政策会积极与当地政府建立寻租关系。寻租活动不仅会对企业研发创新投入产生挤出效应，还会降低企业研发创新的积极性（毛其淋、许家云，2016）。

综上所述，产业集聚通过知识溢出、市场竞争、降低风险和成本、生产要素供给和多元化的市场需求等渠道有助于增加企业创新产出和提高企业创新积极性。但是，当产业集聚水平过高时，过度集聚带来的拥挤效应不利于企业创新。此外，研发创新的风险和正外部性所带来的企业创新惰性以及政府不当干预下的虚假产业集聚和企业寻租行为不利于企业创新。

5.2 模型构建、变量选取和数据说明

5.2.1 模型构建

（1）Truncreg 模型。

产业集聚对企业创新的影响与企业面临的产业集聚水平有关。在一定程度的产业集聚水平上，产业集聚通过促进知识和技术的外溢、加剧企业面临的市场竞争、降低研发创新的风险和成本、增加研发创新要素的供给以及提供多元化的市场需求等渠道为企业创新提供一个良好的外部环境，激励企业积极从事研发创新活动，增加企业创新产出。但是，当产业集聚水平过高时，产业过度集聚带来的拥挤效应会增加企业研发创新成本，对企业创新产生阻碍作用。并且，企业的创新成果还有可能被其他竞争对手学习和模仿，使企业的创新产出不足以弥补其创新投入。而且，企业还有可能将创新资源用于寻租，从而挤占企业研发创新投入，进而对企业创新产生不利影响。因此，产业集聚和企业创新之间可能存在非线性关系。本章将基准计量模型设定如下：

$$\text{lninn}_{ijst} = \alpha_0 + \beta_1 \text{agg}_{it} + \beta_2 \text{agg}_{it}^2 + \beta_3 X_{ijst} + \alpha_i + \alpha_s + \alpha_t + \varepsilon_{ijst} \quad （式5-1）$$

$$X_{ijst} = \rho_1 \text{sca}_{ijst} + \rho_2 \text{age}_{ijst} + \rho_3 \text{cap}_{ijst} + \rho_4 \text{wag}_{ijst} + \rho_5 \text{exp}_{ijst} + \rho_6 \text{sub}_{ijst} + \rho_7 \text{own}_{ijst}$$

$$（式5-2）$$

其中，i 表示行业，j 表示企业，s 表示地区，t 表示时间。由于企业新产品产值存在大量的 0 值，本章采用企业新产品产值实际值加 1 以后的对数值表示企业创新产出，即 lninn = log (1 + new)，new 为企业新产品产值实际值，采用以 1998 年为基期的工业生产者出厂价格指数平减得到。agg 代表企业面临的产业集聚水平，agg^2 为产业集聚的平方项。X 为控制变量，本章通过对已有文献的梳理和总结选取以下变量作为控制变量：企业规模（sca）、企业年龄（age）、资本密集度（cap）、平均应付工资（wag）、出口强度（exp）、

补贴强度（sub）、所有制类型（own）。α_i、α_s 和 α_t 分别为 2 位数行业固定效应、2 位数地区固定效应和时间固定效应，ε 为随机扰动项。

本章采用 Truncreg 模型估计产业集聚对企业创新的影响。因为 1998—2010 年[①]企业新产品产值为 0 的样本约占样本总量的 90.70%（1581165/1743310），其中，有一部分新产品产值的观测值为 0 可能是由于企业的信息统计不健全造成的，但是很难区分哪些企业的新产品产值为 0 是真实的，哪些是企业误报造成的。此外，《中国工业企业数据库》的样本统计范围为全部国有企业以及主营业务收入在 500 万元以上的非国有企业，这导致被删失的数据并不是集中在一个点上，从而回归样本受到一定的限制（张国峰等，2016）。当被解释变量的取值范围受到限制时，即新产品产值出现断尾以后，其概率密度函数也会随之发生变化，此时，OLS 估计会导致随机扰动项和解释变量相关，进而导致估计结果的有偏和不一致。本章采用 Truncreg 模型而不是 Tobit 模型是因为：首先，Tobit 模型适用于有全部的样本观测数据，并且某些观测数据的被解释变量被压缩到一个点上，从而被解释变量的概率分布变成一个离散点和一个连续分布所组成的混合分布的情况；其次，Tobit 模型被删失的数据为一个固定的值，且回归样本有全部的观测值，而 Truncreg 模型被删失的数据可以为多个值或一个值域，且回归样本受到限制（张国峰等，2016）；再次，Tobit 模型在"x 对 $E(y|x>0,x)$ 的影响与 x 对 $p(y>0|x)$ 的影响一样"的前提下才能得到一致估计（董晓芳和袁燕，2014）；最后，Tobit 模型对分布的依赖性很强，不够稳健。综上所述，本章采用 Truncreg 模型估计产业集聚对企业创新的影响效应。

（2）Heckman 两步法选择模型。

本章进一步采用 Heckman 两步法选择模型估计产业集聚对企业创新的影响效应。这是因为：首先，Heckman 两步法选择模型既能够检验产业集聚对企业创新产出的影响又能考察产业集聚对企业创新积极性的影响；其次，企业是否参与创新活动会导致企业创新产出观测值出现断尾，而 Heckman 两步法选择模型能够很好地解决样本选择性偏误；最后，Heckman 两步法选择模型中第二阶段决策方程的回归结果可以作为 Truncreg 模型回归结果的稳健性检验（张国峰等，2016）。Heckman 两步法选择模型的计量模型设定如下：

---

① 不包括 2004 年和 2008 年，因为 2004 年的企业新产品产值缺失，而新产品产值是本章的被解释变量，2008 年的企业法人代码缺失，而企业法人代码是样本匹配时采用的关键变量，下同。

$$\Pr(\text{inn\_D}_{ijst}=1) = \Phi\begin{pmatrix} \alpha_0 + \beta_1 \text{agg}_{it} + \beta_2 \text{agg}_{it}^2 + \beta_3 X_{ijst} + \\ \beta_4 \text{lninn}_{ijst-1} + \alpha_i + \alpha_s + \alpha_t + \vartheta_{ijst} \end{pmatrix} \quad (\text{式}5-3)$$

$$\text{lninn}_{ijst} = \alpha_0 + \beta_1 \text{agg}_{it} + \beta_2 \text{agg}_{it}^2 + \beta_3 X_{ijst} + \varpi \hat{\lambda}_{ijst} + \alpha_i + \alpha_s + \alpha_t + \mu_{ijst}$$
$$(\text{式}5-4)$$

$$X_{ijst} = \rho_1 \text{sca}_{ijst} + \rho_2 \text{age}_{ijst} + \rho_3 \text{cap}_{ijst} + \rho_4 \text{wag}_{ijst} + \rho_5 \text{exp}_{ijst} + \rho_6 \text{sub}_{ijst} + \rho_7 \text{own}_{ijst}$$
$$(\text{式}5-5)$$

Heckman 两步法选择模型分为两步。（式5-3）为第一步的企业创新选择方程，用于考察产业集聚对企业参与创新活动概率大小的影响。其中，inn_D为企业是否参与创新的虚拟变量，企业参与创新活动，即企业新产品产值实际值不为0时，则inn_D=1，否则inn_D=0。$\Phi(\cdot)$表示累积标准正态分布。又由于企业创新选择方程中至少包含一个企业创新决策方程未包含的变量，因此，本章在（式5-3）中加入企业新产品产值实际值的对数值的一阶滞后项（l. lninn），加入一阶滞后项还能够控制前期企业创新产出对当期企业参与创新的概率的影响效应。（式5-4）为第二步的企业创新决策方程，用于考察在控制样本选择性偏误以后产业集聚对企业创新产出的影响效应。ϑ和μ分别为（式5-3）和（式5-4）的随机误差项，如果ϑ和μ之间的相关系数显著不等于0，则表明方程存在样本选择性偏误（Heckman，1979；陈旭等，2016），此时应该采用Heckman两步法选择模型进行估计。Heckman两步法选择模型的估计过程为：第一步采用Probit模型对（式5-3）进行估计，进而得到逆米尔斯比率（Inverse Mill's Ratio，简称IMR）的估计值（$\hat{\lambda}$）；第二步将逆米尔斯比率的估计值代入（式5-4）作为控制变量之一，再对（式5-4）进行估计。

5.2.2 变量选取

（1）企业创新。

衡量企业创新的变量通常包括研发经费支出（Jaffe，1988；王永进、张国峰，2015）、发明和专利数目（Pakes、Griliches，1980；张勋、乔坤元，2016）、新产品种类数目（Audretsch、Feldman，1996）以及新产品产值（Mairesse、Mohnen，2002；董晓芳、袁燕，2014）。其中，研发经费支出通常用于衡量企业的创新投入,发明和专利数目、新产品种类数目以及新产品产值通常用于衡量企业的创新产出。然而,在1998—2010年,《中国工业企业数据库》仅统计了部分年份的研究开发费用,采用研究开发费用衡量企业创新会限制本章的考察期。此外,发明和专利并不一定能够投入生产并转化为产出,发明和专利数目的多少与经济效应没有直接的联系,专利指标还可能导致创新产出的质量损失(白俊红、卞元超,2016),发明和专利数目并不能准确的衡量创新产出(Pakes、Griliches,1980;董晓芳、袁燕,2014;张杰等,2014)。此外,不同新产品创造的市场价值不同,多种新产品创造的市场价值可能低于单独一种产品创造的市场价值(董晓芳、袁燕,2014),因此,新产品种类数目也不能准确地衡量企业创新产出。

综上所述,由于新产品产值不仅能够反映企业创新产出还能够体现创新成果被市场接受的程度(戴魁早、刘友金,2016),本章借鉴董晓芳和袁燕(2014)、刘啟仁和黄建忠(2016)等的方法,采用企业新产品产值衡量企业创新。

(2)产业集聚。

由于EG指数充分考虑了企业规模、区域差异等因素对产业集聚程度的影响,且EG指数能够区分产业集聚是随机形成的还是由于集聚外部性和自然优势等因素形成的,一定程度上弥补了其他指数的不足,在产业集聚领域被广泛使用。因此,本章采用Ellison和Glaeser(1997)提出的EG指数衡量企业面临的产业集聚水平。EG指数的测算公式如下:

$$EG_i = \frac{\sum_s (\omega_s - x_s)^2 - (1 - \sum_s x_s^2) \sum_j (e_{ij}/\sum_j e_{ij})^2}{(1 - \sum_s x_s^2)[1 - \sum_j (e_{ij}/\sum_j e_{ij})^2]} \quad (式5-6)$$

其中,j表示企业;i表示三位数行业;s表示四位数地区;ω_s表示行业i在地区s的就业人数占行业i全国就业人数的份额;x_s表示地区s所有行业就业人数占全国所有行业就业人数的份额;e_{ij}表示行业i中企业j的就业人数;EG_i表示行业i的产业集聚指数,该指数越大,则产业集聚程度越高。

(3)控制变量。

本章在理论分析和经验研究的基础上选取以下变量作为控制变量:①企业规模(sca),采用企业从业人数的对数值衡量(陈斌开等,2015);②企业年龄(age),采用企业的统计年份与企业的开业时间之差表示(毛其淋、许家云,2015);③资本密集度(cap),采用企业固定资产净值年平均余额与企业从业人数之比表示（毛其淋、盛斌，2013；刘竹青、佟家栋，2017）；④平均应付工资（wag），采用企业应付工资总额实际值与企业从业人数之比衡量（魏浩等，2017），应付工资总额实际值采用以1998年为基期的居民消费价格指数平减得到；⑤出口强度（exp），采用企业出口交货值实际值占企业工业销售产值实际值的比值表示（孙浦阳等，2013；陈旭等，2016），企业出口交货值实际值和工业销售产值实际值均采用以1998年为基期的商品零售价格指数平减得到；⑥补贴强度（sub），采用企业获得的政府补贴实际值占企业工业销售产值实际值的比值表示（毛其淋、盛斌，2013），政府补贴实际值采用以1998年为基期的工业生产者出厂价格指数平减得到；⑦所有制类型（own），参考杨汝岱（2015）的方法，将企业注册登记类型为110、141、143、151的企业定义为国有企业（own_s），将注册登记类型为300、310、320、330、340、200、210、220、230、240的企业定义为外资企业（own_f），再按照国家资本金、港澳台资本金和外商资本金将注册登记类型为130、159、160的企业划分为国有企业、外资企业，将既非国有企业又非外资企业的企业称为私营企业（own_p）。通过引入企业所有制类型虚拟变量能够控制不同所有制类型企业创新能力的差异。此外，本章还在模型中加入行业虚拟变量用以控制行业技术创新能力差异、行业市场竞争程度差异等因素对企业创新的影响，加入地区虚拟变量用以控制地区经济发展水平、要素禀赋水平、产业结构特征等因素对企业创新的影响，加入时间虚拟变量用以控制不同时间的外部经济冲击等因素对企业创新的影响。

5.2.3 数据说明

本章使用的数据源于1998—2010年[①]中国国家统计局建立和维护的《中国工业企业数据库》，该数据库的样本范围包含全部国有工业企业及年主营业务收入在500万元以上的非国有工业企业。《中国工业企业数据库》样本量大、信息齐全，但是该数据库存在很多问题，如指标缺失、指标异常、匹

---

① 从2011年开始，《中国工业企业数据库》对"规模以上"标准进行了调整，1998—2010年统计所有国有工业企业以及年主营业务收入在500万元以上的非国有工业企业，而2011—2013年统计所有国有工业企业以及年主营业务收入在2000万元以上的非国有工业企业，并且，2011—2013年缺少企业新产品产值数据，而新产品产值是本章的关键变量。因此，本章的样本范围选择为1998—2010年。

配混乱等，因此，需要对该数据库进行匹配和整理。首先，本章借鉴 Brandt 等（2012）和杨汝岱（2015）的方法对样本数据进行匹配处理。其次，借鉴聂辉华等（2012）、靳来群等（2015）等人的方法进行样本筛选以剔除异常值的影响。再次，对行业代码和地区代码进行调整、转换和统一。通过上述处理得到本章使用的样本数据。具体处理过程见本书第 3 章。

由于 2004 年企业新产品产值变量缺失，而新产品产值是本章的核心变量，2008 年企业法人代码缺失，而企业法人代码是数据匹配时采用的关键变量，2009—2010 年固定资产净值年平均余额、补贴收入、应付工资总额缺失，2009 年国家资本金、港澳台资本金、外商资本金缺失。因此，本章采用 1998—2007 年（不包括 2004 年）的样本数据进行基准回归分析。然而，2009—2010 年的缺失变量仅影响控制变量。因此，本章采用 1998—2010 年（不包括 2004 年和 2008 年）的样本数据进行稳健性检验。1998—2007 年核心变量的描述性统计结果如表 5–1 所示。

表 5–1　核心变量的描述性统计结果

变量名	符号	样本量	均值	标准差	最小值	最大值
企业创新	lninn	1352874	0.8220	2.6880	0.0000	18.390
产业集聚	EG	1352874	0.0152	0.0166	-0.0288	0.1430
企业规模	sca	1352874	4.8510	1.1160	2.0790	12.150
企业年龄	age	1352874	9.6000	10.190	0.0000	58.000
资本密集度	cap	1352874	71.880	209.20	0.0009	91718
平均应付工资	wag	1352874	13.260	27.130	0.0006	22373
出口强度	exp	1352874	0.1830	0.3500	0.0000	1.4000
补贴强度	sub	1352874	0.0027	0.0373	0.0000	25.230
所有制类型	own	1352874	2.6010	0.6410	1.0000	3.0000

5.3　描述性统计分析

5.3.1　行业平均创新产出和创新企业所占比重

在采用 Heckman 两步法选择模型进行实证检验时，第一步和第二步的被解释变量分别为企业创新产出和企业是否参与创新活动。与此相对应地，本章分别对1998—2010年中国制造业两位数行业内企业平均创新产出以及创新企业所占比重进行初步统计分析。

首先，本章通过对两位数行业内企业新产品产值实际值的对数值①求简单平均得到不同年份不同行业内企业平均创新产出，统计结果如图5-1所示。图5-1显示，在1998—2010年，平均创新产出较高的行业主要有烟草制品业（C16），石油加工、炼焦及核燃料加工业（C25），化学纤维制造业（C28），黑色金属冶炼及压延加工业（C32），有色金属冶炼及压延加工业（C33），交通运输设备制造业（C37），通信设备、计算机及其他电子设备制造业（C40）。根据沈能等（2014）对中国制造业的划分方法，其中，C16、C28、C32、C33属于资本密集型行业，C37、C40属于技术密集型行业，C25属于资源密集型行业。企业平均创新产出较低的行业主要有农副食品加工业（C13），食品制造业（C14），木材加工及木、竹、藤、棕、草制品业（C20），家具制造业（C21），印刷业和记录媒介的复制（C23），文教体育用品制造业（C24），塑料制品业（C30），非金属矿物制品业（C31），金属制品业（C34），通用设备制造业（C35），工艺品及其他制造业（C42）。其中，C13、C14、C21、C23、C24属于劳动密集型行业，C30、C31、C34属于资源密集型行业，C20为资本密集型行业，C35属于技术密集型行业。

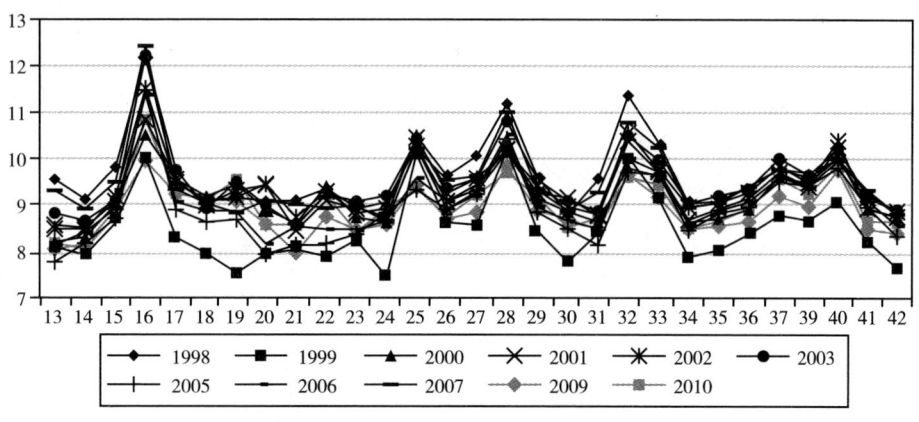

图5-1　行业内企业平均创新产出

注：横轴为中国制造业两位数行业代码，纵轴为行业内企业平均创新产出。

① 本章主要分析不同行业之间平均创新产出的相对差异，因此，采用新产品产值实际值和新产品产值实际值的对数值所得到的结论是相同的。

其次，本章计算了中国制造业两位数行业内创新企业所占比重，即行业内创新企业总数与行业内企业总数之比，创新企业为新产品产值不为零的企业，统计结果如图5-2所示。图5-2显示，在1998—2010年，行业内创新企业所占比重较高的两位数行业主要有烟草制品业（C16），医药制造业（C27），通用设备制造业（C35），专用设备制造业（C36），交通运输设备制造业（C37），电气机械及器材制造业（C39），通信设备、计算机及其他电子设备制造业（C40），仪器仪表及文化、办公用机械制造业（C41），其中，C27、C35、C36、C37、C39、C40、C41属于技术密集型行业，C16属于资本密集型行业。而行业内创新企业所占比重较低的行业主要有农副食品加工业（C13），纺织服装、鞋、帽制造业（C18），皮革、毛皮、羽毛（绒）及其制品业（C19），木材加工及木、竹、藤、棕、草制品业（C20），造纸及纸制品业（C22），印刷业和记录媒介的复制（C23），石油加工、炼焦及核燃料加工业（C25），非金属矿物制品业（C31），黑色金属冶炼及压延加工业（C32）等行业，其中，C13、C18、C19、C22、C23属于劳动密集型行业，C20、C32属于资本密集型行业，C25、C31属于资源密集型行业。

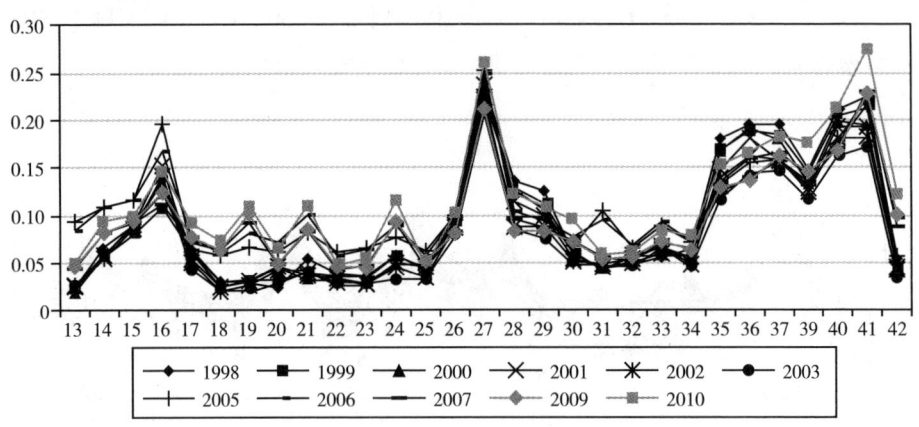

图5-2 行业内创新企业所占比重

注：横轴为中国制造业两位数行业代码，纵轴为行业内创新企业所占比重。

综上所述，企业平均创新产出较高的行业主要分布在资本密集型和技术密集型行业中，企业平均创新产出较低的行业主要分布在劳动密集型和资源密集型行业中。创新企业所占比重较高的行业主要分布在技术密集型行业中，而创新企业所占比重较低的行业主要分布在劳动密集型行业中。由此可见，不同要素密集型行业的企业平均创新产出和创新企业所占比重均存在较大的差异。因此，有必要考察产业集聚对不同要素密集型行业内企业创新的差异化影响。

5.3.2 不同所有制类型的企业创新

本章借鉴杨汝岱（2015）的方法，根据企业注册登记类型和国有资本金、外商资本金、港澳台资本金的大小将全部样本观测值划分为国有企业、外资企业和私营企业。1998—2010年中国制造业中国有企业有125518家，外资企业有396407家，私营企业有1221385家。本章分别测算了不同所有制类型的企业在不同年份的平均创新产出和创新企业所占比重，测算结果如图5-3所示。

图5-3左图显示，1998—2005年外资企业的平均创新产出水平高于国有企业，2006—2010年国有企业的平均创新产出水平高于外资企业，而在1998—2010年，私营企业的平均创新产出水平始终低于国有企业和外资企业。从年均值来看，外资企业的平均创新产出水平高于国有企业，国有企业高于私营企业。图5-3右图显示，在1998—2010年，国有企业中创新企业所占比重始终高于外资企业和私营企业。在2005—2006年，私营企业中创新企业所占比重高于外资企业，但是，除2005—2006年以外，外资企业中创新企业所占比重均高于私营企业。从年均值来看，国有企业内创新企业所占比重高于外资企业，外资企业高于私营企业。刘啟仁和黄建忠（2016）基于2001—2007年《中国工业企业数据库》、龙小宁和林志帆（2018）基于1998—2007年《中国工业企业数据库》的统计结果得到相同的结论。综上所述，外资企业的平均创新产出水平最高，国有企业中创新企业所占比重最高，而不论是企业平均创新产出还是创新企业所占比重，私营企业均低于国有企业和外资企业。此外，图5-3左图显示，从2003年开始，国有企业平均创新产出水平不断增加，并逐渐超过外资企业。这可能与2003年中国开始成立国务院国有资产监督管理委员会有关，国务院国有资产监督管理委员会要求，中央企业只有进入行业前三名才能避免被淘汰，这会促使国有企业不断扩张、收购、兼并或重组，不仅使国有企业数目大大减少，还会激励国有企业改进经营效率、增加研发投入和提高创新产出。

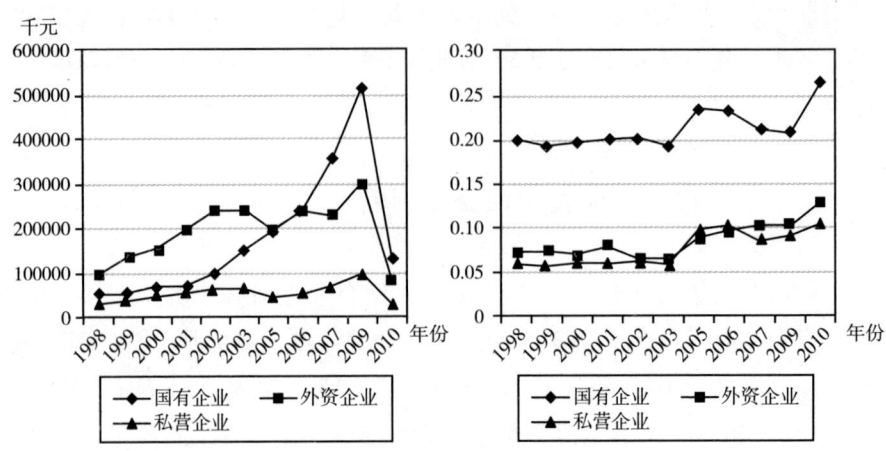

图 5-3 不同所有制类型的企业创新

注：左图为企业平均创新产出，右图为创新企业所占比重。

5.3.3 不同地区的企业创新

本章根据中华人民共和国国家统计局的统计标准①将中国制造业企业划分为分布在东部地区、中部地区和西部地区的企业。其中，东部地区有1328121 家企业，中部地区有 271272 家企业，西部地区有 143917 家企业。本章分别测算了不同地区内企业平均创新产出和创新企业所占比重，测算结果如图 5-4 所示。

图 5-4 左图表明，1998—2010 年东部地区企业平均创新产出整体高于西部地区。和中部地区相比，1998—2006 年东部地区企业平均创新产出较高，但是在 2007—2010 年中部地区企业平均创新产出高于东部地区。中部地区和西部地区相比，中部地区企业平均创新产出分别在 1998 年、2000 年、2005—2006 年低于西部地区，但在其他年份均高于西部地区。从年均值来看，东部地区企业平均创新产出高于中部地区，而中部地区高于西部地区。图 5-4 右图显示，西部地区创新企业所占比重在 1998—2009 年均高于东部

---

① 东部地区包括北京市、天津市、河北省、辽宁省、上海市、江苏省、浙江省、福建省、山东省、广东省和海南省，中部地区包括山西省、吉林省、黑龙江省、安徽省、江西省、河南省、湖北省和湖南省，西部地区包括内蒙古自治区、广西壮族自治区、重庆市、四川省、贵州省、云南省、西藏自治区、陕西省、甘肃省、青海省、宁夏回族自治区和新疆维吾尔自治区。

地区，但在 2010 年低于东部地区。中部地区创新企业所占比重在 1998—2006 年均高于东部地区，但在 2007—2010 年低于东部地区。西部地区创新企业所占比重除 2005—2006 年以及 2010 年以外均高于中部地区。从年均值来看，在 1998—2010 年，西部地区创新企业所占比重最高，中部次之，东部地区创新企业所占比重最低。综上所述，东部地区企业平均创新产出最高但创新企业所占比重最低，西部地区企业平均创新产出水平最低但创新企业所占比重最高，中部地区位于二者之间。此外，图 5-4 显示，2003—2005 年，中部地区企业平均创新产出和创新企业所占比重出现较大波动，这可能与 2004 年温家宝总理提出的中部崛起计划有关。

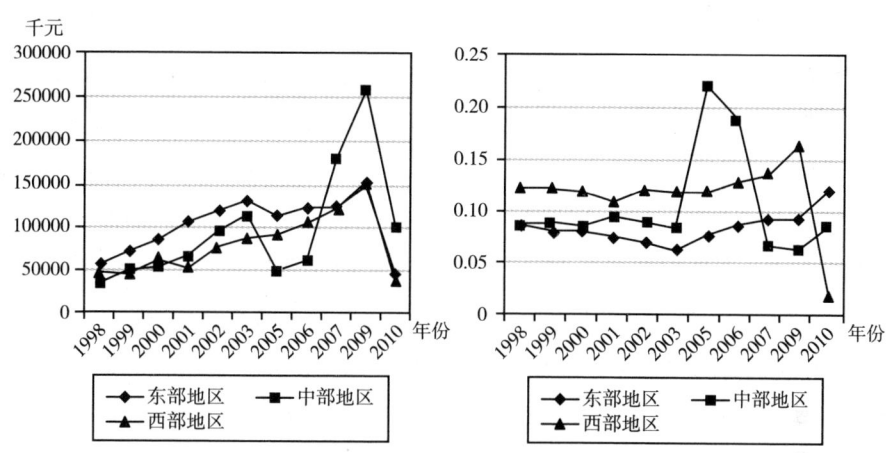

图 5-4 不同地区的企业创新

注：左图为企业平均创新产出，右图为创新企业所占比重。

5.3.4 不同产业集聚水平的企业创新

本章根据企业面临的产业集聚水平是否高于产业集聚水平年均值将全部样本观测值进行分组。将产业集聚水平高于年均值的企业归于高度集聚组，将产业集聚水平低于年均值的企业归于低度集聚组。在 1998—2010 年，低度集聚企业有 1209909 家，占样本总数约 69.40%，高度集聚企业有 533401 家，占样本总数约 30.60%。本章分别测算了不同产业集聚水平上的企业平均创新产出和创新企业所占比重，测算结果如图 5-5 所示。

图 5-5 左图显示，首先，从时间趋势来看，高度集聚企业和低度集聚企

业的平均创新产出的时间趋势大致相同,均在1998—2002年呈上升趋势,在2003—2005年呈下降趋势,在2005—2009年呈上升趋势,在2009—2010年呈下降趋势。不同之处在于,2002—2003年高度集聚企业平均创新产出下降而低度集聚企业为上升趋势。从整个样本区间来看,高度集聚企业平均创新产出的时间趋势存在较大的波动,而低度集聚企业平均创新产出呈上升的趋势。其次,从不同产业集聚水平上企业平均创新产出来看,高产业集聚水平企业比低产业集聚水平企业的平均创新产出更高,并且二者之间的差距在1998—2002年逐渐扩大,但是在2002—2010年逐渐缩小。综上所述,高度集聚企业的平均创新产出更高,但是低度集聚企业的平均创新产出在不断增加,二者之间的差距从2002年开始逐渐缩小。

图5-5右图表明,首先,从时间趋势来看,不同产业集聚水平分组下的创新企业所占比重的时间趋势大致相同,均在1998—2003年呈下降趋势,在2003—2006年呈上升趋势,2006—2009年高度集聚企业中创新企业所占比重减少,2010年又有所上升,2006—2007年低度集聚企业中创新企业所占比重减少,2008—2010年又逐渐增加。其次,从创新企业所占比重的相对大小来看,除2003年以外,高度集聚企业中创新企业所占比重均高于低度集聚企业,说明高产业集聚水平企业中有更多的企业参与创新。综上所述,1998—2003年创新企业所占比重逐渐下降,但是2003—2010年创新企业所占比重整体呈上升趋势,并且高产业集聚水平企业中有更多的企业参与创新。

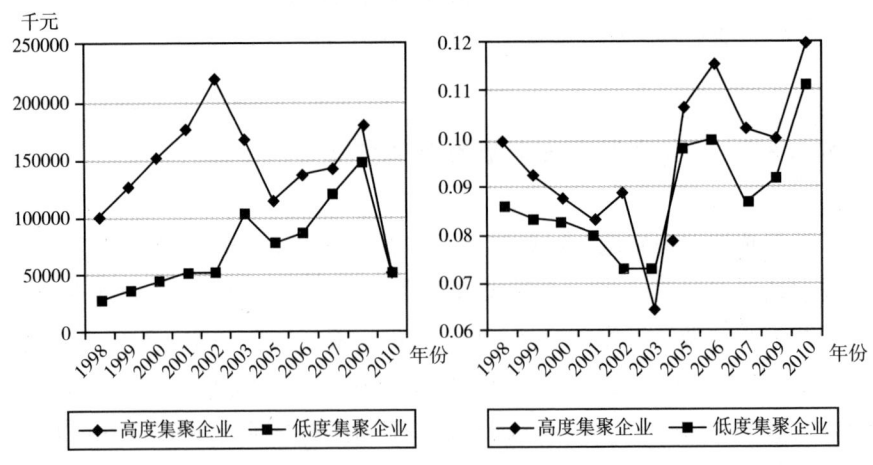

图5-5 不同产业集聚水平的企业创新

注:左图为企业平均创新产出,右图为创新企业所占比重。

5.4 产业集聚对企业创新影响的实证检验

5.4.1 系数相关性检验

由于2009—2010年的企业固定资产净值年平均余额、补贴收入、应付工资总额变量缺失,2009年的国家资本金、港澳台资本金、外商资本金缺失,导致本章部分控制变量缺失。然而,如果不对这些缺失变量加以控制可能会由于遗漏重要解释变量而导致模型估计结果的不一致。因此,本章采用1998—2007年的样本数据进行基准回归分析,采用1998—2010年的样本数据进行稳健性检验。在进行实证分析之前,本章首先对核心变量进行系数相关性检验,系数相关性检验结果如表5-2所示。表5-2显示,核心变量的系数相关性均小于0.3,表明模型不存在严重的多重共线性问题。

表5-2   系数相关性检验结果

变量	lninn	EG	sca	age	cap	wag	exp	sub
lninn	1							
EG	0.028***	1						
sca	0.213***	0.033***	1					
age	0.123***	-0.071***	0.293***	1				
cap	0.035***	-0.025***	-0.038***	-0.034***	1			
wag	0.035***	0.022***	-0.053***	-0.033***	0.161***	1		
exp	0.013***	0.128***	0.197***	-0.066***	-0.043***	0.021***	1	
sub	0.007***	-0.007***	0.016***	0.031***	0.005***	-0.002*	-0.021***	1

5.4.2 基准回归分析

(1)产业集聚对企业创新产出的影响。

本章分别采用Truncreg断尾模型和Heckman两步法选择模型实证检验产业集聚对企业创新的影响效应,检验结果如表5-3所示。模型(1)和模型(5)的回归结果表明,产业集聚和企业创新产出之间不存在显著的线性关系。在加入产业集聚的二次项以后,回归结果如模型(2)和模型(6)

所示，产业集聚的二次项系数显著为负，并且产业集聚的一次项系数显著为正，表明产业集聚和企业创新产出之间呈显著的倒"U"形关系，随着产业集聚水平的提高，企业创新产出会先增加后减少。并且，Truncreg断尾模型和Heckman两步法选择模型中的决策方程所得到的估计结果在系数符号和显著性水平上是一致的，表明该结果具有稳健性。又由于Heckman两步法选择模型中的逆米尔斯比（λ）在1%的水平上显著，表明模型存在样本选择性偏误。因此，本章采用Heckman两步法选择模型的估计结果进行分析。

模型（6）的估计结果显示，当产业集聚水平小于拐点时，提高产业集聚水平有助于企业增加创新产出。这可能是因为，产业集聚所带来知识溢出效应、较低的创新风险和成本、更便利的创新要素供给以及更多元化的市场需求等有助于激励企业增加创新投入、提高创新产出。但是，当产业集聚水平大于拐点以后，继续提高产业集聚水平反而不利于企业创新。这可能是因为，当产业集聚水平过高时，产业过度集聚带来的拥挤效应导致企业创新成本增加，产业过度集聚还会引起企业之间恶性竞争，进而增加企业研发创新的风险，降低企业之间合作研发的可能性。因此，产业过度集聚导致企业创新产出水平下降。综上所述，产业集聚和企业创新产出之间呈显著的倒"U"形关系。此外，本章通过测算倒"U"形曲线的拐点发现，拐点处所对应的产业集聚水平约为0.060。而在1998—2007年，产业集聚水平低于拐点值的创新企业占创新企业样本总量约为96.22%。由此可见，中国制造业创新企业主要位于提高产业集聚水平有助于增加企业创新产出的阶段。

（2）产业集聚对企业创新积极性的影响。

模型（3）和模型（4）为Heckman两步法选择模型中第一步的估计结果。选择方程的估计结果表明，产业集聚和企业创新积极性之间呈显著的"U"形关系，即随着产业集聚水平的提高，企业创新积极性会先下降后上升。这可能是因为，企业的创新成果存在外部性，随着产业集聚水平的提高，集聚区内企业数量的增加，企业之间的接触更加频繁，这使得企业的创新成果容易被其他竞争对手学习和模仿，导致企业的创新产出不足以弥补其创新投入，从而降低了企业参与创新的积极性。此外，政府干预下企业为了追求"政策租"而形成的虚假产业集聚容易引发企业寻租行为，在创新具有不确定性和风险性的情况下，企业会更倾向于同地方政府建立寻租关系而不是进行研发创新。因此，虚假产业集聚会导致企业创新积极性下降。但是，当产业集聚水平高于一定临界值以后,集聚区内企业数量的增加使企业面临更加激烈的市场竞争。此时,继续模仿其他企业的创新成果这种"搭便车"行为以及与政府建立寻租关系以享受政策优惠这种"创新惰性"行为已不足以使企业在集聚区立足。为了扩大市场份额或提高市场竞争力,企业会积极从事研发创新活动,从而高水平的产业集聚使更多的企业参与创新。总之,产业集聚和企业创新积极性之间呈显著的"U"形关系。并且,"U"形曲线在拐点处所对应的产业集聚水平约为0.055,而1998—2007年有96.50%的样本观测值位于"U"形曲线的左端。因此,提高产业集聚水平导致多数中国制造业企业参与创新的积极性下降。

(3) 控制变量的回归结果。

模型(4)和模型(6)中控制变量的回归结果表明:

①所有制类型。外资企业和私营企业比国有企业有更多的创新产出,但是外资企业和私营企业参与创新的可能性小于国有企业。董晓芳和袁燕(2014)的研究结论与本章一致。这可能是因为,一方面,外资企业有海外母公司给予技术支持,私营企业更加重视提高创新效率,因此,外资企业和私营企业比国有企业有更高的创新产出。另一方面,私营企业比国有企业的融资成本高、风险承担能力弱,外资企业往往在海外母公司进行研发创新,在中国子公司利用廉价劳动力从事生产制造(李兵等,2016),而国有企业有更多的融资渠道、更多的研发创新资源、更大的企业规模,因此,与私营企业和外资企业相比,国有企业参与创新的可能性更大。

②企业规模。规模越大的企业创新产出越多且企业参与创新的可能性越大。这可能是因为,大企业的资金实力雄厚、人员素质较高、管理能力较强、创新机会更多、创新资源更丰富,并且规模越大的企业越有可能在创新生产过程中实现规模经济和范围经济。大量经验研究表明,大企业具有更强的研发创新能力(Jefferson et al., 2006;张杰等,2011;董晓芳、袁燕,2014)。

③企业年龄。企业年龄越大,企业参与创新的可能性越大,但是企业创新产出越少。董晓芳和和袁燕(2014)的研究结论与本书一致。这可能因为,一方面,成熟企业在市场上具有一定的影响力,容易沉溺于成功的光环中,从而忽视创新投入,而年轻企业更具有活力,而且创新是决定年轻企业能否在激烈的市场竞争环境中生存下来的关键因素(Cefis、Marsili,2005),从而年轻企业更加重视增加研发创新投入,因此,年轻企业比成熟企业的创新产出更多。另一方面,成熟企业具有稳定的利润率来源,并且在长期经营

过程中所建立的声誉机制和积累的创新经验等有助于降低企业的融资成本（张璇等，2017），而年轻企业由于面临着对市场的不熟悉以及信息的不健全等问题，从而年轻企业创新失败的风险更大（Mueller，1972；董晓芳、袁燕，2014），因此，成熟企业比年轻企业参与创新的可能性更大。

④补贴强度。政府补贴强度越大则企业创新产出越少，而政府补贴对企业创新积极性的影响不显著。表明政府补贴不仅未有效地推动企业增加创新产出反而对企业创新产出产生了阻碍作用。这可能是因为，政府补贴使企业在不从事研发创新的条件下也能得以生存，再加上创新具有一定的风险和外部性，因此，企业为了与政府建立联系会将更多资源用于寻租而不是研发创新，从而获得政府补贴越多的企业创新产出反而越少。

⑤资本密集度。资本密集度越高的企业创新产出越多且参与创新的可能性越大。这可能因为，企业创新需要大量的资金投入，资本密集度高的企业具备资本密集的比较优势，而且资本密集度高的企业更加注重企业的研发创新投入（张杰等，2011），因此，资本密集度越高越有利于促进企业创新。

⑥出口强度。出口强度越大的企业参与创新的可能性越大但是创新产出越少。这可能是因为，和出口强度较低或未参与出口的企业相比，出口强度较大的企业更频繁的接触国外先进技术，从而也更有可能从事创新活动。但是，中国的出口企业多以加工贸易为主（李春顶，2015），因此，出口强度大的企业反而创新产出较低。

⑦平均应付工资。平均工资越高的企业创新产出越多且参与创新的可能性更大。平均工资越高表明企业的劳动力素质越高，高素质的劳动力有更多的创新想法和更高的创新能力，从而对企业创新有积极的推动作用。

⑧滞后一期企业创新产出。Heckman两步法选择模型第一步选择方程的估计结果显示，企业创新产出一阶滞后项的系数估计值显著为正，表明前期企业创新产出越高越有助于提高当期企业参与创新的积极性。

考虑到本章的核心解释变量（产业集聚）是行业层面的指标，因此，本章研究的是行业层面的产业集聚对该行业内微观企业创新行为的影响。这种方法能够在一定程度上消除产业集聚和企业创新之间可能存在的逆向因果关系所导致的内生性问题。因为行业层面的产业集聚能够影响到该行业内的微观企业行为，但是单个企业对整个行业的影响是很小甚至可以忽略不计的，这种相反的作用渠道可能并不存在（张杰等，2011）。

表 5-3 基准回归结果

	Truncreg 断尾模型		Heckman 两步法选择模型			
			选择方程	选择方程	决策方程	决策方程
	模型（1）	模型（2）	模型（3）	模型（4）	模型（5）	模型（6）
EG	0.5033 (1.5726)	5.8790*** (7.8411)	-0.0777 (-0.4534)	-1.4671*** (-3.5636)	0.4818 (1.3497)	7.2825*** (8.0746)
EG^2		-48.9785*** (-7.7741)		13.2618*** (3.7224)		-61.1181*** (-8.2101)
sca	0.8865*** (193.5995)	0.8858*** (193.5821)	0.1330*** (49.3980)	0.1332*** (49.4610)	0.7766*** (136.2375)	0.7755*** (136.0626)
age	-0.0165*** (-36.0607)	-0.0165*** (-35.9535)	0.0043*** (15.9708)	0.0042*** (15.9208)	-0.0191*** (-36.5261)	-0.0191*** (-36.4314)
cap	0.0002 (0.8409)	0.0002 (0.8432)	0.0001*** (6.2129)	0.0001*** (6.1677)	0.0013*** (36.4607)	0.0013*** (36.5354)
wag	0.0134*** (6.3807)	0.0134*** (6.3781)	0.0009*** (9.5205)	0.0009*** (9.5013)	0.0180*** (43.4448)	0.0180*** (43.5764)
exp	-0.0997*** (-5.0062)	-0.1126*** (-5.6551)	0.1229*** (13.5939)	0.1258*** (13.8628)	-0.0687*** (-3.2070)	-0.0862*** (-4.0103)
sub	-1.2156*** (-3.9275)	-1.2186*** (-3.9153)	-0.0758 (-0.6382)	-0.0778 (-0.6520)	-1.4839*** (-5.6044)	-1.4867*** (-5.6165)
own_f	0.4965*** (19.9303)	0.4964*** (19.9187)	-0.2178*** (-19.0229)	-0.2176*** (-18.9989)	0.5466*** (24.0646)	0.5455*** (24.0265)
own_p	0.3027*** (17.7434)	0.3034*** (17.7816)	-0.1780*** (-18.1035)	-0.1777*** (-18.0665)	0.4828*** (24.9588)	0.4832*** (24.9887)
常数项	4.2593*** (72.2161)	4.2147*** (70.6299)	-2.4133*** (-90.7591)	-2.3969*** (-88.9350)	5.8822*** (94.5292)	5.7994*** (92.0640)
l. lninn			0.2411*** (348.4437)	0.2411*** (348.4393)		
时间效应	控制	控制	控制	控制	控制	控制
地区效应	控制	控制	控制	控制	控制	控制
行业效应	控制	控制	控制	控制	控制	控制
λ			-0.6677*** (-79.0863)	-0.6678*** (-79.1389)	-0.6677*** (-79.0863)	-0.6678*** (-79.1389)
N	121487	121487	765292	765292	765292	765292

5.4.3 异质性检验

在描述性统计分析中发现，不同要素密集型、不同所有制类型和不同地区分布上的企业平均创新产出和创新企业所占比重均存在明显的差异。因此，有必要在不同要素密集型、不同所有制类型和不同地区分布上检验产业集聚对企业创新的差异化影响。

（1）不同要素密集型行业的异质性检验。

首先依据沈能等（2014）在研究中所采用的方法，按照要素投入密度将全部样本观测值划分为劳动、资本、资源和技术密集型企业，然后分样本检验产业集聚对不同要素密集型企业的差异化影响，检验结果如表5-4所示。

从决策方程来看，首先，产业集聚和劳动密集型企业、技术密集型企业的创新产出之间均呈显著的倒"U"形关系，表明随着产业集聚水平的提高，劳动密集型企业和技术密集型企业的创新产出会先增加后减少。其次，对于资本密集型企业，产业集聚和企业创新产出之间不存在显著的非线性关系。最后，对于资源密集型企业，产业集聚的二次项系数估计值显著为正，表明产业集聚和资源密集型企业的创新产出之间呈显著的"U"形关系，提高产业集聚水平会首先造成资源密集型企业创新产出下降，而当产业集聚水平高于一定临界值以后，继续提高产业集聚水平才有利于资源密集型企业增加创新产出。这可能是因为，资源密集型企业在生产经营过程中需要投入大量的自然资源，而自然资源往往由政府管理和控制。当产业集聚水平较低时，企业为了获得更多的自然资源或"政策租"所带来的好处会倾向于与地方政府建立寻租关系，而寻租活动会挤出企业创新投入，降低企业创新产出。但是，当产业集聚水平增加到一定程度以后，集聚区内企业数量的增加导致生产资源短缺、要素价格上涨，这会迫使企业提高资源利用效率，激励企业增加创新投入和提高创新产出。

从选择方程来看，产业集聚和劳动密集型、资源密集型和技术密集型企业创新积极性之间均呈显著的"U"形关系，表明随着产业集聚水平的提高，产业集聚会先降低劳动密集型、资源密集型和技术密集型企业创新积极性后提高企业创新积极性。关于资本密集型企业，产业集聚和企业创新积极性之间的非线性关系在统计上不显著。

表 5-4 异质性检验结果：不同要素投入密度

	劳动密集型企业		资本密集型企业		资源密集型企业		技术密集型企业	
	选择方程 模型（1）	决策方程 模型（2）	选择方程 模型（3）	决策方程 模型（4）	选择方程 模型（5）	决策方程 模型（6）	选择方程 模型（7）	决策方程 模型（8）
EG	-6.9793*** (-5.1854)	8.7556** (2.3600)	-6.3262* (-1.7554)	18.3050* (1.8130)	-3.9431*** (-2.7550)	-21.6985*** (-6.8075)	-3.8796*** (-6.1111)	15.5079*** (12.4364)
EG²	81.0114*** (4.6611)	-121.5879** (-2.4549)	51.1229 (0.6340)	-371.6979 (-1.3491)	128.7783*** (5.4536)	295.1006*** (5.8529)	28.5723*** (5.9797)	-115.3877*** (-12.3519)
常数项	-2.4908*** (-48.9001)	5.6167*** (42.1375)	-2.5106*** (-18.7561)	7.2344*** (26.1119)	-2.6397*** (-35.0077)	7.1418*** (40.4747)	-2.1442*** (-64.2312)	5.5515*** (85.0609)
控制变量	控制	控制	控制	控制	控制	控制	控制	控制
时间效应	控制	控制	控制	控制	控制	控制	控制	控制
地区效应	控制	控制	控制	控制	控制	控制	控制	控制
行业效应	控制	控制	控制	控制	控制	控制	控制	控制
λ	-0.5451*** (-32.7659)		-0.6924*** (-18.9480)		-0.5802*** (-29.1008)		-0.7613*** (-64.3419)	
N	277025		54590		154970		278707	

(2) 不同所有制类型的异质性检验。

首先参考杨汝岱（2015）的方法划分企业所有制类型，将注册登记类型为110、141、143、151的企业定义为国有企业，将注册登记类型为300、310、320、330、340、200、210、220、230、240的企业定义为外资企业，再按照国家资本金、港澳台资本金和外商资本金将注册登记类型为130、159和160的企业划分为国有企业、外资企业，将既非国有企业又非外资企业的企业划分为私营企业。产业集聚对不同所有制类型企业创新影响的检验结果如表5-5所示。

表 5-5　　　　异质性检验结果：不同所有制类型

	国有企业		外资企业		私营企业	
	选择方程	决策方程	选择方程	决策方程	选择方程	决策方程
	模型（1）	模型（2）	模型（3）	模型（4）	模型（5）	模型（6）
EG	-1.6139**	1.9437*	-0.0701	9.1083***	-1.4182***	4.0643***
	(-2.2599)	(1.8654)	(-0.0791)	(4.3542)	(-2.7699)	(3.5360)
EG²			2.1789	-49.4946***	15.5270***	-39.5331***
			(0.2678)	(-2.6854)	(3.6063)	(-4.2965)
常数项	-3.1340***	5.6741***	-2.5153***	5.8643***	-2.5229***	6.5316***
	(-41.1806)	(35.4518)	(-43.3570)	(37.8478)	(-78.6590)	(88.6705)
控制变量	控制	控制	控制	控制	控制	控制
时间效应	控制	控制	控制	控制	控制	控制
地区效应	控制	控制	控制	控制	控制	控制
行业效应	控制	控制	控制	控制	控制	控制
λ	-0.8231***		-0.6495***		-0.6408***	
	(-36.1304)		(-34.0064)		(-59.8361)	
N	63939		181532		500415	

从决策方程来看，首先，产业集聚与国有企业创新产出之间在10%的水平上呈显著的正相关关系，表明产业集聚能够显著提高国有企业的创新产出。这可能是因为，国有企业与政府有着天然的联系，在产业集聚过程中更有可能获得更多的地方政府支持以及更多的研发创新资源，这有助于参与创新的国有企业增加创新产出。其次，产业集聚与外资企业和私营企业的创新产出之间均呈显著的倒"U"形关系，表明产业集聚会先提高外资企业和私营企业的创新产出后减少其企业创新产出。

从选择方程来看，首先，产业集聚和国有企业创新积极性之间存在显著的负相关关系，产业集聚在5%的水平上显著降低了国有企业参与创新的积极性。由于研发创新具有风险和不确定性，而且创新成果具有外部性，随着产业集聚水平的提高，企业之间接触的频繁会导致企业参与创新的积极性下降。此外，国有企业具有特殊的政治地位，其缺乏有效的市场竞争，市场竞争并未对国有企业的研发创新活动产生激励作用（张杰等，2014），从而高水平的产业集聚并未有效提高国有企业参与创新的积极性。因此，产业集聚和国有企业创新积极性之间呈负相关关系。其次，产业集聚对外资企业创新积极性的影响在统计上不显著。这可能是因为，外资企业通常在国外母公司进行研发创新，在中国子公司利用廉价劳动力进行生产制造（李兵等，2016），外资企业是否参与创新通常由国外母公司决定。因此，外资企业参与创新的积极性不受国内产业集聚水平的影响。最后，产业集聚和私营企业创新积极性之间呈显著的"U"形关系，提高产业集聚水平会先降低私营企业参与创新的积极性后提高私营企业参与创新的积极性。

（3）不同地区的异质性检验。

首先根据中华人民共和国国家统计局的统计标准将中国制造业企业划分为位于东部地区、中部地区和西部地区的企业，然后分别检验产业集聚对不同地区企业创新的差异化影响，检验结果如表5-6所示。

表5-6　　　　　　　　异质性检验结果：不同地区

	东部地区		中部地区		西部地区	
	选择方程	决策方程	选择方程	决策方程	选择方程	决策方程
	模型（1）	模型（2）	模型（3）	模型（4）	模型（5）	模型（6）
EG	-1.5990*** (-3.2904)	7.5370*** (6.9283)	2.3114** (2.0762)	1.2416 (0.5524)	-3.9521*** (-3.0580)	8.2349*** (3.2245)
EG^2	19.0749*** (4.4694)	-63.7884*** (-6.9259)	-17.0119 (-1.5777)	15.7784 (0.7600)	14.6465 (1.5271)	-83.3917*** (-4.5667)
常数项	-2.3984*** (-71.5023)	5.7995*** (69.0026)	-3.1555*** (-53.3961)	5.5196*** (39.5644)	-3.2476*** (-38.8191)	5.5781*** (24.2397)
控制变量	控制	控制	控制	控制	控制	控制
时间效应	控制	控制	控制	控制	控制	控制
地区效应	控制	控制	控制	控制	控制	控制
行业效应	控制	控制	控制	控制	控制	控制

续表

	东部地区		中部地区		西部地区	
	选择方程	决策方程	选择方程	决策方程	选择方程	决策方程
	模型（1）	模型（2）	模型（3）	模型（4）	模型（5）	模型（6）
λ	-0.6559*** (-66.8135)		-0.6801*** (-31.5769)		-0.6809*** (-26.0414)	
N	579252		117013		69027	

决策方程表明，对于东部地区和西部地区，产业集聚和企业创新产出之间呈显著的倒"U"形关系，表明随着产业集聚水平的提高，产业集聚会先提高东部地区和西部地区企业的创新产出后降低其创新产出。对于中部地区，产业集聚和企业创新产出之间的关系在统计上不显著。选择方程表明，产业集聚与东部地区企业创新积极性之间呈显著的"U"形关系，表明随着产业集聚水平的提高，产业集聚会导致东部地区企业创新积极性先下降后上升，而产业集聚与中部地区和西部地区企业创新积极性之间的非线性关系在统计上不显著，表明产业集聚未对中部地区和西部地区企业参与创新的积极性产生显著的影响。

5.4.4 稳健性检验

为了检验估计结果的稳健性，一方面，本章在基准回归分析中分别采用Truncreg断尾模型和Heckman两步法选择模型对1998—2007年的样本数据进行实证检验，检验结果如表5-3所示。另一方面，本章通过扩展样本区间，基于1998—2010年（不包括2004年和2008年）的样本数据，采用Heckman两步法选择模型进行稳健性检验，稳健性检验结果如表5-7所示。

表5-7　　　　　　　　　　稳健性检验结果

	选择方程	决策方程	选择方程	决策方程
	模型（1）	模型（2）	模型（3）	模型（4）
EG	0.2309 (1.5505)	0.0108 (0.0331)	-0.8701** (-2.4636)	1.8920** (2.3431)
EG^2			9.9870*** (3.4480)	-16.3415** (-2.5556)

续表

	选择方程	决策方程	选择方程	决策方程
	模型（1）	模型（2）	模型（3）	模型（4）
sca	0.1269*** (50.8298)	0.7783*** (141.9038)	0.1270*** (50.8845)	0.7779*** (141.7982)
age	0.0045*** (17.8172)	-0.0197*** (-38.0883)	0.0045*** (17.7743)	-0.0197*** (-38.0544)
exp	0.1107*** (14.2179)	-0.0111 (-0.5815)	0.1125*** (14.4245)	-0.0150 (-0.7835)
own_f	-0.2091*** (-19.3535)	0.6953*** (31.3553)	-0.2087*** (-19.3250)	0.6950*** (31.3444)
own_p	-0.1871*** (-19.8162)	0.4443*** (23.0054)	-0.1867*** (-19.7742)	0.4442*** (23.0042)
常数项	-2.2407*** (-89.7560)	5.3711*** (89.7577)	-2.2234*** (-87.2960)	5.3412*** (87.6342)
l.lninn		0.2348*** (370.6897)		0.2347*** (370.6781)
时间效应	控制	控制	控制	控制
地区效应	控制	控制	控制	控制
行业效应	控制	控制	控制	控制
λ	-0.7050*** (-85.9184)		-0.7052*** (-85.9356)	
N	864855		864855	

注：由于2009年和2010年缺少固定资产净值年平均余额、补贴收入和应付工资总额，从而无法测算资本密集度、补贴强度和平均应付工资，因此，稳健性检验中没有控制这三个变量。

表5-3和表5-7的估计结果均表明，产业集聚和企业创新产出之间存在显著的倒"U"形关系，产业集聚和企业参与创新的积极性之间呈显著的"U"形关系。具体地，决策方程表明，当产业集聚水平小于临界值时，提高产业集聚水平有助于增加企业创新产出，但是当产业集聚水平高于临界值以后，产业过度集聚会导致企业创新产出水平下降，而且，中国制造业企业主要位于提高产业集聚水平有助于企业增加创新产出的阶段。选择方程表明，当产业集聚水平较低时，由于创新具有正外部性、集聚区内优惠政策所带来的企业创新惰性和企业寻租行为的挤出效应，产业集聚降低了企业参与创新

的积极性，而当产业集聚水平高于一定临界值以后，集聚区内激烈的市场竞争迫使企业为了扩大市场份额或提高市场竞争力而积极从事研发创新活动，从而产业集聚提高了企业创新积极性。总之，本章的估计结果具有稳健性。

5.5 专业化集聚和多样化集聚对企业创新的差异化影响

产业集聚对企业创新的影响还和产业集聚的类型有关。通常同一行业内的企业在某一地理范围内的集聚被称为专业化集聚，而不同行业内的企业在某一地理范围内的集聚被称为多样化集聚。那么，哪一种类型的产业集聚更有助于提高企业研发创新能力？Marshall（1920）认为知识溢出更有可能发生在属于同一行业的企业之间，因为同一行业内的企业具有相似的知识结构和技术需求，因此，专业化集聚更有助于企业创新。而 Jacobs（1969）认为知识溢出更有可能发生在属于不同行业的企业之间，因为属于不同行业的企业具有多样性和差异化特征，不同行业的企业集聚有助于多样性和互补性知识的相互交流和碰撞，并由此产生新知识和新思想，因此多样化集聚更有助于企业创新。

此外，专业化集聚和多样化集聚关于市场结构对企业创新的影响也存在不同的观点。专业化集聚认为，垄断更有助于提高企业研发创新积极性，因为知识溢出具有正外部性，在竞争市场结构下，企业的新产品和新技术容易被同一行业内其他企业吸收和模仿，进而使企业的研发投入不能得到相应的回报，这会降低企业研发创新积极性，而垄断企业能够最大限度地占有其研发创新成果，使知识外部性内部化，从而激励企业进行研发创新，因此，垄断更有助于企业创新。而多样化集聚认为竞争更有助于企业创新，因为激烈的市场竞争迫使现有企业增加研发投入、不断推陈出新，并且在激烈的市场竞争环境下，只有生产差异化产品的企业才有可能进入市场，因此，竞争更有助于企业创新。

5.5.1 专业化集聚对企业创新的影响效应

借鉴 Holmes 和 Stevens（2002）、彭向和蒋传海（2011）、范剑勇等

(2014) 等在研究中所采用的方法，采用区位熵指数测算专业化集聚程度。区位熵指数的测算公式为：

$$LO_{is} = \frac{e_{is}/e_s}{e_{in}/e_n}$$ （式5－7）

其中，e_{is}表示s地区i行业的总就业人数，e_s表示s地区的总就业人数，e_{in}表示i行业的总就业人数，e_n表示全国总就业人数。LO_{is}表示i行业s地区的区位熵指数，主要用于衡量i行业在s地区的专业化集聚程度。区位熵指数越大则s地区i行业的专业化集聚程度越高。专业化集聚对企业创新影响的实证检验结果如表5－8所示。

表5－8　　　　专业化集聚对企业创新影响的回归结果

	选择方程	决策方程	选择方程	决策方程
	模型（1）	模型（2）	模型（3）	模型（4）
LO	-0.0022*** (-3.1958)	0.0019 (1.2496)	-0.0083*** (-5.0416)	0.0168*** (4.6010)
LO^2			0.0003*** (4.0942)	-0.0007*** (-4.4827)
常数项	-2.4082*** (-90.8396)	5.9015*** (94.5951)	-2.4008*** (-90.3663)	5.8821*** (94.0599)
l.lninn	0.2406*** (345.6703)		0.2406*** (345.5591)	
控制变量	控制	控制	控制	控制
时间效应	控制	控制	控制	控制
地区效应	控制	控制	控制	控制
行业效应	控制	控制	控制	控制
λ	-0.6694*** (-78.5648)		-0.6702*** (-78.6334)	
N	756883		756883	

从决策方程来看，模型（2）和模型（4）的回归结果表明，专业化集聚和企业创新产出之间呈显著的倒"U"形关系，当专业化集聚水平较低时，专业化集聚有助于企业增加创新产出，但是当专业化集聚水平较高时，专业化集聚反而不利于企业增加创新产出。这可能因为，专业化集聚能够吸引大量相似的专业化人才汇集，能够为企业提供专业化的生产要素、基础设施和

公共服务等。又由于专业化集聚区内的企业具有相同的知识结构和技术需求，从而专业化的知识和技术在集聚区的传播和扩散有助于其他企业增加创新产出。但是，随着专业化集聚水平的提高，集聚区内企业数量增加，专业化集聚区内的创新投入资源逐渐匮乏，企业生产成本逐渐增加。而且，专业化集聚区内的企业面临着技术和知识太过单一，缺乏新知识和新思想注入的困境，这种技术锁定最终会导致企业创新产出水平下降。

从选择方程来看，模型（1）表明专业化集聚与企业创新积极性之间呈显著的负相关关系，而模型（3）表明专业化集聚和企业创新积极性之间呈显著的"U"形关系。本章通过测算"U"形曲线的拐点发现，拐点处所对应的专业化集聚水平为14.67，而1998-2007年有97.01%的企业位于"U"形曲线的左端。因此，专业化集聚降低了企业参与创新的积极性。这可能因为，在专业化集聚区内由于企业具有相似知识结构、技术需求和文化背景等，企业的创新产出很容易被其他企业吸收和模仿，进而使企业的研发投入和创新成本不能被弥补，从而降低了企业创新积极性。

5.5.2 多样化集聚对企业创新的影响效应

借鉴 Duranton 和 Puga（2000）、刘修岩（2009）、范剑勇等（2014）等采用的方法测算多样化集聚水平。多样化集聚指数为 s 地区 i 行业的总就业人数占该地区总就业人数的比重与 i 行业的全国总就业人数占全国所有行业就业人数的比重之差的绝对值在地区层面加总以后再取倒数。多样化集聚的测算公式如下：

$$DI_i = 1 / \sum_s \left| \frac{e_{si}}{e_s} - \frac{e_{in}}{e_n} \right| \qquad （式5-8）$$

其中，e_{si} 表示 s 地区 i 行业的总就业人数，e_s 表示 s 地区的总就业人数，e_{in} 表示 i 行业的总就业人数，e_n 表示全国总就业人数。DI 为行业层面的多样化集聚指数，该指数越大表示多样化集聚程度越高。多样化集聚对企业创新影响的实证检验结果如表5-9所示。

从决策方程来看，模型（2）和模型（4）的回归结果表明，多样化集聚在1%的水平上能够显著促进企业增加创新产出。这可能因为，多样化集聚区的企业从属于不同的行业，从而企业具有多样性和差异化特征，多样化集聚有助于多样性和互补性的知识相互交流、碰撞，不仅使现有知识和技术得到传播和扩散，还有助于新知识和新思想的产生，并且随着企业数量的增加，集聚区内知识和技术的多样性也会随之增加。因此，多样化集聚有助于提高企业创新产出。

从选择方程来看，模型（1）和模型（3）的回归结果表明，多样化集聚与企业参与创新的积极性之间呈显著的倒"U"形关系，并且倒"U"形曲线在拐点处所对应的多样化集聚水平为2.69。在1998—2007年约有94.15%企业面临的多样化集聚水平小于拐点值。因此，中国制造业企业主要位于提高多样化集聚水平有助于激励更多企业参与创新的阶段。随着多样化集聚水平的提高，集聚区内知识和技术的多样化和差异化也会增加，企业产生新知识和新想法的可能性更大。并且，随着企业数量的增加，在激烈的市场竞争环境下，只有生产差异化产品的企业才更有可能得以生存，从而多样化集聚使更多企业积极参与创新。但是，当多样化集聚水平过高时，多样化集聚会造成企业参与创新的积极性下降。这可能因为，来自不同行业的企业彼此之间存在认知距离，从而过度多样性降低企业创新积极性（Nooteboom 等，2007）。而1998—2007年只有约5.85%的企业位于多样化集聚抑制企业创新积极性的阶段。总的来讲，多样化集聚有助于激励更多的企业参与创新。

表5-9 多样化集聚对企业创新影响的回归结果

	选择方程	决策方程	选择方程	决策方程
	模型（1）	模型（2）	模型（3）	模型（4）
DI	0.0019 (0.5949)	0.0193*** (2.7204)	0.0518*** (6.3342)	0.0388** (2.1372)
DI^2			-0.0096*** (-6.5592)	-0.0037 (-1.1537)
常数项	-2.4211*** (-90.7256)	5.8587*** (93.4958)	-2.4446*** (-90.7893)	5.8504*** (92.6897)
l. lninn	0.2411*** (345.9385)		0.2411*** (345.7404)	
控制变量	控制	控制	控制	控制
时间效应	控制	控制	控制	控制
地区效应	控制	控制	控制	控制
行业效应	控制	控制	控制	控制

续表

	选择方程	决策方程	选择方程	决策方程
	模型（1）	模型（2）	模型（3）	模型（4）
λ	-0.6687*** (-78.5938)		-0.6684*** (-78.5241)	
N	755482		755482	

综上所述，专业化集聚和多样化集聚对企业创新的影响存在显著差异。一方面，专业化集聚与企业创新产出之间呈显著的倒"U"形关系，而多样化集聚与企业创新产出之间呈显著的正相关关系。因此，多样化集聚更有助于增加企业创新产出。另一方面，专业化集聚对多数制造业企业参与创新的积极性产生抑制作用，而多样化集聚对多数制造业企业参与创新的积极性产生推动作用。因此，多样化集聚更有利于激励企业参与创新。总之，多样化集聚比专业化集聚更有利于促进中国制造业企业创新。

5.6 本章小结

技术创新水平的提高是全要素生产率增长的主要来源之一，而企业是技术创新的微观主体。本章首先从微观企业层面研究了产业集聚对中国制造业企业创新的影响。其次，详细梳理了产业集聚对企业创新的影响机理。其次对不同要素密集型、不同所有制类型、不同地区和不同产业集聚水平上的企业创新产出和创新企业所占比重进行描述性统计分析，为异质性检验的必要性奠定了基础。再次，基于中国制造业微观企业数据采用 Heckman 两步法选择模型实证检验了产业集聚对中国制造业企业创新的影响。最后，实证检验了专业化集聚和多样化集聚对中国制造业企业创新的差异化影响。

首先，在理论分析中，本章认为，产业集聚主要通过知识溢出、市场竞争、降低风险和成本、增加要素供给和提供多元化的市场需求促进企业创新，而产业集聚带来的拥挤效应、知识正外部性带来的企业创新惰性以及政府不当干预下的虚假产业集聚会阻碍企业创新。具体地，产业集聚促进企业创新的渠道有：①知识溢出，产业集聚便于市场主体之间进行沟通、互动以及面对面交流，进而促进创新知识或研发技术的积累、传播和扩散，知识交流又有助于产生新知识和新技术，从而知识溢出有助于企业创新；②市场竞争，集聚区内的企业面临着激烈的市场竞争，为了提高自身的市场竞争力或扩大自身的市场份额，企业会积极从事研发创新活动；③降低风险和成本，集聚区内企业之间长期交流所产生的信誉机制、企业和生产要素之间的高效匹配、知识累积所形成的公共知识池等有助于降低企业研发创新的风险和成本；④增加要素供给，产业集聚有助于吸引要素流入进而形成要素集聚，要素集聚为企业的研发创新提供了充足的要素供给以及研发创新环境，要素在区域内的自由流动还有助于知识溢出，进而有助于企业创新；⑤市场需求，集聚区内多元化和差异化的产品需求会激励企业增加创新投入和创新产出，加速产品更新换代，以满足多元化的市场需求，进而有助于企业创新。产业集聚阻碍企业创新的渠道有：①拥挤效应，当企业过度集聚在某一区域时，过度集聚带来的拥挤效应会增加企业创新成本，破坏企业之间的信誉，降低企业合作创新的可能性，进而不利于企业创新；②企业创新惰性，由于知识具有正外部性，企业的创新成果容易被竞争对手学习和模仿，进而导致企业的创新产出不足以弥补其创新投入，降低企业研发创新积极性；③政府不当干预，中国的产业集聚普遍受到政府干预的影响，集聚区的优惠政策会引发企业寻租行为，挤占企业创新投入，阻碍企业研发创新。

其次，本章基于1998—2010年中国制造业微观企业数据对企业创新产出和创新企业所占比重进行描述性统计分析。本章发现：①平均创新产出水平较高的行业主要分布在资本密集型和技术密集型行业中，平均创新产出水平较低的行业主要分布在劳动密集型和资源密集型行业中；创新企业所占比重较高的行业主要分布在技术密集型行业中，而创新企业所占比重较低的行业主要分布在劳动密集型行业中。②外资企业平均创新产出水平最高，国有企业中创新企业所占比重最高，而不论是企业平均创新产出还是创新企业所占比重，私营企业均低于国有企业和外资企业。③东部地区企业平均创新产出水平最高但创新企业所占比重最低，西部地区企业平均创新产出水平最低但创新企业所占比重最高，中部地区位于二者之间。④高水平产业集聚组的企业平均创新产出水平高于低水平产业集聚组，但是二者之间的差距从2002年开始逐渐缩小；1998—2003年创新企业所占比重逐渐下降，2003年以后创新企业所占比重不断提高，并且高水平产业集聚组内有更多的企业参与创新。

再次，本章在理论分析和描述性统计分析的基础上，基于中国制造业微观企业数据，采用 Heckman 两步法选择模型实证检验产业集聚对企业创新的影响。基准回归结果表明：①产业集聚和企业创新产出之间呈显著的倒"U"形关系，而且中国制造业企业主要位于提高产业集聚水平有助于增加企业创新产出的阶段；②产业集聚和企业参与创新的积极性之间呈显著的"U"形关系，而中国制造业企业主要位于提高产业集聚水平会降低企业创新积极性的阶段。异质性检验结果表明：①随着产业集聚水平的提高，产业集聚会先提高劳动密集型和技术密集型企业创新产出后降低其创新产出；产业集聚对资本密集型企业创新产出没有显著的影响；产业集聚会先降低资源密集型企业的创新产出后提高其创新产出；产业集聚会先降低劳动密集型、资源密集型和技术密集型企业参与创新的积极性后提高其参与创新的积极性；产业集聚对资本密集型企业创新积极性的影响不显著。②随着产业集聚水平的提高，产业集聚有助于国有企业创新产出，产业集聚会先提高外资企业和私营企业的创新产出后降低其增加创新产出；产业集聚会降低国有企业参与创新的积极性，产业集聚对外资企业创新积极性的影响在统计上不显著，产业集聚会先降低私营企业创新积极性后提高其创新积极性。③随着产业集聚水平的提高，产业集聚会先提高东部地区和西部地区企业的创新产出后降低其创新产出；产业集聚对中部地区企业创新产出的影响不显著；产业集聚导致东部地区企业参与创新的积极性先下降后上升；产业集聚未对中部地区和西部地区企业参与创新的积极性产生显著的影响。稳健性检验结果表明：不论采用 Truncreg 模型还是 Heckman 模型，不论采用 1998—2007 年的样本观测值还是采用 1998—2010 年的样本观测值，产业集聚和企业创新产出之间均呈显著的倒"U"形关系，产业集聚和企业创新积极性之间均呈显著的"U"形关系，本章的实证检验结果具有稳健性。

最后，本章研究了专业化集聚和多样化集聚对企业创新的差异化影响。研究结果表明：①专业化集聚与企业创新产出之间呈显著的倒"U"形关系，而多样化集聚与企业创新产出之间呈显著的正相关关系，因此，多样化集聚更有助于增加企业创新产出。②专业化集聚对多数制造业企业参与创新的积极性产生抑制作用，而多样化集聚对多数制造业企业参与创新的积极性产生推动作用，因此，多样化集聚更有利于激励企业参与创新。总之，多样化集聚比专业化集聚更有利于中国制造业企业创新。

6

产业集聚与全要素生产率增长：资源配置视角的实证

矫正要素配置扭曲、实现资源最优配置是全要素生产率水平提高的另一主要来源。2015年12月，中央经济工作会议明确强调"加大结构性改革力度，矫正要素配置扭曲，扩大有效供给，提高供给结构的适用性和灵活性，提高全要素生产率"（陈诗一，2017）。国内外大量研究表明，消除资源错配、改善资源配置效率有助于提高全要素生产率（Hsien、Klenow，2009；Aoki，2012；Brandt等，2013；盖庆恩等，2015）。本章从全要素生产率增长来源入手，采用理论分析与实证检验相结合的方式，从资源配置的角度研究产业集聚对全要素生产率的影响。首先，分析了产业集聚对资源配置影响的理论机制。其次，对中国制造业的资源配置现状进行描述性统计分析。最后，在理论分析和描述性统计分析的基础上，结合中国制造业微观企业数据实证检验产业集聚对资源配置的影响效应。

6.1 产业集聚对资源配置影响的理论分析

6.1.1 产业集聚对资源配置的改善作用

企业通过在某一地理范围内集聚能够获得专业化的劳动力、中间投入品共享以及知识和信息溢出等外部规模经济效应（Marshall，1920）。Duranton和Puga（2004）进一步将集聚经济的微观机制总结为：共享、匹配和学习。陈旭等（2016）认为经济活动的空间集聚通过信息共享、技术溢出以及规模经济等外部经济效应能够提升资源配置效率。具体地：①信息共享。产业集聚有助于降低市场的信息不对称，引导要素资源由劣质企业转向优质企业，进而提高资源配置效率。盛丹和王永进（2013）对信贷市场的研究证明了这一点。②知识溢出。集聚区内不同的市场主体之间通过沟通交流和相互学习能够掌握更多的知识，而知识的产生、扩散和累积会影响要素资源的流动，进而影响资源配置。③规模经济。产业集聚带来的规模效应使资本和人才集聚，并不断扩大中心与外围腹地的经济范围，使技术水平不断提高，从而改善资源配置（季书涵等，2016）。产业集聚还会扩大本地劳动力市场，进而提高企业与劳动力之间的匹配度，从而有助于促进区域内要素的流动和合理配置（孙元元、张建清，2015）。④市场竞争。产业集聚所带来的市场竞争会降低低生产率企业的市场份额或迫使低生产率企业退出集聚区,使集聚地区的生产资源由低生产率企业流向高生产率企业,进而改善资源配置。王永进和张国峰(2016)对开发区的研究支持了这一点。综上所述,产业集聚所带来的信息共享、技术溢出、规模经济以及市场竞争对资源配置具有改善作用。

6.1.2 产业集聚对资源错配的加剧作用

产业集聚在改善资源配置的同时还会导致资源配置恶化,加剧资源错配。产业集聚加剧资源错配的可能原因如下:①政府干预。中国制造业的产业集聚在形成和发展过程中普遍受到政府干预的影响。地方政府为了完成政绩考核目标、追求 GDP 增长,通过提供财政补贴、税收优惠、融资借款等方式吸引企业入驻其管辖区。在政府不当干预的引导下,大量企业为了寻求"政策租"而形成虚假产业集聚。这种虚假产业集聚实质上是低水平的企业"扎堆",并不是在集聚外部性的引导下自发形成。这种低水平的企业"扎堆"会造成严重的产业同构、重复建设、资源浪费等问题(郑江淮等,2008;师博、沈坤荣,2013)。因此,在政府不当干预的引导下,集聚区内大量低生产率的"扎堆"企业得以生存,集聚区内生产资源被低生产率企业占有,导致高生产率企业被迫缩小市场份额或退出生产,进而导致资源错配。政府干预下的虚假产业集聚不仅不利于改善资源配置,还会加剧资源错配。②拥挤效应。为了获得集聚经济正的外部性或者"政策租"所带来的好处,企业更倾向于定位于集聚区或有政策优惠的地区。随着区域内企业数量的增加,产业过度集聚会带来拥挤效应(Brülhart、Mathys,2008;孙浦阳等,2013)。拥挤效应造成要素资源短缺、要素价格上涨,阻碍资源自由流动,进而导致资源错配。并且,企业之间为了争夺生产要素而进行的恶性竞争会进一步加剧资源错配。

6.1.3 产业集聚对资源配置的综合作用

从产业集聚的形成和发展过程来看,中国地方政府对经济集聚的不当干预普遍存在(李晓萍等,2015)。地方政府通过提供各种优惠政策进行招商引资，在地方政府不当干预的引导下，企业为了追求"政策租"而"扎堆"形成虚假产业集聚，这种虚假产业集聚会造成严重的资源浪费和资源错配。并且，随着低生产率的"扎堆"企业不断进入，虚假产业集聚水平不断提高，资源错配越严重。而且，政府干预下的虚假产业集聚发展速度很快，很容易产生拥挤效应（李晓萍等，2015）。因此，在产业集聚发展初期，随着产业集聚水平的提高，资源错配越严重。与此同时，随着产业集聚水平的提高，集聚区内企业数量的不断增加，企业之间会产生各种相互作用，进而集聚效应逐渐显现（郑江淮等，2008）。集聚效应可能通过信息共享、技术溢出、规模经济或市场竞争改善资源错配。又由于集聚效应具有空间根植性，随着产业集聚水平的提高，产业集聚对资源错配的改善作用会越来越大，企业面临的市场竞争也更加激烈。低水平的"扎堆"企业在"优胜劣汰"的市场环境中或者进行研发创新或者被迫退出市场，进而缓解了虚假产业集聚带来的资源错配问题。当产业集聚对资源错配的改善作用逐渐超过产业集聚加剧资源错配的作用时，提高产业集聚水平有助于改善资源错配。

总之，当产业集聚水平较低时，提高产业集聚水平会加剧资源错配，而当产业集聚水平较高时，提高产业集聚水平有助于改善资源错配，产业集聚和资源错配之间呈非线性关系。

6.2 模型设计、变量选取和数据说明

6.2.1 模型设计

产业集聚不仅有助于改善资源错配，还可能加剧资源错配，产业集聚和资源错配之间可能存在非线性关系。因此，在计量模型中加入产业集聚的二次项，具体模型设定如下：

$$MA_{it} = \beta_0 + \beta_1 EG_{it} + \beta_2 EG_{it}^2 + \beta_3 Z_{it} + \lambda_t + \eta_i + \varepsilon_{it} \quad （式6-1）$$

$$Z_{it} = \alpha_0 + \alpha_1 size_{it} + \alpha_2 sunk_{it} + \alpha_3 fix_{it} + \alpha_4 state_{it} + \alpha_5 foreign_{it} + \mu_{it} \quad （式6-2）$$

其中，下标 i 代表行业，下标 t 代表时间，MA 代表资源错配，分别采用行业内企业全要素生产率的标准差（MA^1）和四分位差（MA^2）衡量资源错配，EG 代表产业集聚，Z 为控制变量，β_0 为截距项，λ 为时间固定效应，η

为行业固定效应，ε 为随机扰动项。控制变量包括企业规模（size）、沉没成本（sunk）、固定成本（fix）、国家所有（state）、外资所有（foreign），$α_0$ 为截距项，μ 为随机扰动项。

考虑到集聚具有"滚雪球"特性（Marshall，1920）和滞后性（孙浦阳等，2013），即越来越多的企业愿意集聚在一起以分享集聚外部性所带来的好处。位于集聚区的企业面临的产业集聚水平会越来越高，因此，当期产业集聚水平和滞后期产业集聚水平可能存在显著差异，进而对资源错配产生不同的影响。将产业集聚的一期滞后项（l. EG）加入计量模型，以检验滞后一期的产业集聚对资源配置的影响效应。此外，还将资源错配的一期滞后项（l. MA）加入计量模型，以控制前一期其他因素的影响。最终构建自回归分布滞后模型如下：

$$MA_{it} = β_0 MA_{it-1} + β_1 EG_{it} + β_2 EG_{it-1} + β_3 Z_{it} + η_i + ε_{it} \quad （式6-3）$$

$$Z_{it} = α_0 + α_1 size_{it} + α_2 sunk_{it} + α_3 fix_{it} + α_4 state_{it} + α_5 foreign_{it} + μ_{it} \quad （式6-4）$$

6.2.2 变量选取

（1）资源错配。

在完全竞争的市场环境下，企业具有相同的全要素生产率水平，资源配置达到最优。反之，在不完全竞争的市场条件下，或者经济受到外部冲击时，如政府补贴或税收优惠、行业进入与退出壁垒等，资源不能自由地从低生产率企业流向高生产率企业，高生产率企业因受到要素资源的限制被迫缩减产出或退出市场，低生产率企业在市场中生存下来，进而导致企业全要素生产率离散程度变大。因此，本章采用企业全要素生产率离散程度衡量资源错配，生产率离散程度越大表示资源错配越严重（聂辉华、贾瑞雪，2011）。

测算企业全要素生产率离散程度需要首先估算企业全要素生产率水平（TFP_{jt}）。本章采用 Olley 和 Pakes（1996）提出的 OP 半参数法估计中国制造业企业全要素生产率水平，因为 OP 法能够解决同时性偏误和样本选择偏误，从而得到更加精确的估计结果。关于 OP 法的介绍详见本书第3章。为了排除时间趋势和行业属性对企业全要素生产率离散程度的影响，本章首先对全要素生产率去除时间趋势，再进行标准化处理（蒋为、张龙鹏，2015），最后采用行业内生产率离散程度衡量该行业的资源错配程度。行业生产率离散程度通常采用行业内企业全要素生产率的标准差（MA^1）以及四分位差（MA^2）衡量，即：

$$MA_{it}^1 = sd(TFP_{jt}) \tag{式6-5}$$

$$MA_{it}^2 = TFP_{jt}^{75} - TFP_{jt}^{25} \tag{式6-6}$$

（2）产业集聚。

由于 EG 指数充分考虑了企业规模、区域差异等因素对产业集聚程度的影响，且 EG 指数能够区分产业集聚是随机形成的还是由于集聚外部性和自然优势等因素形成的，一定程度上弥补了其他指数的不足，在产业集聚领域被广泛使用。因此，本章采用 Ellison 和 Glaeser（1997）提出的 EG 指数衡量企业面临的产业集聚水平。EG 指数的测算公式如下：

$$EG_i = \frac{\sum_s (\omega_s - x_s)^2 - (1 - \sum_s x_s^2) \sum_j (e_{ij}/\sum_j e_{ij})^2}{(1 - \sum_s x_s^2)[1 - \sum_j (e_{ij}/\sum_j e_{ij})^2]} \tag{式6-7}$$

其中，j 表示企业，i 表示三位数行业，s 表示四位数地区，ω_s 表示行业 i 在地区 s 的就业人数占行业 i 全国就业人数的份额，x_s 表示地区 s 所有行业就业人数占全国所有行业就业人数的份额，e_{ij} 表示行业 i 中企业 j 的就业人数。EG_i 表示行业 i 的产业集聚指数，该指数越大，则产业集聚程度越高。

（3）控制变量。

资源错配除了受到产业集聚的影响以外，还会受到其他因素的影响，本章参照已有的研究成果，在计量模型中加入以下控制变量：①企业规模（size）。规模越大的企业越有可能以更低的价格获得生产要素，进而造成资源错配（盖庆恩等，2015）。本章以工业销售产值为基础（毛其淋、许家云，2015），采用行业内平均工业销售产值实际值的对数值衡量行业平均企业规模。②沉没成本（sunk）。沉没成本提高了企业进入和退出门槛，阻碍高生产率企业的进入以及低生产率企业的退出，导致要素资源被低生产率企业占有，提高资源错配程度。本章采用行业内资本存量和工业增加值之比衡量行业平均沉没成本（蒋为，2016）。③固定成本（fix）。提高固定成本能够阻止低生产率企业进入，提高行业生产率水平的临界值，降低生产率分布离散程度（蒋为，2016）。本章采用行业内企业管理费用占工业增加值的比重衡量行业平均固定成本（孙浦阳等，2013）。④所有制类型。由于中国国有企业面临着预算软约束，能够以更低的成本获得生产要素且国有企业缺乏市场竞争，因此，国有企业资源配置效率低。同国有企业相比，外资企业生产率水平较高,外资企业进入可能会扩大生产率离散度,但也会加剧国内市场竞争,导致低生产率企业退出市场,从而缩小生产率离散度(蒋为,2016)。本章参考杨汝岱(2015)的方法,将企业注册登记类型为110、141、143、151的企业定义为国有企业,将企业注册登记类型为300、310、320、330、340、200、210、220、230、240的企业定义为外资企业,对于企业注册登记类型为130、159、160的企业,根据国家资本金、港澳台资本金和外商资本金将这些企业分为国有企业、外资企业。最后结合蒋为(2016)的方法,采用行业内国有企业数量和行业内企业总数的比值衡量国有企业份额(state),采用行业内外资企业个数和行业内企业总数的比值衡量外资企业份额(foreign)。

6.2.3 数据说明

本章使用的数据源于中国国家统计局建立和维护的《中国工业企业数据库》,该数据库包含全部国有工业企业及规模以上非国有工业企业。虽然《中国工业企业数据库》样本量大、信息齐全,但是存在很多问题,如指标缺失、指标异常、匹配混乱等。因此,本章首先借鉴 Brandt 等(2012)的方法对1998—2007年[①]国有工业企业及规模以上非国有工业企业样本进行处理,然后借鉴聂辉华等(2012)、靳来群等(2015)等的方法进行样本筛选,最后对行业代码和地区代码进行转换和统一。具体处理过程见本书第3章。表6-1为1998—2007年核心变量的描述性统计结果。

表6-1　　核心变量的描述性统计结果

变量名	符号	观测值	均值	标准差	最小值	最大值
资源错配	MA^1	1579	0.9770	0.1070	0.3110	1.3990
资源错配	MA^2	1580	1.2330	0.1740	0.0000	2.1400
产业集聚	EG	1579	0.0164	0.0177	-0.0260	0.1390
企业规模	size	1580	11.020	0.7820	9.3560	15.330

---

① 由于2008年企业法人代码缺失,2008—2009年数据缺失严重,2010年数据质量较差,而且,从2011年开始,《中国工业企业数据库》"规模以上"统计口径发生了变化,更重要的是,2008—2013年缺少工业增加值、固定资产净值年平均余额、中间投入合计等关键变量,从而无法计算企业全要素生产率和资源错配水平。因此,本章主要以1998—2007年作为样本区间进行分析。

续表

变量名	符号	观测值	均值	标准差	最小值	最大值
沉没成本	sunk	1580	2.2300	3.3460	0.4620	66.140
固定成本	fix	1580	0.2010	0.0836	0.0489	0.7480
国有份额	state	1580	0.1300	0.1540	0.0000	1.0000
外商份额	foreign	1580	0.2360	0.1440	0.0000	0.7070

6.3 描述性统计分析

6.3.1 资源错配的时间趋势

为了分析中国制造业三位数行业内资源错配的时间趋势，本章分别测算了1998—2007年资源错配程度的年均值，测算结果如图6-1所示。图6-1左端纵坐标轴刻画的是全要素生产率的四分位距（MA^2），右端纵坐标轴刻画的是全要素生产率的标准差（MA^1）。图6-1表明，不论采用三位数行业内企业全要素生产率的标准差（MA^1）衡量资源错配还是采用行业内企业全要素生产率的四分位距（MA^2）衡量资源错配，在1998—2007年，中国制造业行业的资源错配程度呈先下降后上升的趋势。其中，1998—2001年资源错配程度整体呈下降趋势，表明资源配置不断得到改善，但是，2001—2007年资源错配程度整体呈上升趋势，表明中国制造业行业的资源配置不断恶化。究其原因，本章认为资源错配的"U"形时间趋势可能与中国2001年加入WTO、2002年开始的"国进民退"现象以及2003年成立的国务院国有资产监督管理委员会有关。2001年中国加入WTO，中国制造业行业的资源配置受到国际市场的冲击和影响。2002年中国开始出现"国进民退"现象，而国有企业的资源配置水平普遍较低。2003年中国成立国务院国有资产监督管理委员会，国务院国有资产监督管理委员会要求，中央企业只有进入行业前三名才能避免被淘汰，因此，中央企业开始不断地扩张、收购、兼并，进一步加剧"国进民退"（韩剑、郑秋玲，2014），进而使生产资源从民企流向国企，加剧资源错配。

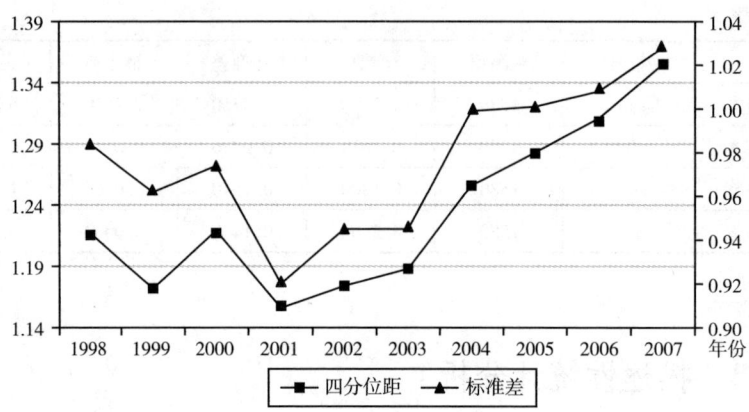

图 6-1 资源错配的时间趋势

6.3.2 不同产业集聚水平的资源错配

本章首先根据产业集聚水平的大小将中国三位数行业分类下的制造业进行分组。首先按照产业集聚水平的大小将中国三位数行业分类下的制造业进行排序,然后将所有样本进行三等分,将产业集聚水平的下三分位数行业($EG \leqslant p33$)称为低度集聚行业,将中三分位数行业($p33 < EG \leqslant p67$)称为中度集聚行业,将上三分位数行业($EG > p67$)称为高度集聚行业。本章分别测算了不同产业集聚水平分组下的行业资源错配年均值,测算结果如图6-2所示。图6-2左图为以三位数行业内企业全要素生产率的标准差(MA^1)为基础的测算结果,右图为以行业内企业全要素生产率的四分位距(MA^2)为基础的测算结果。

以图6-2左图为例。从时间趋势来看,不同产业集聚水平分组下的行业资源错配程度均呈先下降后上升的时间趋势,表明1998—2001年中国制造业的资源错配整体得到改善,而2001—2007年中国制造业的资源错配不断恶化。从资源错配程度来看,1999—2001年中国制造业内低度集聚行业和高度集聚行业的资源错配程度均高于中度集聚行业,但是2002—2007年中度集聚行业的资源错配程度逐渐高于低度集聚行业和高度集聚行业,表明在1998—2007年,相对于低度集聚行业和高度集聚行业,中度集聚行业的资源配置更加恶化。此外,相对于中国制造业全样本的资源错配程度,中度集聚行业的资源错配程度在1998—2003年低于中国制造业全样本的资源错配程度,但是在2003—2007年逐渐高于中国制造业全样本的资源错配程度,表明中度集聚行业的资源配置在不断恶化,而高度集聚行业的资源错配程度在1998—2001年高于中国制造业全样本的资源错配程度,但是在2002—2007年低于中国制造业全样本的资源错配程度,表明高度集聚行业的资源配置相对改善。低度集聚行业的资源错配程度没有明显的规律。综上所述,中度集聚行业的资源配置更加恶化,而高度集聚行业的资源配置相对得到改善。

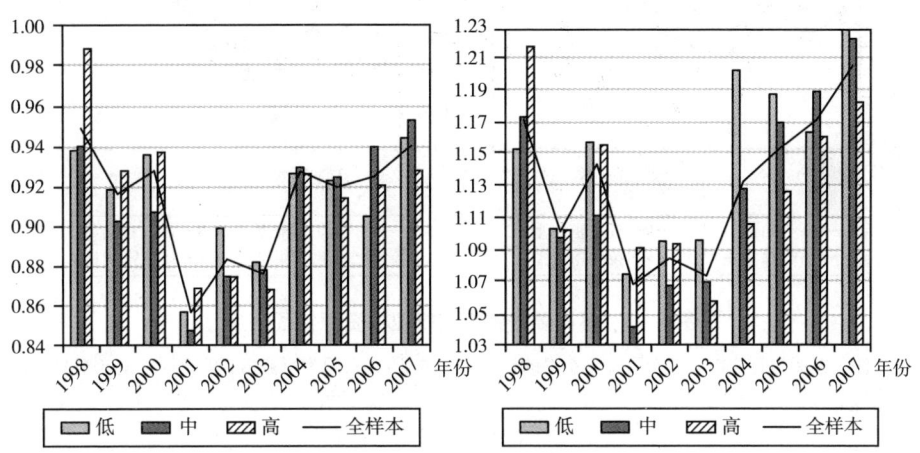

图6-2 不同产业集聚水平的资源错配程度

注：左图为行业内企业全要素生产率的标准差（MA^1）,右图为行业内企业全要素生产率的四分位距（MA^2）。

6.3.3 不同要素密集型行业的资源错配

本章首先根据沈能等（2014）的方法,按照要素投入密度将中国制造业分为劳动、资本、资源和技术密集型行业。1998—2007年共有1580个行业样本观测值,其中,有180个资本密集型行业,320个资源密集型行业,490个劳动密集型行业,590个技术密集型行业。不同要素密集型行业的资源错配程度及其时间趋势如图6-3所示。图6-3左图为以三位数行业内企业全要素生产率的标准差（MA^1）为基础的测算结果,右图为以三位数行业内企业全要素生产率的四分位距（MA^2）为基础的测算结果。从时间趋势来看,不同要素密集型行业的资源配置程度均在1998—2001年不断得到改善,但是在 2001—2007 年资源配置程度均不断恶化,这与中国制造业全部行业资源错配的时间趋势相一致。从不同要素密集型行业的资源错配程度来看,在 1998—2007 年,劳动密集型行业的平均资源错配程度最高,技术密集型行业次之,再次是资源密集型行业,资本密集型行业的资源错配程度最低。

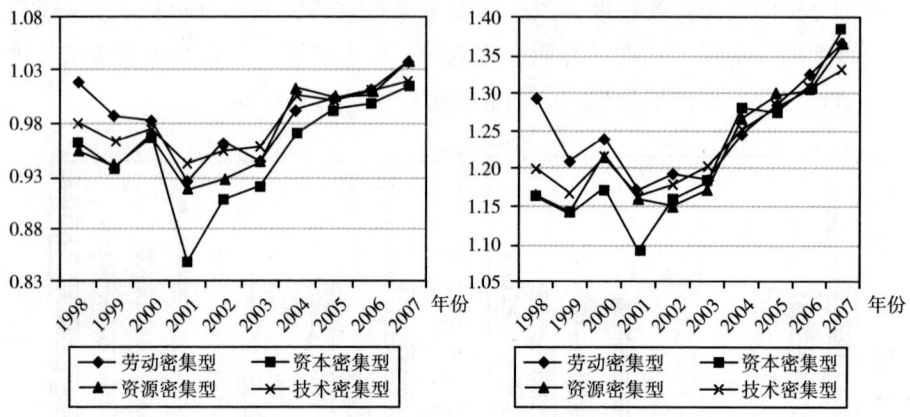

图 6-3 不同要素密集型行业的资源错配程度

注:左图为行业内企业全要素生产率的标准差(MA^1),右图为行业内企业全要素生产率的四分位距(MA^2)。

6.4 产业集聚对资源错配影响的实证检验

6.4.1 基准回归分析

为了检验产业集聚和资源错配之间是否存在非线性关系,本章采用面板双固定效应模型进行估计,因为双固定效应模型能够同时控制个体固定效应和时间固定效应,可以解决由不随个体变化或不随时间变化因素所带来的遗漏变量偏倚造成的内生性问题。表 6-2 为双固定效应模型的估计结果。本章分别以 MA^1 和 MA^2 衡量资源错配。模型(1)和模型(4)的回归结果表明,不论采用全要素生产率的标准差衡量资源错配还是采用全要素生产率的四分位差衡量资源错配,产业集聚和资源错配之间不存在显著的线性关系。表 6-2 其他模型为加入产业集聚二次项以后的回归结果。模型(2)和模型(5)的回归结果均显示,产业集聚和资源错配之间存在显著的倒

"U"形关系，表明当产业集聚水平较低时，提高产业集聚水平会导致资源配置恶化，而当产业集聚水平高于临界值以后，继续提高产业集聚水平有助于改善资源错配。模型（3）和模型（6）分别在模型（2）和模型（5）的基础上加入控制变量，回归结果显示，加入控制变量以后，产业集聚和资源错配之间依然呈显著的倒"U"形关系，表明实证检验结果具有稳健性。

表6-2中模型（3）的回归结果显示，中国制造业产业集聚和资源错配所呈现的倒"U"形曲线在拐点处所对应的产业集聚水平为0.0321。表明当产业集聚水平低于0.0321时，提高产业集聚水平会造成资源错配，但是当产业集聚水平高于0.0321时，提高产业集聚水平能够降低资源错配。然而，1998年中国制造业三位数行业分类下有88.61%的行业产业集聚水平小于拐点，2007年有83.54%的行业产业集聚水平小于拐点。模型（6）的回归结果表明，中国制造业产业集聚和资源错配所呈现的倒"U"形曲线在拐点处的产业集聚水平为0.0364，而1998年中国制造业三位数行业分类下有90.51%的行业产业集聚水平小于拐点，2007年有85.44%的行业产业集聚水平小于拐点。因此，1998—2007年，中国制造业主要位于倒"U"形曲线的左端，即多数中国制造业位于提高产业集聚水平会造成资源错配的阶段。这与中国制造业产业集聚水平普遍偏低以及政府不当干预下由企业"扎堆"形成的虚假产业集聚有关。未来中国应该着力提高制造业的产业集聚水平，并减少政府对企业区位选择的不当干预，政府应该为产业集聚提供一个良好的市场环境，使企业能够在集聚外部性的引导下自发形成产业集聚。

模型（3）和模型（6）中控制变量回归结果表明，行业内平均企业规模越大、行业沉没成本越高，该行业的资源错配越严重，而行业平均固定成本越高越有助于降低资源错配，上述控制变量的回归结果均与预期相一致。

表6-2 基准回归结果

	MA^1			MA^2		
	模型（1）	模型（2）	模型（3）	模型（4）	模型（5）	模型（6）
EG	-0.2793 (-0.5055)	1.7685** (2.1753)	1.4437** (2.0422)	-0.1788 (-0.1809)	3.1853** (2.0299)	2.8379** (2.0304)
EG^2		-26.5965*** (-4.1443)	-22.4532*** (-3.1499)		-43.6921*** (-3.3895)	-39.0337*** (-2.6561)

续表

	MA^1			MA^2		
	模型（1）	模型（2）	模型（3）	模型（4）	模型（5）	模型（6）
size			0.1319*** (6.7789)			0.2216*** (7.6078)
sunk			0.0039*** (3.9252)			0.0011 (1.2776)
fix			-0.4065*** (-3.2893)			-0.5503** (-2.0662)
state			0.0885 (1.4745)			0.1558 (1.3772)
foreign			0.0172 (0.1085)			0.2430 (0.9230)
常数项	0.9869*** (103.4732)	0.9721*** (93.1012)	-0.3637 (-1.5870)	1.2206*** (80.9993)	1.1963*** (65.1120)	-1.1186*** (-3.8683)
个体效应	控制	控制	控制	控制	控制	控制
时间效应	控制	控制	控制	控制	控制	控制
R^2	0.1919	0.2171	0.3548	0.2363	0.2587	0.3657
F	25.0594	25.3424	31.2294	21.8274	21.8077	27.5610
N	1579	1579	1579	1579	1579	1579

6.4.2 动态滞后性检验

本章分别采用面板最小二乘法（OLS）、固定效应模型（FE）和系统广义矩估计法（SYS-GMM）对计量模型（6-16）进行估计。由于OLS和FE估计法无法解决动态面板模型的内生性问题，估计结果会存在偏误，而SYS-GMM法能够有效解决动态模型的内生性问题，估计结果更加精确。因此，采用SYS-GMM法的估计结果进行分析。又由于两步SYS-GMM估计结果比一步SYS-GMM估计结果更加有效，但是两步SYS-GMM估计量的标准误下偏。因此，采用Windmeijer（2005）提出的标准误对两步SYS-GMM估计量的标准误进行修正。SYS-GMM法成立的前提是扰动项无自相关和不存在过度识别问题，表6-3中模型（3）和模型（6）的

AR（2）检验接受原假设，表明扰动项无自相关假设成立，Sargan 检验结果表明模型不存在过度识别问题，因此模型设定正确。此外，由于 OLS 法估计的自回归系数偏高，FE 法估计的自回归系数偏低，若 SYS – GMM 法估计的自回归系数位于二者之间，说明 SYS – GMM 法得到的估计结果是可信的（孙浦阳等，2013）。采用两步 SYS – GMM 法估计的资源错配变量的一期滞后项（l. MA）的系数正好位于 OLS 法和 FE 法估计的系数之间。因此，采用两步 SYS – GMM 估计法得到的结果是可信的。

表 6 – 3 中模型（3）为采用企业全要素生产率的标准差衡量资源错配的估计结果。模型（3）的自回归系数显著为正，表明若前一期资源错配程度提高 1%，当期资源错配程度提高 0.2397%。此外，当期产业集聚和滞后期产业集聚对资源错配的影响存在明显差异，当期产业集聚水平提高 1%，资源错配程度提高 3.9998%，当期产业集聚和资源错配之间存在显著的正相关关系，而滞后期产业集聚水平提高 1%，资源错配程度降低 2.8272%，滞后期产业集聚和资源错配之间存在显著的负相关关系。模型（6）为采用企业全要素生产率的四分位差衡量资源错配的估计结果，回归结果同样表明当期产业集聚会加剧资源错配，而滞后期产业集聚有助于降低资源错配。总之，产业集聚对资源错配的改善作用存在显著的滞后性。

由于中国制造业产业集聚水平偏低以及地方政府对经济集聚干预的普遍存在，产业集聚会先加剧资源错配，在回归结果中表现为当期产业集聚和资源错配呈正相关关系。又因为产业集聚具有"滚雪球"特性，越来越多的企业选择集聚在一起以分享集聚带来的好处，随着产业集聚水平的提高，产业集聚对资源错配的改善作用越大。而且，产业集聚的竞争效应会迫使低效率的"扎堆"企业退出市场，一定程度上缓解了虚假产业集聚带来的资源错配问题。因此，滞后期产业集聚有助于改善资源错配。总之，随着产业集聚水平的提高，产业集聚会先加剧资源错配后降低资源错配，产业集聚对资源错配的改善作用存在显著的滞后性。该结论和表 6 – 2 中模型（3）得到的产业集聚与资源错配之间存在倒"U"形关系的结论在本质上具有一致性，即当产业集聚水平较低时，提高产业集聚水平会加剧资源错配，而当产业集聚水平高于某一临界值以后，继续提高产业集聚水平有助于改善资源错配。

表6-3 动态滞后性检验结果

	MA^1			MA^2		
	OLS	FE	SYS-GMM	OLS	FE	SYS-GMM
	模型(1)	模型(2)	模型(3)	模型(4)	模型(5)	模型(6)
L.MA	0.6020*** (15.8927)	0.1807*** (2.8202)	0.2397*** (3.8099)	0.5573*** (11.2231)	0.1779*** (3.1038)	0.2532*** (3.3755)
EG	0.596 (1.0287)	0.7449* (1.6959)	3.9998*** (3.5522)	0.8404 (1.006)	1.235 (1.3932)	3.8484*** (2.6443)
L.EG	-0.9252 (-1.5731)	-1.2880*** (-2.9231)	-2.8272*** (-2.9584)	-1.3856* (-1.6805)	-1.2627 (-1.4045)	-4.1706*** (-2.8338)
size	0.0251*** (7.6782)	0.0861*** (5.0424)	0.0146 (1.065)	0.0536*** (8.0877)	0.1858*** (7.9791)	0.0963*** (4.4775)
sunk	0.0028*** (3.2725)	0.0041*** (3.9302)	0.0134*** (2.718)	-0.0007 (-0.9921)	0.0012 (1.5791)	0.0151** (2.0087)
fix	-0.0908** (-2.2603)	-0.5141*** (-3.2598)	-0.5769** (-2.3396)	-0.1741** (-2.4387)	-0.8111*** (-3.0526)	-0.9871** (-2.2916)
state	-0.1010*** (-4.7556)	0.1381** (2.6015)	-0.0957 (-0.8451)	-0.1510*** (-3.7235)	0.2581** (2.3036)	-0.146 (-0.9738)
foreign	-0.0209 (-1.1438)	-0.0851 (-0.6518)	-0.1221 (-0.9627)	-0.0639** (-2.1219)	0.0012 (0.0049)	0.0288 (0.1109)
常数项	0.1468*** (3.7534)	-0.0487 (-0.2032)	0.6825*** (3.2154)	0.039 (0.616)	-0.9115*** (-2.8545)	0.0325 (0.1014)
R^2	0.5496	0.3291		0.5144	0.3638	
F	116.7683	44.5968		131.6838	42.0404	
N	1420	1420	1420	1420	1420	1420
AR(2)检验P值			0.9896			0.4238
Sargan检验P值			0.2120			0.1819

注：两步系统GMM估计采用稳健标准误。下同。

6.4.3 行业异质性检验

由于产业集聚对资源错配的影响与产业集聚水平有关，而不同要素密集型行业的产业集聚水平存在明显差异。如图4-5所示，资本密集型行业和资源密集型行业的产业集聚水平较低,而劳动密集型行业和技术密集型行业的产业集聚水平较高。而且,不同行业的要素投入结构和研发创新能力等方面均不同。因此,有必要从行业异质性的角度分析产业集聚对资源配置的差异化影响。产业集聚对资源错配影响的行业异质性检验结果如表6-4和表6-5所示。

表6-4中模型(1)和模型(3)的回归结果表明,资本密集型行业的产业集聚和资源错配之间不存在显著的正相关关系。模型(2)的回归结果表明,资本密集型行业的产业集聚和资源错配之间呈显著的倒"U"形关系,而且倒"U"形曲线在拐点处所对应的产业集聚水平为0.0333。当资本密集型行业的产业集聚水平低于0.0333时,提高产业集聚水平会加剧资源错配,而当产业集聚水平高于0.0333时,继续提高产业集聚水平有助于降低资本密集型行业的资源错配。然而,在1998年有83.33%的资本密集型行业的产业集聚水平小于拐点,2007年有94.44%的资本密集型行业的产业集聚水平小于拐点。模型(4)的回归结果表明,资本密集型行业的产业集聚和资源错配之间呈显著的倒"U"形关系,拐点处对应的产业集聚水平为0.0345。在1998年有83.33%的资本密集型行业的产业集聚水平小于拐点,2007年所有资本密集型行业的产业集聚水平均小于拐点。总之,资本密集型行业主要处于提高产业集聚水平会造成资源错配的阶段。模型(5)的回归结果表明,资源密集型行业的产业集聚和资源错配在10%的水平上呈显著的正相关关系。资源密集型行业的产业集聚水平每提高1%,资源错配程度提高1.5468%,提高产业集聚水平会加剧资源密集型行业资源错配。模型(7)的回归结果也表明产业集聚和资源密集型行业资源错配之间呈正相关关系,但是在统计上不显著。模型(6)和模型(8)的回归结果表明,资源密集型行业的产业集聚和资源错配之间不存在显著的非线性关系。

表6-5中模型(1)和模型(3)的回归结果表明,劳动密集型行业的产业集聚水平和资源错配之间不存在显著的线性关系。模型(2)表明劳动密集型行业的产业集聚和资源错配之间呈倒"U"形关系,但是在统计上也不显著。而模型(4)表明劳动密集型行业的产业集聚和资源错配之间在10%的显著水平上呈倒"U"形关系,且拐点为0.0478。当劳动密集型行业产业集聚水平低于0.0478时,提高产业集聚水平会导致资源错配,当产业集聚水平高于拐点0.0478时,提高产业集聚水平会改善资源错配。而1998年有95.92%的劳动密集型行业的产业集聚水平小于拐点,2007年有91.84%的

表 6-4　行业异质性检验结果：资本密集型和资源密集型行业

	资本密集型行业				资源密集型行业			
	MA¹		MA²		MA¹		MA²	
	模型（1）	模型（2）	模型（3）	模型（4）	模型（5）	模型（6）	模型（7）	模型（8）
EG	1.2148 (0.9864)	5.2350*** (4.6806)	1.5829 (0.6260)	6.0963* (2.0857)	1.5468* (1.7812)	0.7055 (0.4582)	1.8212 (1.2946)	-0.6231 (-0.2150)
EG²		-78.6632*** (-4.7956)		-88.3156*** (-3.2619)		20.2477 (0.5977)		58.8276 (1.0485)
常数项	-0.7366 (-1.3138)	-0.7679 (-1.6455)	-1.2385 (-1.4721)	-1.2737 (-1.5527)	-0.5553** (-2.8368)	-0.5945*** (-3.1636)	-1.4203*** (-3.4660)	-1.5342*** (-3.2470)
控制变量	控制	控制	控制	控制	控制	控制	控制	控制
个体效应	控制	控制	控制	控制	控制	控制	控制	控制
时间效应	控制	控制	控制	控制	控制	控制	控制	控制
R^2	0.5729	0.6236	0.4603	0.4787	0.5941	0.5954	0.5464	0.5497
F	810.5041	220.8598	85.3082	484.2422	106.2099	105.5940	53.9767	67.0425
N	180	180	180	180	320	320	320	320

表6-5 行业异质性检验结果：劳动密集型和技术密集型行业

| | 劳动密集型行业 | | | | 技术密集型行业 | | | |
| | MA^1 | | MA^2 | | MA^1 | | MA^2 | |
	模型(1)	模型(2)	模型(3)	模型(4)	模型(5)	模型(6)	模型(7)	模型(8)
EG	0.4087 (0.6389)	1.1222 (0.8327)	2.2209 (1.2682)	7.5173* (1.8250)	-1.4115*** (-2.7088)	0.1735 (0.2133)	-2.1556** (-2.6491)	-0.0668 (-0.0726)
EG^2		-10.6031 (-0.8457)		-78.7036* (-1.7369)		-15.6835** (-2.0345)		-20.6676* (-1.8777)
常数项	-0.2590 (-0.9506)	-0.2507 (-0.9151)	-1.0644* (-1.7668)	-1.0033* (-1.7120)	-0.1454 (-0.3395)	-0.1846 (-0.4685)	-0.6783 (-1.0786)	-0.7300 (-1.2238)
控制变量	控制	控制	控制	控制	控制	控制	控制	控制
个体效应	控制	控制	控制	控制	控制	控制	控制	控制
时间效应	控制	控制	控制	控制	控制	控制	控制	控制
R^2	0.3167	0.3184	0.3232	0.3544	0.3584	0.3759	0.4034	0.4151
F	23.1312	22.1317	19.5133	15.7991	19.3554	17.6069	16.9416	15.9045
N	490	490	490	490	589	589	589	589

劳动密集型行业的产业集聚水平小于拐点。因此，劳动密集型行业主要位于提高产业集聚水平会造成资源错配的阶段。模型（5）和模型（7）的回归结果表明，技术密集型行业的产业集聚水平和资源错配之间呈显著的负相关关系。以模型（5）的回归结果为例，技术密集型行业的产业集聚水平每提高1%，资源错配程度降低1.4115%。模型（6）和模型（8）的回归结果表明，产业集聚和技术密集型行业的资源错配之间存在显著的倒"U"形关系，但是由于产业集聚的一次项系数不显著，本章不讨论该模型的拐点。综上所述，本章认为提高技术密集型行业的产业集聚水平有助于降低资源错配。

综上所述，按照要素投入密度将中国制造业分为资本密集型行业、资源密集型行业、劳动密集型行业和技术密集型行业，不同要素密集型行业的产业集聚和资源错配之间的关系存在显著差异。资本密集型行业、资源密集型行业、劳动密集型行业主要位于提高产业集聚水平导致资源配置恶化的阶段，而技术密集型行业主要位于提高产业集聚水平有助于降低资源错配的阶段。

6.4.4 影响渠道检验

上述实证检验结果表明，产业集聚和中国制造业资源错配之间呈显著的倒"U"形关系，产业集聚既有可能改善资源错配，又有可能加剧资源错配。在上述研究结果的基础上进一步深入挖掘产业集聚改善或加剧资源错配的渠道。本章借鉴路江涌和陶志刚（2007）、何玉梅等（2012）的方法，采用行业新产品产值占行业总产值的比重表示技术溢出（tcs）；采用行业平均从业人数衡量规模经济（sca）；采用赫芬达尔指数测算市场竞争程度（mc）；采用行业应交增值税占工业销售产值的比重衡量政府干预（gov）。考虑到数据可得性和指标适用性问题，本章在影响渠道检验过程中没有考虑信息溢出变量，但这并不影响本章的主要结论。本章在实证检验过程中分别引入技术溢出与产业集聚的交互项（tcs_eg）、规模经济与产业集聚的交互项（sca_eg）、市场竞争与产业集聚的交互项（mc_eg）以及政府干预与产业集聚的交互项（gov_eg），分别用于分析产业集聚所带来的技术溢出、规模经济、市场竞争以及政府干预下的虚假产业集聚对资源配置的影响效应。上述指标均为以1998年为基期采用工业生产者出厂价格指数平减后的实际值。产业集聚对资源错配影响渠道的实证检验结果如表6-6所示。

表 6-6　　　　　　　　　影响渠道检验结果

	全样本	低水平集聚	高水平集聚
	模型（1）	模型（2）	模型（3）
tcs_eg	-1.7007 (-0.9885)	-30.7382** (-2.0670)	1.1449 (0.9948)
sca_eg	-0.0013* (-1.8114)	-0.0063** (-2.3174)	-0.0024*** (-3.4527)
mc_eg	-7.8309 (-0.6040)	17.7901 (0.6046)	-67.9130*** (-3.3464)
gov_eg	74.2974*** (3.1665)	99.6846* (1.8463)	92.0673*** (5.2275)
EG	-0.4007 (-0.3613)	1.0164 (0.3070)	0.4615 (0.4010)
EG^2	-10.3491 (-1.5411)	-42.1419 (-0.3932)	-14.0091** (-2.3091)
常数项	-0.5503*** (-2.6132)	-0.5742** (-2.1064)	-0.4289 (-1.5119)
控制变量	控制	控制	控制
个体效应	控制	控制	控制
时间效应	控制	控制	控制
R^2	0.3992	0.4051	0.4358
F	32.2374	46.7766	25.5047
N	1579	1048	531

注：实证检验过程中控制了技术溢出、规模经济、市场竞争和政府干预。

模型（1）的回归结果显示，技术溢出、规模经济、市场竞争与产业集聚交互项的系数估计值均为负，但是技术溢出、市场竞争与产业集聚的交互项系数估计值不显著，规模经济和产业集聚的交互项系数估计值在7.2%的水平上显著为负。因此，产业集聚带来的规模经济有助于改善资源错配。考虑到产业集聚对资源错配的影响效应与产业集聚水平有关，本章按照产业集聚水平的大小，将产业集聚水平低于均值的行业称为低水平产业集聚组，将产业集聚水平高于均值的行业称为高水平产业集聚组，分样本检验产业集聚对资源错配的影响渠道。模型（2）为低水平产业集聚组的回归结果，模型（3）为高水平产业集聚组的回归结果。模型（2）和模型（3）的回归结果表明，当产业集聚水平较低时，产业集聚主要通过知识溢出和规模经济改善资源错配，当产业集聚水平较高时，产业集聚主要通过规模经济和市场竞争改善资源错配。此外，模型（1）—模型（3）的回归结果均表明，政府干预和产业集聚的交互项系数估计值显著为正，表明政府干预下由企业"扎推"形成的虚假产业集聚会导致资源配置恶化。综上所述，中国制造业行业的产业集聚既有可能改善资源错配又有可能造成资源配置恶化，产业集聚和资源错配之间存在非线性关系。

6.4.5 内生性检验

双固定效应模型虽然能够有效解决遗漏不随个体变化或不随时间变化因素所带来的内生性问题，但是不能有效解决逆向因果关系造成的内生性问题。对于模型可能存在的逆向因果关系带来的内生性问题，本章分别采用三种不同的方法予以解决。首先，将产业集聚指数滞后一期，并采用双固定效应模型进行估计。其次，将产业集聚指数的一期滞后项作为工具变量，采用两阶段面板固定效应模型进行估计。这是因为，一方面，滞后一期的产业集聚与当期产业集聚相关；另一方面，滞后一期的解释变量属于前定变量，从当期的角度看，其取值已经固定，不受当期冲击的影响，外生于当期扰动项，可以在一定程度上克服内生性问题（张翊等，2015；白俊红、卞元超，2016；陈旭等，2016）。最后，采用系统广义矩估计法对模型进行估计。内生性检验结果如表6-7所示。

模型（1）和模型（2）为双固定效应模型的估计结果。回归结果显示，产业集聚的二次项系数估计值显著为负，表明产业集聚和资源错配之间呈显著的倒"U"形关系。模型（3）和模型（4）为两阶段面板固定效应模型的估计结果。其中，识别不足检验的 Kleibergen - Paap rk LM 统计量的 P 值为 0.00，表明不存在识别不足问题。弱工具变量检验的 Kleibergen - Paap rk Wald F 统计量大于10%水平上的偏误值为7.03，因此，拒绝存在弱工具变量的原假设。又由于工具变量的个数等于内生解释变量的个数，因此，不存在过度识别问题。本章所关注的产业集聚二次项系数估计值显著为负，表明产业集聚和资源错配之间呈显著的倒"U"形关系。模型（5）和模型（6）为系统广义矩估计法的估计结果。其中，AR（2）检验的P值大于0.1，AR（2）检验接受原假设，扰动项无自相关假设成立。同时，Sargan检验的P值大于0.1，因此，接受所有工具变量均有效的原假设，表明模型不存在过度识别问题。系统广义矩估计法的回归结果同样表明，产业集聚和资源错配之间呈显著的倒"U"形关系。

综上所述，三种不同方法的回归结果均表明，产业集聚和资源错配之间呈显著的倒"U"形关系，并且估计结果具有稳健性。因此，当产业集聚水平低于临界值时，提高产业集聚水平会加剧资源错配，而当产业集聚水平高于临界值以后，继续提高产业集聚水平有助于改善资源错配。上述三种方法所得到的结论与基准模型得到的结论是一致的，因此，基准模型不存在严重的内生性问题。

表6-7　　　　　　　　　　内生性检验结果

	双固定效应模型		两阶段面板固定效应		系统广义矩估计法	
	MA^1	MA^2	MA^1	MA^2	MA^1	MA^2
	模型（1）	模型（2）	模型（3）	模型（4）	模型（5）	模型（6）
L.MA^1					0.2580*** (2.9602)	
L.MA^2						0.1930** (2.2175)
EG	0.4519 (0.6944)	0.9389 (0.6589)	0.4716 (0.5104)	1.6245 (0.8931)	1.6257 (1.3928)	3.4876* (1.8047)
EG^2	-18.0303** (-2.5050)	-22.8497* (-1.8304)	-23.4048*** (-2.8539)	-32.2898** (-2.5149)	-26.0229** (-2.2842)	-56.9264** (-2.4504)
常数项	-0.3351 (-1.2633)	-1.0545** (-2.6073)			0.3663 (1.5946)	0.1171 (0.2855)
控制变量	控制	控制	控制	控制	控制	控制
个体效应	控制	控制	控制	控制	控制	控制
时间效应	控制	控制	控制	控制	控制	控制
R^2	0.4113	0.3888	0.3987	0.4100		
F	31.4172	31.9250	48.2584	50.9689		
N	1420	1421	1420	1421	1420	1421

续表

	双固定效应模型		两阶段面板固定效应		系统广义矩估计法	
	MA^1	MA^2	MA^1	MA^2	MA^1	MA^2
	模型（1）	模型（2）	模型（3）	模型（4）	模型（5）	模型（6）
Kleibergen-Paap rk LM 统计量			86.9220	86.9220		
Kleibergen-Paap rk Wald F 统计量			77.3990	77.3990		
AR（2）检验 P 值					0.3828	0.3864
Sargan 检验 P 值					0.1809	0.3106

6.5 本章小结

降低资源配置扭曲、改善资源配置效率是全要素生产率水平提高的另一主要来源。因此，本章采用理论分析和实证检验相结合的方式研究了产业集聚对中国制造业资源配置的影响效应。首先，分析探讨了产业集聚对资源配置的影响机理；其次，基于1998—2007年《中国工业企业数据库》，从企业层面微观数据构建了产业集聚指数和资源错配指数，并对中国制造业的产业集聚水平和资源错配程度进行了描述性统计分析；最后，在理论分析和描述性统计分析的基础上实证检验了中国制造业产业集聚对资源错配的影响效应。

首先，在理论机制分析中，本章认为产业集聚带来的信息共享、知识溢出、规模经济和市场竞争有助于降低资源错配。具体地：①信息共享，产业集聚有助于降低市场的信息不对称，引导要素资源由劣质企业转向优质企业，进而提高资源配置效率。②知识溢出，集聚区内不同的市场主体之间通过沟通交流和相互学习能够掌握更多的知识，而知识的产生、扩散和累积会影响要素资源的流动，进而影响资源配置。③规模经济，产业集聚带来的规模效应使资本和人才集聚，并不断扩大中心与外围腹地的经济范围，不断提高技术水平，从而改善资源配置。产业集聚还会扩大本地劳动力市场，进而提高企业与劳动力之间的匹配效率，从而有助于促进区域内要素资源的自由流动和合理配置。④市场竞争，产业集聚所带来的市场竞争会降低低生产率企业的市场份额或迫使低生产率企业退出集聚区，使集聚地区的生产资源由低生产率企业流向高生产率企业，进而改善资源配置。但是，地方政府不当干预下形成的虚假产业集聚和产业过度集聚带来的拥挤效应会加剧资源错配。①虚假产业集聚，中国制造业的产业集聚在形成和发展过程中普遍受到政府干预的影响，在地方政府不当干预的引导下，大量企业为了寻求"政策租"而形成虚假产业集聚，虚假产业集聚会造成严重的产业同构、重复建设、资源浪费等问题，虚假产业集聚导致集聚区内生产资源被低生产率企业占有，而高生产率企业被迫缩小市场份额或退出生产，进而导致资源错配。②拥挤效应，产业过度集聚带来的拥挤效应会造成要素资源短缺、要素价格上涨，阻碍资源自由流动，进而导致资源错配，并且企业之间为了争夺生产要素而进行的恶性竞争会进一步加剧资源错配。总之，产业集聚和资源错配之间可能存在非线性关系。

其次，对中国制造业的资源错配程度进行描述性统计分析。研究结果显示：①在1998—2007年，中国制造业的资源配置呈先改善后恶化的趋势，其中，1998—2001年中国制造业的资源配置不断得到改善，但是2001—2007年中国制造业的资源配置不断恶化。②在1998—2007年，相对于中国制造业全样本的资源错配程度，中度集聚行业的资源配置在不断恶化，而高度集聚行业的资源配置相对改善。此外，相对于低度集聚行业和高度集聚行业，中度集聚行业的资源配置更加恶化。③从不同要素密集型行业的资源错配程度来看，劳动密集型行业的资源错配程度最高，技术密集型行业的资源错配程度较高，资源密集型行业的资源错配程度较低，资本密集型行业的资源错配程度最低。

最后，在理论分析和描述性统计分析的基础上，本章进一步对产业集聚和资源错配之间的关系进行实证检验。实证检验结果表明：①产业集聚和资源错配之间存在显著的倒"U"形关系。当产业集聚水平小于拐点时，提高产业集聚水平会加剧资源错配；而当产业集聚水平大于拐点以后，提高中国制造业的产业集聚水平有助于改善资源错配，而且，在1998—2007年中国制造业主要位于提高产业集聚水平会加剧资源错配的阶段。②由于产业集聚具有"滚雪球"特性，越来越多的企业愿意集聚在一起以分享集聚带来的好处，虽然当期产业集聚会加剧资源错配，但是滞后一期的产业集聚有助于降低资源错配。因此，产业集聚对资源配置的改善作用存在显著的滞后性。③产业集聚对资源错配的影响存在显著的行业异质性。资本密集型行业、资源密集型行业和劳动密集型行业主要面临着提高产业集聚水平会加剧资源错配，而技术密集型行业产业集聚水平的提高有助于降低资源错配。④当产业集聚水平较低时，产业集聚主要通过知识溢出和规模经济改善资源配置，而当产业集聚水平较高时，产业集聚主要通过规模经济和市场竞争改善资源配置，但是不论产业集聚水平的高低，政府干预下的虚假产业集聚均会加剧资源错配。⑤对于模型可能存在的内生性问题，本章分别采用三种不同的方法予以解决，一是将产业集聚指数滞后一期，并采用双固定效应模型进行估计，二是将产业集聚指数的一期滞后项作为工具变量，采用两阶段面板固定效应模型进行估计，三是采用系统广义矩估计法进行估计。三种方法的检验结果均与基准模型得到的结论相一致，表明基准模型不存在严重的内生性问题。

7

研究结论、政策启示与研究展望

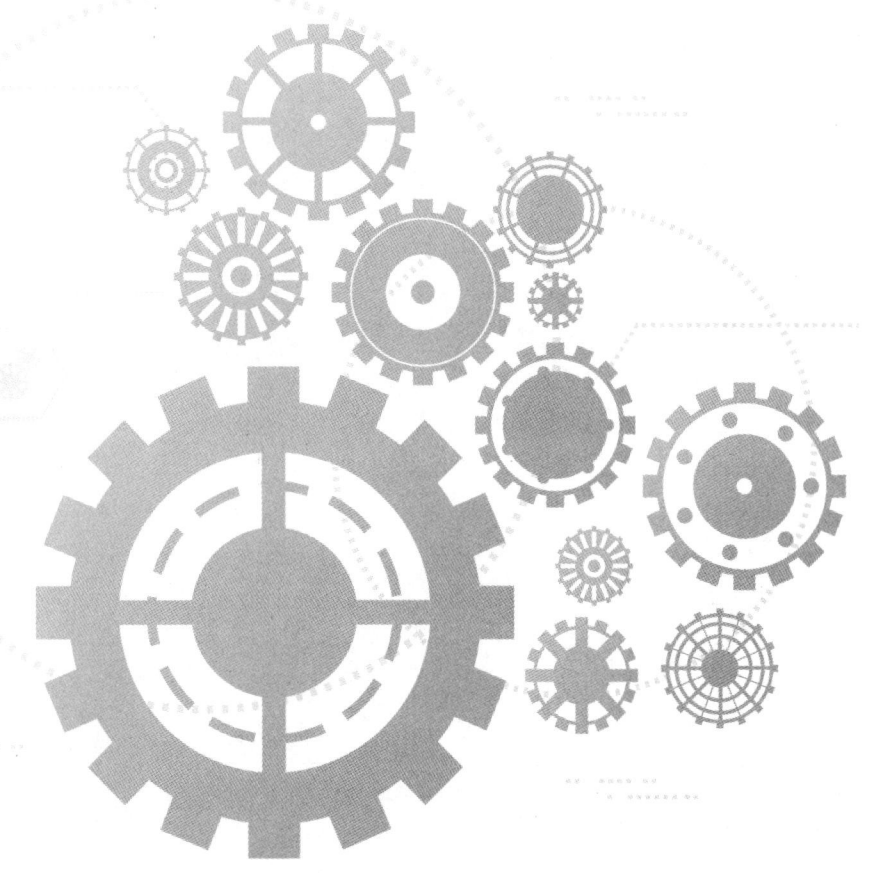

7.1 研究结论

传统要素投入型的经济发展模式在推动中国经济高速增长的同时也造成资源短缺和环境污染等问题。因此,实现中国经济的健康可持续发展需要由要素投入型的经济发展模式转向全要素生产率驱动型,全要素生产率水平的提高成为中国经济增长的新动力。而作为一种重要的空间经济发展方式,产业集聚是全要素生产率水平提升的重要影响因素。此外,全要素生产率增长主要来源于技术创新水平的提高和资源配置效率的改善。因此,本书采用生产率分解法探讨了不同产业集聚水平上的技术创新和资源配置对行业生产率增长的差异化贡献,并在此基础上进一步采用理论分析与实证检验相结合的方式,研究了产业集聚对全要素生产率的影响以及产业集聚对全要素生产率增长来源的影响,即产业集聚对技术创新和资源配置的影响。本书的主要研究结论如下:

(1)第3章首先对产业集聚和全要素生产率的测算方法以及加总生产率增长的分解方法进行总结、比较和评价,然后选择合适的方法基于中国制造业微观企业数据,测算中国制造业的产业集聚水平和全要素生产率水平,并对行业加总生产率增长进行分解。主要得到以下研究结论:①在1998—2007年,中国制造业的产业集聚水平整体偏低,但是产业集聚水平在不断提高;产业集聚水平较高的行业主要分布在技术密集型行业中,而产业集聚水平较低的行业主要分布在劳动和资源密集型行业中。②在1998—2007年,中国制造业的加权平均生产率水平在不断提高;高产业集聚水平和低产业集聚水平的企业加权平均生产率水平均呈递增趋势,并且高产业集聚水平企业的加权平均生产率水平高于低产业集聚水平企业,中产业集聚水平企业的加权平均生产率水平具有较大的波动;加权平均生产率水平较高的行业主要分布在技术密集型行业中,而加权平均生产率水平较低的行业主要分布在资本、劳动和资源密集型行业中。③技术创新和资源配置是中国制造业加总生产率增长的主要来源,并且技术创新对加总生产率增长的贡献大于资源配置的贡献;低产业集聚水平企业的加总生产率增长主要源于技术创新,其次是资源配置;中产业集聚水平企业的加总生产率增长主要源于技术创新,而资源配置在

1998—2002年有利于行业加总生产率水平的提高,但是2003—2007年对行业加总生产率增长的贡献为负;高产业集聚水平企业的加总生产率增长主要源于资源配置,最后是技术创新。

(2) 第4章研究了产业集聚对中国制造业全要素生产率的影响。认为产业集聚主要通过集聚效应、选择效应和成本效应影响全要素生产率,在理论分析的基础上,对产业集聚和全要素生产率的关系进行初步统计分析,并基于中国制造业微观企业数据对产业集聚和全要素生产率的关系进行实证检验。得到的主要研究结论有:①线性拟合图的统计结果显示,产业集聚和中国制造业行业平均生产率之间呈正相关关系。②核密度图法和分位数识别法的统计结果显示,中国制造业的产业集聚主要通过集聚效应而非选择效应提高行业平均生产率,并且集聚效应的作用大于成本效应;集聚效应、选择效应和成本效应在不同年份、不同要素密集型行业内对全要素生产率分布的影响是不同的。③双固定效应模型的实证检验结果显示,产业集聚和行业平均生产率之间呈显著的倒"U"形关系。④产业集聚有利于劳动密集型行业提高平均生产率水平,产业集聚对资源密集型行业平均生产率的影响在统计上不显著,产业集聚会导致资本密集型行业和技术密集型行业平均生产率水平下降。⑤专业化集聚不利于中国制造业平均生产率水平的提升,而多样化集聚有助于提高行业平均生产率。

(3) 第5章从企业技术创新的角度研究产业集聚对中国制造业全要素生产率的影响。技术创新水平的提高是全要素生产率增长的主要来源之一,而企业是技术创新的微观主体。因此,第5章从企业创新的角度,研究产业集聚对全要素生产率的影响。首先详细梳理了产业集聚对企业创新的影响机理,然后通过初步统计分析揭示企业创新在不同要素密集型、不同所有制类型、不同地区以及不同产业集聚水平上的差异,最后基于中国制造业微观企业数据,采用Heckman两步法选择模型,实证检验产业集聚对企业创新的影响效应。得到的主要研究结论有:①不同要素密集型、不同所有制类型、不同地区和不同产业集聚水平的企业平均创新产出和创新企业所占比重均存在明显差异。②产业集聚和企业创新产出之间呈显著的倒"U"形关系,并且中国制造业企业主要位于提高产业集聚水平有助于增加企业创新产出的阶段;产业集聚和企业参与创新的积极性之间呈显著的"U"形关系,并且中国制造业企业主要位于提高产业集聚水平会降低企业创新积极性的阶段。③产业集聚对企业创新产出和企业创新积极性的影响在不同要素密集型、不同所有制类型、不同地区的企业之间存在显著差异。④多样化集聚比专业化集聚更有利于中国制造业企业创新。

（4）第6章从资源配置的角度研究产业集聚对中国制造业全要素生产率的影响。资源配置效率的改善是全要素生产率增长的另一主要来源。因此，第6章从资源配置的角度，研究产业集聚对全要素生产率的影响。首先分析探讨了产业集聚对资源配置的影响机理，其次对中国制造业的资源错配程度进行描述性统计分析，最后实证检验了产业集聚对中国制造业资源错配的影响效应。主要研究结论如下：①在1998—2007年中国制造业的资源配置呈先改善后恶化的趋势；相对于中国制造业全样本的资源错配程度，中度集聚行业的资源配置在不断恶化，而高度集聚行业的资源配置在不断改善；劳动密集型行业的平均资源错配程度最高，其次是技术密集型行业，再次是资源密集型行业，资本密集型行业的资源错配程度最低。②产业集聚和资源错配之间存在显著的倒"U"形关系，且中国制造业主要位于提高产业集聚水平会加剧资源错配的阶段。③产业集聚对资源错配的改善作用存在显著的滞后性。④资本密集型行业、资源密集型行业和劳动密集型行业主要位于提高产业集聚水平会加剧资源错配的阶段，而提高技术密集型行业的产业集聚水平有助于降低资源错配。⑤当产业集聚水平较低时，产业集聚主要通过知识溢出和规模经济改善资源错配，当产业集聚水平较高时，产业集聚主要通过规模经济和市场竞争改善资源错配，而不论产业集聚水平的高低，政府干预下的虚假产业集聚均会加剧资源错配。

7.2 政策启示

（1）提高产业集聚水平，最大限度地发挥产业集聚的积极作用。产业集聚能够为企业创新提供良好的外部发展环境，能够通过市场竞争等渠道改善资源配置效率，能够有效促进全要素生产率增长。然而，中国制造业的产业集聚水平普遍较低，一定程度上限制了产业集聚对企业创新、资源配置以及全要素生产率的正向促进作用。因此，应该提高中国制造业的产业集聚水平，最大限度地发挥产业集聚对全要素生产率提升的积极作用。要注重培育产业集聚的市场力量，发挥市场的基础性作用。要注重加强对专利和知识产权的保护力度，完善知识产权保护制度，健全与知识产权相关的法律法规，消除企业之间模仿性的技术复制，鼓励企业自主创新。要推动企业之间合作交流，为企业之间面对面交流创造有利的发展环境。要打破要素资源在不同部门、不同地区之间自由流动的障碍，降低不同地区之间的运输成本和市场分割，鼓励生产资源自由流动，生产要素资源的自由流动有利于知识溢出，改善资源配置，促进产业结构升级。要加大对科技教育、研发投入、人力资本、基础设施和信息化建设等领域的投资，完善产业集聚区的服务配套设施建设和交通基础设施建设，促进知识、技术和人力资源的自由流动，最大限度地发挥产业集聚的外溢效应，为产业集聚提供更多的便利条件，提高产业集聚水平，扩大产业集聚范围，为集聚经济的形成提供重要的外部环境。

（2）推进产业有序转移，尽可能降低拥挤效应带来的损失。虽然产业集聚对全要素生产率的提升具有重要的推动作用，但是，过度集聚带来的拥挤效应会造成交通拥挤、资源紧缺、成本上升等问题，进而不利于全要素生产率的提升。因此，应该尽可能降低拥挤效应带来的负面影响。针对产业过度集聚问题，应该因势利导，注重产业结构升级，实施产业转移政策，对重点产业布局进行重新调整。政府应该注重完善基础设施建设，扩大信息、教育、运输等方面的公共服务投入和基础设施建设，使产业政策和公共服务均等化。应该推动企业或产业由中心地区向外围地区或中小城市转移，使集聚区在不同区域之间平衡分布。要鼓励低技术行业向外围转移，为中心地区高技术行业的发展提供充足的发展空间和良好的发展环境。对于外围地区，要完善相关产业的配套设施建设，扩大基础设施建设投资，为产业转移提供良好的条件，做好产业转移的准备。此外，产业过度集聚还会带来企业之间的过度竞争，因此，要构建科学、透明、有序的市场竞争机制，降低市场竞争程度，避免企业之间过度竞争。

（3）减少政府不当干预，最大限度地发挥市场的基础性作用。中国制造业的产业集聚在形成和发展过程中普遍受到政府干预的影响。地方政府为了满足政绩考核目标或追求GDP增长，往往容易忽略本地的比较优势和产业发展布局，而盲目地通过各种优惠政策吸引企业入驻管辖区。在政府干预的影响下，企业为了追求"政策租"而"扎堆"形成虚假产业集聚，这种虚假产业集聚不仅不具有集聚效应还会带来拥挤效应。因此，应该减少政府对市场的不当干预，鼓励企业在市场机制的作用下自发形成产业集聚。应该对地方政府官员的绩效考核制度进行改革，减少地方政府滥用优惠政策以"政策租"吸引企业入驻管辖区的政策发展模式，避免出现低效率的企业"扎推"。应该转变政府职能，地方政府应该更加注重优化产业发展布局，对产业发展进行合理规划，推动产业改造升级，减少地方保护主义，注重产业基础设施建设，为产业集聚外溢效应的发生创造条件，补齐产业集聚发展过程中存在的短板。政府应该结合本地的要素资源禀赋和产业发展状况制定产业发展政策，合理引导企业进入，加强区域之间的相互联系，为产业集聚的形成和发展提供良好的外部发展环境，使市场的基础作用能够更好地发挥。

（4）"因地制宜"地制定产业发展政策。由于多样化集聚比专业化集聚更加有利于促进中国制造业的企业创新和推动中国制造业全要素生产率增长，因此，应该更加注重培育产业多样化，鼓励相关联的企业形成多样化产业集聚。由于不同行业的产业集聚水平、要素投入结构和研发创新能力等方面存在明显差异，产业集聚对企业创新、资源配置以及全要素生产率的影响存在显著的行业异质性。因此，应该根据行业自身的特点"因地制宜"地制定相应的产业发展政策，避免"一刀切"。

7.3 研究展望

全要素生产率水平的提高是中国经济健康可持续发展的关键动力。本书从产业集聚的角度研究了产业集聚对全要素生产率的影响效应，并从全要素生产率增长来源入手，分别测算了技术创新和资源配置对加总生产率增长的贡献，检验了产业集聚对技术创新和资源配置的影响。虽然本书关于产业集聚对全要素生产率的影响效应进行了深入的研究，但是仍然存在诸多问题有待今后进一步深入探讨。

（1）由于《中国工业企业数据库》样本量大、信息齐全，其产出约占中国工业总产值的95%，因此，本书基于中国制造业微观企业数据测算中国制造业企业全要素生产率水平。虽然《中国工业企业数据库》更新到了2013年，但是，2008年以后的工业增加值、中间投入品、固定资产净值年平均余额等变量缺失，限制了本书研究的样本期间。本书主要研究了1998—2007年产业集聚对中国制造业全要素生产率水平的影响，深入挖掘了产业集聚对全要素生产率的影响渠道，具有一定的研究价值和研究意义。但是，自2008年金融危机以来，中国经济发生了巨大的变化，在新的经济发展环境下，产业集聚对全要素生产率会产生怎样的影响仍值得持续关注和深入研究。

（2）中国制造业企业普遍存在"大量进入和快速衰亡"的特征，异质性企业的进入退出行为会影响到企业创新和资源配置，进而影响行业平均生产率。本书在第3章分别测算了企业进入和企业退出对行业加总生产率增长的贡献份额，但是并没有分别研究产业集聚对企业进入和企业退出行为的影响效应。一方面，产业集聚能够吸引高生产率企业进入集聚区；另一方面，产业集聚带来的激烈竞争会迫使低生产率企业退出集聚区，高生产率企业的进入和低生产率企业的退出导致集聚区具有更高的生产率。因此，产业集聚通过企业进入退出影响行业加总生产率增长的问题将成为今后进一步研究的方向。

（3）中国制造业内僵尸企业的存在拉低了整个行业的生产率水平，僵尸企业的存在不利于中国经济的健康可持续发展，提高全要素生产率需要有效淘汰产能落后的僵尸企业。中国制造业的产业集聚是在市场机制和政府干预的共同作用下形成的，那么，市场机制和政府干预共同作用下形成的产业集聚是否能够有效淘汰僵尸企业进而提高行业平均生产率水平有待于进一步研究。

（4）本书主要研究产业集聚对全要素生产率以及全要素生产率增长两大来源的影响效应，然而，产业集聚对全要素生产率的影响还可能受到环境规制、出口贸易、产业政策和政府行为等因素的影响。此外，本书主要研究企业集聚的生产率效应，还有待于进一步从要素集聚的角度探讨资本要素集聚和劳动要素集聚对全要素生产率增长的差异化影响。

参 考 文 献

[1] 白重恩,张琼.中国生产率估计及其波动分解[J].世界经济,2015(12):3-28.

[2] 白俊红,江可申,李婧.中国地区研发创新的相对效率与全要素生产率增长分解[J].数量经济技术经济研究,2009(3):139-151.

[3] 白俊红,王钺,蒋伏心,等.研发要素流动、空间知识溢出与经济增长[J].经济研究,2017(7):109-123.

[4] 白俊红,卞元超.要素市场扭曲与中国创新生产的效率损失[J].中国工业经济,2016(11):39-55.

[5] 薄文广.外部性与产业增长——来自中国省级面板数据的研究[J].中国工业经济,2007(1):37-44.

[6] 蔡昉.中国经济增长如何转向全要素生产率驱动型[J].中国社会科学,2013(1):56-71.

[7] 陈斌开,金箫,欧阳涤非.住房价格、资源错配与中国工业企业生产率[J].世界经济,2015(4):77-98.

[8] 陈丰龙,徐康宁.本土市场规模与中国制造业全要素生产率[J].中国工业经济,2012(5):44-56.

[9] 陈建军,张兴平,丁正源.长三角区域经济一体化和创新中心的创出[J].上海经济研究,2007(4):56-66.

[10] 陈良文,杨开忠,沈体雁,等.经济集聚密度与劳动生产率差异——基于北京市微观数据的实证研究[J].经济学(季刊),2008,8(1):99-114.

[11] 陈强远,钱学锋,李敬子.中国大城市的企业生产率溢价之谜[J].经济研究,2016(3):110-122.

[12] 陈诗一.资源误配、经济增长绩效与企业市场进入:国有与非国

有部门的二元视角 [J]. 学术月刊, 2017 (1): 42-56.

[13] 陈旭, 邱斌, 刘修岩. 空间集聚与企业出口: 基于中国工业企业数据的经验研究 [J]. 世界经济, 2016 (8): 94-117.

[14] 陈训波. 资源配置、全要素生产率与农业经济增长愿景 [J]. 改革, 2012 (8): 82-90.

[15] 陈艳莹, 王二龙. 要素市场扭曲、双重抑制与中国生产性服务业全要素生产率: 基于中介效应模型的实证研究 [J]. 南开经济研究, 2013 (5): 71-82.

[16] 程惠芳, 陈超. 开放经济下知识资本与全要素生产率——国际经验与中国启示 [J]. 经济研究, 2017 (10): 21-36.

[17] 程惠芳, 陆嘉俊. 知识资本对工业企业全要素生产率影响的实证分析 [J]. 经济研究, 2014 (5): 174-187.

[18] 戴魁早, 刘友金. 要素市场扭曲如何影响创新绩效 [J]. 世界经济, 2016 (11): 54-79.

[19] 董晓芳, 袁燕. 企业创新、生命周期与聚集经济 [J]. 经济学(季刊), 2014, 13 (2): 767-792.

[20] 杜威剑, 李梦洁. 产业集聚会促进企业产品创新吗?——基于中国工业企业数据库的实证研究 [J]. 产业经济研究, 2015 (4): 1-9.

[21] 范剑勇. 产业集聚与地区间劳动生产率差异 [J]. 经济研究, 2006 (11): 72-81.

[22] 范剑勇, 赵沫, 冯猛. 进入退出与制造业企业生产率变迁 [J]. 浙江社会科学, 2013 (4): 27-35.

[23] 范剑勇, 冯猛, 李方文. 产业集聚与企业全要素生产率 [J]. 世界经济, 2014 (5): 51-73.

[24] 盖庆恩, 朱喜, 程名望, 等. 要素市场扭曲、垄断势力与全要素生产率 [J]. 经济研究, 2015 (5): 61-75.

[25] 龚关, 胡关亮. 中国制造业资源配置效率与全要素生产率 [J]. 经济研究, 2013 (4): 4-15.

[26] 韩峰, 王琢卓, 阳立高. 生产性服务业集聚、空间技术溢出效应与经济增长 [J]. 产业经济研究, 2014 (2): 1-10.

[27] 韩剑, 郑秋玲. 政府干预如何导致地区资源错配——基于行业内

和行业间错配的分解 [J]. 中国工业经济, 2014 (11): 69-81.

[28] 何玉梅, 刘修岩, 李锐. 基于连续距离的制造业空间集聚演变及其驱动因素研究 [J]. 财经研究, 2012 (10): 36-46.

[29] 贺灿飞, 潘峰华. 中国制造业地理集聚的成因与趋势 [J]. 南方经济, 2011 (6): 38-52.

[30] 贺京同, 何蕾. 要素配置、生产率与经济增长——基于全行业视角的实证研究 [J]. 产业经济研究, 2016 (3): 11-20.

[31] 胡彬, 万道侠. 产业集聚如何影响制造业企业的技术创新模式——兼论企业"创新惰性"的形成原因 [J]. 财经研究, 2017 (11): 30-43.

[32] 胡翠, 谢世清. 中国制造业企业集聚的行业间垂直溢出效应研究 [J]. 世界经济, 2014 (9): 77-94.

[33] 季书涵, 朱英明, 张鑫. 产业集聚对资源错配的改善效果研究 [J]. 中国工业经济, 2016 (6): 73-90.

[34] 简泽. 市场扭曲、跨企业的资源配置与制造业部门的生产率 [J]. 中国工业经济, 2011 (1): 58-68.

[35] 简泽. 企业间的生产率差异、资源配置与制造业部门的生产率 [J]. 管理世界, 2011 (5): 11-23.

[36] 蒋殿春, 王晓娆. 中国 R&D 结构对生产率影响的比较分析 [J]. 南开经济研究, 2015 (2): 59-73.

[37] 蒋冠宏, 蒋殿春, 蒋昕桐. 我国技术研发型外向 FDI 的"生产率效应"——来自工业企业的证据 [J]. 管理世界, 2013 (9): 44-54.

[38] 蒋为. 增值税扭曲、生产率分布与资源误置 [J]. 世界经济, 2016 (5): 54-77.

[39] 蒋为, 张龙鹏. 补贴差异化的资源误置效应——基于生产率分布视角 [J]. 中国工业经济, 2015 (2): 31-43.

[40] 靳来群, 林金忠, 丁诗诗. 行政垄断对所有制差异所致资源错配的影响 [J]. 中国工业经济, 2015 (4): 31-43.

[41] 黎文靖, 郑曼妮. 实质性创新还是策略性创新?——宏观产业政策对微观企业创新的影响 [J]. 经济研究, 2016 (4): 60-73.

[42] 李兵, 岳云嵩, 陈婷. 出口与企业自主技术创新: 来自企业专利数据的经验研究 [J]. 世界经济, 2016 (12): 72-94.

[43] 李春顶. 中国企业"出口-生产率悖论"研究综述 [J]. 世界经济, 2015 (5): 148-175.

[44] 李春顶, 赵美英. 出口贸易是否提高了我国企业的生产率?——基于中国2007年制造业企业数据的检验 [J]. 财经研究, 2010 (4): 14-24.

[45] 李静, 彭飞, 毛德凤. 研发投入对企业全要素生产率的溢出效应——基于中国工业企业微观数据的实证分析 [J]. 经济评论, 2013 (3): 77-86.

[46] 李君华. 学习效应、拥挤性、地区的分工和集聚 [J]. 经济学 (季刊), 2009, 8 (3): 787-812.

[47] 李坤望, 蒋为. 市场进入与经济增长——以中国制造业为例的实证研究 [J]. 经济研究, 2015 (5): 48-60.

[48] 李鲁, 王磊, 邓芳芳. 要素市场扭曲与企业间生产率差异: 理论及实证 [J]. 财经研究, 2016 (9): 110-120.

[49] 李明, 冯强, 王明喜. 财政资金误配与企业生产效率——兼论财政支出的有效性 [J]. 管理世界, 2016 (5): 32-45.

[50] 李平. 提升全要素生产率的路径及影响因素——增长核算与前沿面分解视角的梳理分析 [J]. 管理世界, 2016 (9): 1-11.

[51] 李晓萍, 李平, 吕大国, 等. 经济集聚、选择效应与企业生产率 [J]. 管理世界, 2015 (4): 25-37.

[52] 梁琦, 李晓萍, 简泽. 异质性企业的空间选择与地区生产率差距研究 [J]. 统计研究, 2013 (6): 51-57.

[53] 梁琦, 陈强远, 王如玉. 异质性企业区位选择研究评述 [J]. 经济学动态, 2016 (4): 126-139.

[54] 梁琦, 詹亦军. 产业集聚、技术进步和产业升级: 来自长三角的证据 [J]. 产业经济评论, 2005, 4 (2): 50-69.

[55] 林毅夫, 任若恩. 东亚经济增长模式相关争论的再探讨 [J]. 经济研究, 2007 (8): 4-12.

[56] 刘海洋, 刘玉海, 袁鹏. 集群地区生产率优势的来源识别: 集聚效应抑或选择效应? [J]. 经济学 (季刊), 2015 (3): 1073-1092.

[57] 刘啟仁, 黄建忠. 产品创新如何影响企业加成率 [J]. 世界经济, 2016 (11): 28-53.

[58] 刘世锦, 刘培林, 何建武. 我国未来生产率提升潜力与经济增长前景 [J]. 管理世界, 2015 (3): 1-5.

[59] 刘修岩. 集聚经济与劳动生产率: 基于中国城市面板数据的实证研究 [J]. 数量经济技术经济研究, 2009 (7): 109-119.

[60] 刘修岩. 空间效率与区域平衡: 对中国省级层面集聚效应的检验 [J]. 世界经济, 2014 (1): 55-80.

[61] 刘修岩, 贺小海. 市场潜能、人口密度与非农劳动生产率——来自中国地级面板数据的证据 [J]. 南方经济, 2007 (11): 26-36.

[62] 柳剑平, 程时雄. 中国 R&D 投入对生产率增长的技术溢出效应——基于工业行业 (1993~2006 年) 的实证研究 [J]. 数量经济技术经济研究, 2011 (11): 34-50.

[63] 龙小宁, 林志帆. 中国制造业企业的研发创新: 基本事实、常见误区与合适计量方法讨论 [J]. 中国经济问题, 2018 (2): 114-135.

[64] 鲁晓东, 连玉君. 中国工业企业全要素生产率估计: 1999—2007 [J]. 经济学 (季刊), 2012, 11 (2): 541-558.

[65] 陆铭, 冯皓. 集聚与减排: 城市规模差距影响工业污染强度的经验研究 [J]. 世界经济, 2014 (7): 86-114.

[66] 路江涌, 陶志刚. 中国制造业区域聚集及国际比较 [J]. 经济研究, 2006 (3): 103-114.

[67] 路江涌, 陶志刚. 我国制造业区域集聚程度决定因素的研究 [J]. 经济学 (季刊), 2007, 6 (3): 801-816.

[68] 罗德明, 李晔, 史晋川. 要素市场扭曲、资源错置与生产率 [J]. 经济研究, 2012 (3): 4-14.

[69] 毛其淋, 斌盛. 对外经济开放、区域市场整合与全要素生产率 [J]. 经济学 (季刊), 2011, 11 (1): 182-210.

[70] 毛其淋, 盛斌. 中国制造业企业的进入退出与生产率动态演化 [J]. 经济研究, 2013 (4): 16-29.

[71] 毛其淋, 许家云. 中间品贸易自由化、制度环境与生产率演化 [J]. 世界经济, 2015 (9): 80-106.

[72] 毛其淋, 许家云. 政府补贴、异质性与企业风险承担 [J]. 经济学 (季刊), 2016 (4): 1533-1562.

[73] 茅锐. 产业集聚和企业的融资约束 [J]. 管理世界, 2015 (2): 58-71.

[74] 聂辉华, 江艇, 杨汝岱. 中国工业企业数据库的使用现状和潜在问题 [J]. 世界经济, 2012 (5): 142-158.

[75] 聂辉华, 贾瑞雪. 中国制造业企业生产率与资源误置 [J]. 世界经济, 2011 (7): 27-42.

[76] 彭向, 蒋传海. 产业集聚、知识溢出与地区创新——基于中国工业行业的实证检验 [J]. 经济学 (季刊), 2011, 10 (3): 913-934.

[77] 钱学锋, 黄玖立, 黄云湖. 地方政府对集聚租征税了吗?——基于中国地级市企业微观数据的经验研究 [J]. 管理世界, 2012 (2): 19-29.

[78] 钱学锋, 陈勇兵. 国际分散化生产导致了集聚吗: 基于中国省级动态面板数据GMM方法 [J]. 世界经济, 2009 (12): 27-39.

[79] 秦炳涛, 席小炎, 郑义. 中国能源消费与全要素生产率动态分解: 2000-2010 [J]. 当代财经, 2016 (2): 25-32.

[80] 曲玥. 中国工业企业的生产率差异和配置效率损失 [J]. 世界经济, 2016 (12): 121-142.

[81] 邵朝对, 苏丹妮, 邓宏图. 房价、土地财政与城市集聚特征: 中国式城市发展之路 [J]. 管理世界, 2016 (2): 19-31.

[82] 邵宜航, 李泽扬. 空间集聚、企业动态与经济增长: 基于中国制造业的分析 [J]. 中国工业经济, 2017 (2): 5-23.

[83] 沈能, 赵增耀, 周晶晶. 生产要素拥挤与最优集聚度识别——行业异质性的视角 [J]. 中国工业经济, 2014 (5): 83-95.

[84] 盛丹, 王永进. 产业集聚、信贷资源配置效率与企业的融资成本——来自世界银行调查数据和中国工业企业数据的证据 [J]. 管理世界, 2013 (6): 85-98.

[85] 师博, 沈坤荣. 政府干预、经济集聚与能源效率 [J]. 管理世界, 2013 (10): 6-18.

[86] 宋凌云, 王贤彬. 重点产业政策、资源重置与产业生产率 [J]. 管理世界, 2013 (12): 63-77.

[87] 孙楚仁, 陈瑾. 企业生产率异质性是否会影响工业集聚 [J]. 世

界经济, 2017 (2): 52-77.

[88] 孙浦阳, 韩帅, 许启钦. 产业集聚对劳动生产率的动态影响 [J]. 世界经济, 2013 (3): 33-53.

[89] 孙浦阳, 蒋为, 张龑. 产品替代性与生产率分布——基于中国制造业企业数据的实证 [J]. 经济研究, 2013 (4): 30-42.

[90] 孙元元, 张建清. 中国制造业省际间资源配置效率演化: 二元边际的视角 [J]. 经济研究, 2015 (10): 89-103.

[91] 覃一冬. 空间集聚与中国省际经济增长的实证分析: 1991~2010年 [J]. 金融研究, 2013 (8): 123-135.

[92] 佟家栋, 刘竹青. 地理集聚与企业的出口抉择: 基于外资融资依赖角度的研究 [J]. 世界经济, 2014 (7): 67-85.

[93] 涂正革, 肖耿. 中国的工业生产力革命——用随机前沿生产模型对中国大中型工业企业全要素生产率增长的分解及分析 [J]. 经济研究, 2005 (3): 4-15.

[94] 王杰, 刘斌. 环境规制与企业全要素生产率——基于中国工业企业数据的经验分析 [J]. 中国工业经济, 2014 (3): 44-56.

[95] 王丽丽. 集聚、贸易开放与全要素生产率增长——基于中国制造业行业的门槛效应检验 [J]. 产业经济研究, 2012 (1): 26-34.

[96] 王良举, 陈甬军. 集聚的生产率效应——来自中国制造业企业的经验证据 [J]. 财经研究, 2013 (1): 49-60.

[97] 王林辉, 袁礼. 资本错配会诱发全要素生产率损失吗 [J]. 统计研究, 2014 (8): 11-18.

[98] 王芃, 武英涛. 能源产业市场扭曲与全要素生产率 [J]. 经济研究, 2014 (6): 142-155.

[99] 王文翌, 安同良. 产业集聚、创新与知识溢出——基于中国制造业上市公司的实证 [J]. 产业经济研究, 2014 (4): 22-29.

[100] 王燕, 徐妍. 中国制造业空间集聚对全要素生产率的影响机理研究——基于双门限回归模型的实证分析 [J]. 财经研究, 2012 (3): 135-144.

[101] 王永进, 张国峰. 人口集聚、沟通外部性与企业自主创新 [J]. 财贸经济, 2015 (5): 132-146.

[102] 王永进, 张国峰. 开发区生产率优势的来源：集聚效应还是选择效应？[J]. 经济研究, 2016 (7): 58-71.

[103] 王争, 郑京海, 史晋川. 中国地区工业生产绩效：结构差异、制度冲击及动态表现 [J]. 经济研究, 2006 (11): 48-59.

[104] 魏浩, 李翀, 赵春明. 中间品进口的来源地结构与中国企业生产率 [J]. 世界经济, 2017, 40 (6): 48-71.

[105] 文东伟, 冼国明. 中国制造业产业集聚的程度及其演变趋势：1998~2009 年 [J]. 世界经济, 2014 (3): 3-31.

[106] 吴利学, 叶素云, 傅晓霞. 中国制造业生产率提升的来源：企业成长还是市场更替？[J]. 管理世界, 2016 (6): 22-39.

[107] 吴三忙, 李善同. 专业化、多样化与产业增长关系——基于中国省级制造业面板数据的实证研究 [J]. 数量经济技术经济研究, 2011 (8): 21-34.

[108] 吴晓怡, 邵军. 经济集聚与制造业工资不平等：基于历史工具变量的研究 [J]. 世界经济, 2016 (4): 120-144.

[109] 吴延兵. R&D 与生产率——基于中国制造业的实证研究 [J]. 经济研究, 2006 (11): 60-71.

[110] 吴延兵. 自主研发、技术引进与生产率——基于中国地区工业的实证研究 [J]. 经济研究, 2008 (8): 51-64.

[111] 吴延兵, 米增渝. 创新、模仿与企业效率——来自制造业非国有企业的经验证据 [J]. 中国社会科学, 2011 (4): 77-94.

[112] 伍骏骞, 阮建青, 徐广彤. 经济集聚、经济距离与农民增收：直接影响与空间溢出效应 [J]. 经济学 (季刊), 2016 (1): 297-320.

[113] 夏良科. 人力资本与 R&D 如何影响全要素生产率——基于中国大中型工业企业的经验分析 [J]. 数量经济技术经济研究, 2010 (4): 78-94.

[114] 肖文, 王平. 外部规模经济、拥挤效应与城市发展：一个新经济地理学城市模型 [J]. 浙江大学学报 (人文社会科学版), 2011, 41 (2): 94-105.

[115] 谢小平, 汤萱, 傅元海. 高行政层级城市是否更有利于企业生产率的提升 [J]. 世界经济, 2017, 40 (6): 120-144.

[116] 许箫迪, 王子龙, 谭清美. 知识溢出效应测度的实证研究 [J]. 科研管理, 2007 (5): 76-86.

[117] 严兵. 效率增进、技术进步与全要素生产率增长——制造业内外资企业生产率比较 [J]. 数量经济技术经济研究, 2008 (11): 16-27.

[118] 杨汝岱. 中国制造业企业全要素生产率研究 [J]. 经济研究, 2015 (2): 61-74.

[119] 姚战琪. 生产率增长与要素再配置效应: 中国的经验研究 [J]. 经济研究, 2009 (11): 130-143.

[120] 易靖韬, 蒙双. 异质性企业出口、技术创新与生产率动态效应研究 [J]. 财贸经济, 2016 (12): 85-99.

[121] 余泳泽. 创新要素集聚、政府支持与科技创新效率——基于省域数据的空间面板计量分析 [J]. 经济评论, 2011 (2): 93-101.

[122] 余泳泽, 宣烨, 沈扬扬. 金融集聚对工业效率提升的空间外溢效应 [J]. 世界经济, 2013 (2): 93-116.

[123] 余泳泽, 张先轸. 要素禀赋、适宜性创新模式选择与全要素生产率提升 [J]. 管理世界, 2015 (9): 13-31.

[124] 余壮雄, 杨扬. 大城市的生产率优势: 集聚与选择 [J]. 世界经济, 2014 (10): 31-51.

[125] 袁海红, 张华, 曾洪勇. 产业集聚的测度及其动态变化——基于北京企业微观数据的研究 [J]. 中国工业经济, 2014 (9): 38-50.

[126] 袁志刚, 解栋栋. 中国劳动力错配对 TFP 的影响分析 [J]. 经济研究, 2011 (7): 4-17.

[127] 张国峰, 王永进, 李坤望. 产业集聚与企业出口: 基于社交与沟通外溢效应的考察 [J]. 世界经济, 2016 (2): 48-74.

[128] 张海峰, 姚先国. 经济集聚、外部性与企业劳动生产率——来自浙江省的证据 [J]. 管理世界, 2010 (12): 45-52.

[129] 张杰, 周晓艳, 李勇. 要素市场扭曲抑制了中国企业 R&D [J]. 经济研究, 2011 (8): 78-91.

[130] 张杰, 郑文平, 翟福昕. 竞争如何影响创新: 中国情景的新检验 [J]. 中国工业经济, 2014 (11): 56-68.

[131] 张天华, 张少华. 中国工业企业全要素生产率的稳健估计 [J].

世界经济,2016(4):44-69.

[132] 张昕,李廉水.制造业聚集、知识溢出与区域创新绩效——以我国医药、电子及通讯设备制造业为例的实证研究[J].数量经济技术经济研究,2007,24(8):35-43.

[133] 张璇,刘贝贝,汪婷,等.信贷寻租、融资约束与企业创新[J].经济研究,2017(5):161-174.

[134] 张勋,乔坤元.中国区域间经济互动的来源:知识溢出还是技术扩散?[J].经济学(季刊),2016(4):1629-1652.

[135] 张翊,陈雯,骆时雨.中间品进口对中国制造业全要素生产率的影响[J].世界经济,2015(9):107-129.

[136] 赵春雨,朱承亮,安树伟.生产率增长、要素重置与中国经济增长——基于分行业的经验研究[J].中国工业经济,2011(8):79-88.

[137] 赵伟,隋月红.集聚类型、劳动力市场特征与工资—生产率差异[J].经济研究,2015(6):33-45.

[138] 赵勇,白永秀.知识溢出:一个文献综述[J].经济研究,2009(1):144-156.

[139] 赵增耀,夏斌.市场潜能、地理溢出与工业集聚——基于非线性空间门槛效应的经验分析[J].中国工业经济,2012(11):71-83.

[140] 郑江淮,高彦彦,胡小文.企业"扎堆"、技术升级与经济绩效——开发区集聚效应的实证分析[J].经济研究,2008(5):33-46.

[141] 中国企业家调查系统.新常态下的企业创新:现状、问题与对策——2015·中国企业家成长与发展专题调查报告[J].管理世界,2015(6):22-33.

[142] 周圣强,朱卫平.产业集聚一定能带来经济效率吗:规模效应与拥挤效应[J].产业经济研究,2013(3):12-22.

[143] 朱军.技术吸收、政府推动与中国全要素生产率提升[J].中国工业经济,2017(1):1-20.

[144] 朱平芳,李磊.两种技术引进方式的直接效应研究——上海市大中型工业企业的微观实证[J].经济研究,2006(3):90-102.

[145] 朱喜,史清华,盖庆恩.要素配置扭曲与农业全要素生产率[J].经济研究,2011(5):86-98.

[146] 朱英明. 区域制造业规模经济、技术变化与全要素生产率——产业集聚的影响分析 [J]. 数量经济技术经济研究, 2009 (10): 3-18.

[147] 邹涛. 要素价格扭曲对中国工业产能过剩的影响研究 [D]. 大连: 东北财经大学, 2017.

[148] Aigner, D., Lovell, C. A. K., Schmidt, P., 1977, "Formation and Estimation of Stochastic Frontier Production Function Models", *Journal of Econometrics*, 6 (1): 21-37.

[149] Amiti, M., 1997, "Specialisation Patterns in Europe", *Center for Economic Performance Discussion Paper*, No. 363.

[150] Andersson, R., Quigley, J. M., Wilhelmsson, M., 2005, "Agglomeration and the Spatial Distribution of Creativity", *Papers in Regional Science*, 84 (3): 445-464.

[151] Aoki, S., 2012, "A Simple Accounting Framework for the Effect of Resource Misallocation on Aggregate Productivity", *Journal of the Japanese and International Economies*, 26 (4): 473-494.

[152] Arimoto, Y., Nakajima, K., Okazaki, T., 2014, "Sources of Productivity Improvement in Industrial Clusters: The Case of the Prewar Japanese Silk-Reeling Industry", *Regional Science and Urban Economics*, 46: 27-41.

[153] Audretsch, D. B., Feldman, M. P., 1996, "R&D Spillovers and the Geography of Innovation and Production", *American Economic Review*, 86 (3): 630-640.

[154] Audretsch, D. B., Feldman, M. P., 2004, "Knowledge Spillovers and the Geography of Innovation", *Handbook of Regional and Urban Economics*.

[155] Baily, M. N., Hulten, C., Campbell, D., 1992, "Productivity Dynamics in Manufacturing Plants", *Brooking Papers on Economic Activity: Microeconomics*, 4: 187-267.

[156] Baldwin, J. R., Gu, W., 2003, "Plant Turnover and Productivity Growth in Canadian Manufacturing", *Annalytical Studies Branch Research Paper Series*, No. 193.

[157] Baldwin, R. E., Okubo, T., 2006, "Heterogeneous Firms, Agglomeration and Economic Geography: Spatial Selection and Sorting", *Journal of*

Economic Geography, 6 (3): 323 -346.

[158] Banerjee, A. V., Duflo, E., 2005, "Growth Theory Through the Lens of Development Economics", Handbook of Economic Growth, 1 (5): 473 - 552.

[159] Banerjee, A. V., Moll, B., 2010, "Why Does Misallocation Persist?", American Economic Journal Macroeconomics, 2 (1): 189 -206.

[160] Baptista, R., Swann, P., 1998, "Do Firms in Clusters Innovate More?", Research Policy, 27 (5): 525 -540.

[161] Bartelsman, E., Haltiwanger, J. C., Scarpetta, S., 2013, "Cross - Country Differences in Productivity: The Role of Allocative Efficiency", American Economic Review, 103 (1): 305 -334.

[162] Beaudry, C., Schiffauerova, A., 2009, "Who's Right, Marshall or Jacobs? the Localization Versus Urbanization Debate", Research Policy, 38 (2): 318 -337.

[163] Behrens, K., Duranton, G., Nicoud, F. R., 2014, "Productive Cities: Sorting, Selection and Agglomeration", Journal of Political Economy, 122 (3): 507 -553.

[164] Behrens, K., Nicoud, F. R., 2013, "Survival of the Fittest in Cities: Urbanisation and Inequality", Economic Journal, 124 (581): 1371 - 1400.

[165] Bernstein, J. I., 2001, "Costs of Production, Intra - and Interindustry R&D Spillovers: Canadian Evidence", Canadian Journal of Economics, 21 (2): 324 -347.

[166] Berry, D. R., Glaeser, E. L., 2005, "The Divergence of Human Capital Levels Across Cities", Papers in Regional Science, 84 (3): 407 -444.

[167] Biesebroeck, J. V., 2005, "Exporting Raises Productivity in Sub - Saharan African Manufacturing Firms", Journal of International Economics, 67 (2): 373 -391.

[168] Blundell, R., Bond, S., 1998, "Initial Conditions and Moment Restrictions in Dynamic Panel Data Models", Journal of Econometrics, 87 (1): 115 -143.

[169] Brandt, L., Van Biesebroeck, J., Zhang, Y., 2012, "Creative Accounting or Creative Destruction? Firm – Level Productivity Growth in Chinese Manufacturing", *Journal of Development Economics*, 97 (2): 339 – 351.

[170] Brandt, L., Tombe, T., Zhu, X., 2013, "Factor Market Distortions Across Time, Space and Sectors in China", *Review of Economic Dynamics*, 16 (1): 39 – 58.

[171] Broersma, L., Oosterhaven, J., 2009, "Regional Labor Productivity in the Netherlands: Evidence of Agglomeration and Congestion Effects", *Journal of Regional Science*, 49 (3): 483 – 511.

[172] Brülhart, M., Mathys, N. A., 2008, "Sectoral Agglomeration Economies in A Panel of European Regions", *Regional Science and Urban Economics*, 38 (4): 348 – 362.

[173] Cainelli, G., Leoncini, R., 1999, "Externalities and Long – Term Local Industrial Development. Some Empirical Evidence from Italy", *Revue Déconomie Industrielle*, 90 (1): 25 – 39.

[174] Capello, R., 2002, "Entrepreneurship and Spatial Externalities: Theory and Measurement", *Annals of Regional Science*, 36 (3): 387 – 402.

[175] Cefis, E., Marsili, O., 2005, "A Matter of Life and Death: Innovation and Firm Survival", *Industrial and Corporate Change*, 14 (6): 1167 – 1192.

[176] Charnes, A., Cooper, W. W., Rhodes, E., 1978, "Measuring the Efficiency of Decision Making Units", *European Journal of Operational Research*, 2 (6): 429 – 444.

[177] Ciccone, A., 2002, "Agglomeration Effects in Europe", *European Economic Review*, 46 (2): 213 – 227.

[178] Ciccone, A., Hall, R. E., 1996, "Productivity and the Density of Economic Activity", *American Economic Review*, 86 (1): 54 – 70.

[179] Combes, P. – P., Duranton, G., Gobillon, L., et al. 2012, "The Productivity Advantages of Large Cities: Distinguishing Agglomeration from Firm Selection", *Econometrica*, 80 (6): 2543 – 2594.

[180] Costa, D. L., Kahn, M. E., 2001, "Power Couples", *Quarterly*

Journal of Economics, 116: 1287 – 1315.

[181] Criscuolo, C., Haskel, J. E., Slaughter, M. J., 2010, "Global Engagement and the Innovation Activities of Firms", International Journal of Industrial Organization, 28: 191 – 202.

[182] Davis, D. R., Weinstein, D. E., 2001, "Market Size, Linkages, and Productivity: A Study of Japanese Regions", NBER Working Paper. No. 8518.

[183] Dekle, R., Eaton, J., 1999, "Agglomeration and Land Rents: Evidence from the Prefectures", Journal of Urban Economics, 46 (2): 200 – 214.

[184] Desmet, K., Parente, S. L., 2010, "Bigger is Better: Market Size, Demand Elasticity, and Innovation", International Economic Review, 51 (2): 319 – 333.

[185] Doraszelski, U., Jaumandreu, J., 2013, "R&D and Productivity: Estimating Endogenous Productivity", Review of Economic Studies, 80 (4): 1338 – 1383.

[186] Dunne, T. M., Roberts, M. J., Samuelson, L., 1988, "Patterns of Firm Entry and Exit in U. S. Manufacturing Industries", RAND Journal of Economics, 19 (4): 495 – 515.

[187] Duranton, G., Overman, H. G., 2008, "Exploring the Detailes Location Patterns of UK Manufacturing Industries Using Micro Geographic Data", Journal of Regional of Regional Science, 48 (1): 213 – 243.

[188] Duranton, G., Puga, D., 2000, "Diversity and Specialisation in Cities: Why, Where and When Does it Matter?", Urban Studies, 37 (3): 533 – 555.

[189] Duranton, G., Puga, D., 2001, "Nursery Cities: Urban Diversity, Process Innovation, and the Life Cycle of Products", American Economic Review, 91 (5): 1454 – 1477.

[190] Duranton, G., Puga, D., 2004, "Micro – Foundations of Urban Agglomeration Economies", Handbool of Regional and Urban Economics, 4: 2063 – 2117.

[191] Ellison, G., Glaeser, E. L., 1997, "Geographic Concentration in

U. S. Manufacturing Industries: A Dartboard Approach", *Journal of Political Economy*, 105 (5): 889 –927.

[192] Farrell, M. J., 1957, "The Measurement of Productive Efficiency", *Journal of the Royal Statistical Society*, 120 (3): 253 –290.

[193] Feldman, M. P., Audretsch, D. B., 1999, "Innovation in Cities: Science – Based Diversity, Specialization and Localized Competition", *European Economic Review*, 43 (2): 409 –429.

[194] Fischer, M. M., Varga, A., 2003, "Spatial Knowledge Spillovers and University Research: Evidence from Austria", *Annals of Regional Science*, 37 (2): 303 –322.

[195] Fogarty, M. S., Garofalo, G. A., 1978, "Urban Spatial Structure and Productivity Growth in the Manufacturing Sector of Cities", *Journal of Urban Economics*, 23 (1): 60 –70.

[196] Forni, M., Paba, S., 2002, "Spillovers and the Growth of Local Industries", *Journal of Industrial Economics*, 50 (2): 151 –171.

[197] Foster, L., Haltiwanger, J. C., Krizan, C. J., 2001, "Aggregate Productivity Growth: Lessons from Microeconomic Evidence", *New Developments in Productivity Analysis*, University of Chicago Press.

[198] Foster, L., Haltiwanger, J., Krizan, C. J., 2006, "Market Selection, Reallocation, and Restructuring in the U. S. Retail Trade Sector in the 1990s", *The Review of Economics and Statistics*, 88 (4): 748 –758.

[199] Gan, L., Li, Q., 2016, "Efficiency of Thin and Thick Markets", *Journal of Econometrics*, 192 (1): 40 –54.

[200] Gao, T., 2004, "Regional Industrial Growth: Evidence from Chinese Industries", *Regional Science and Urban Economics*, 34 (1): 101 –124.

[201] Glaeser, E. L., 1999, "Learning in Cities", *Journal of Urban Economics*, 46 (2): 254 –277.

[202] Glaeser, E. L., Kallal, H. D., Scheinkman, J. A., et al. 1992, "Growth in Cities", *Journal of Political Economy*, 100 (6): 1126 –1152.

[203] Goldberg, P. K., Khandelwal, A. K., Pavcnik, N., et al. 2010, "Imported Intermediate Inputs and Domestic Product Growth: Evidence from Indi-

a", *Quarterly Journal of Economics*, 125 (4): 1727 – 1767.

[204] Greenstone, M., Hornbeck, R., Moretti, E., 2010, "Identifying Agglomeration Spillovers: Evidence from Winners and Losers of Large Plant Openings", *Journal of Political Economy*, 118 (3): 536 – 598.

[205] Griliches, Z., 1964, "Research Expenditures, Education and the Aggregate Agricultural Production Function", *American Economic Review*, 54 (6): 961 – 974.

[206] Griliches, Z., 1979, "Issues in Assessing the Contribution of Research and Development to Productivity Growth", *Bell Journal of Economics*, 10 (1): 92 – 116.

[207] Griliches, Z., Regev, H., 1995, "Firm Productivity in Israeli Industry 1979 – 1988", *Journal of Econometrics*, 65: 175 – 203.

[208] Guner, N., Ventura, G., Xu, Y., 2008, "Macroeconomic Implications of Size – Dependent Policies", *Review of Economic Dynamics*, 11 (4): 721 – 744.

[209] Hall, R., Jones, C., 1999, "Why do Some Countries Produce So Much More Output Per Worker than Others?", *Quarterly Journal of Economics*, 114 (1): 83 – 116.

[210] Halpern, L., Koren, M., Szeidl, A., 2015, "Imported Inputs and Productivity", *American Economic Review*, 105 (12): 3660 – 3703.

[211] Harhoff, D., 1998, "R&D and Productivity in German Manufacturing Firms", *Economics of Innovation and New Technology*, 6 (1): 29 – 50.

[212] Harris, C. D., 1954, "The Market as a Factor in the Localization of Industry in the United States", *Annals of the Association of American Geographers*, 64 (4): 315 – 348.

[213] Heckman, J. J., 1979, "Sample Selection Bias as a Specification Error", *Econometrica*, 47 (1): 153 – 161.

[214] Helsley, R. W., Strange, W. C., 1990, "Matching and Agglomeration Economies in a System of Cities", *Regional Science and Urban Economics*, 20 (2): 189 – 212.

[215] Henderson, J. V., 1974, "Optimum City Size: The External Dis-

economy Question", *Journal of Political Economy*, 82 (2): 373 - 388.

[216] Henderson, J. V., 1986, "Efficiency of Resource Usage and City Size", *Journal of Urban Economics*, 19 (1): 47 - 70.

[217] Henderson, J. V., 2003, "Marshall's Scale Economies", *Journal of Urban Economics*, 53 (1): 1 - 28.

[218] Henderson, J. V., Becker, R., 2000, "Poliyical Economy of City Sizes and Formation", *Journal of Urban Economics*, 48 (3): 453 - 484.

[219] Holmes, T. J., 1999, "Scale of Local Production and City Size", *American Economic Review*, 89 (2): 317 - 320.

[220] Holmes, T. J., Stevens, J. J., 2002, "Geographic Concentration and Establishment Scale", *Review of Economics and Statistics*, 84 (4): 682 - 690.

[221] Hopenhayn, H., Rogerson, R., 1993, "Job Turnover and Policy Evaluation: A General Equilibrium Analysis", *Journal of Political Economy*, 101 (5): 915 - 938.

[222] Hoover, E. M., 1936, "The Measurement of Industrial Localization", *Review of Economics and Statistics*, 18 (4): 162 - 171.

[223] Hsieh, C., Klenow, P. J., 2009, "Misallocation and Manufacturing TFP in China and India", *Quarterly Journal of Economics*, 124 (4): 1403 - 1448.

[224] Jacobs, J., 1969, The Economy of Cities, New York: Vintage.

[225] Jaffe, A. B., 1988, "Demand and Supply Influences in R&D Intensity and Productivity Growth", *The Review of Economics and Statistics*, 70 (3): 431 - 437.

[226] Jefferson, G. H., Bai, H., Guan, X., et al. 2006, "R&D Performance in Chinese Industry", *Economics of Innovation and New Technology*, 15 (4 - 5): 345 - 366.

[227] Klenow, P. J., Rodríguez - Clare, A., 1997, "The Neoclassical Revival in Growth Economics: Has It Gone Too Far?", *NBER Macroeconomics Annual*, 12 (12): 73 - 114.

[228] Krugman, P., 1991, "Increasing Returns and Economic Geogra-

phy", *The Journal of Political Economy*, 99 (3): 484 –499.

[229] Levinsohn, J., Petrin, A., 2003, "Estimating Production Functions Using Inputs to Control for Unobservables", *Review of Economic Studies*, 70 (2): 317 –341.

[230] Mairesse, J., Mohnen, P., 2002, "Accounting for Innovation and Measuring Innovativeness: An Illustrative Framework and An Application", *American Economic Review*, 92 (2): 226 –230.

[231] Mansfield, E., 1965, "Rates of Return from Industrial Research and Development", *American Economic Review*, 55 (2): 310 –322.

[232] Mansfield, E., 1988, "Industrial R&D in Japan and the United States: A Comparative Study", *American Economic Review*, 78 (2): 223 –228.

[233] Marshall, A., 1920, Principles of Economics, London: Macmillan.

[234] Martin, P., Mayer, T., Mayneris, F., 2011, "Spatial Concentration and Plant – Level Productivity in France", *Journal of Urban Economics*, 69 (2): 182 –195.

[235] Maurel, F., Sédillot, B., 1999, "A Measure of the Geographic Concentration in French Manufacturing Industries", *Regional Science and Urban Economics*, 29 (5): 575 –604.

[236] Meeusen, W., Van Den Broeck, J., 1977, "Efficiency Estimation from Cobb – Douglas Production Functions with Composed Error", *International Economic Review*, 18 (2): 435 –444.

[237] Melitz, M. J., Ottaviano, G. I. P., 2008, "Market Size, Trade, and Productivity", *Review of Economic Studies*, 75 (1): 295 –316.

[238] Melitz, M., Polanec, S., 2015, "Dynamic Olley – Pakes Productivity Decomposition with Entry and Exit", *RAND Journal of Economics*, 46 (2): 362 –375.

[239] Melo, P. C., Graham, D. J., Noland, R. B., 2009, "A Meta – Analysis of Estimates of Urban Agglomeration Economies", *Regional Science and Urban Economics*, 39 (3): 332 –342.

[240] Mendoza, R. U., 2010, "Trade – Induced Learning and Industrial

Catch‐Up", *The Economic Journal*, 120 (546): 313–350.

[241] Midrigin, V., Xu, D. Y., 2014, "Finance and Misallocation: Evidence from Plant‐Level Data", *American Economic Review*, 104 (2): 422–458.

[242] Moll, B., 2014, "Productivity Losses from Financial Frictions: Can Self‐Financing Undo Capital Misallocation?", *American Economic Review*, 104 (10): 3186–3221.

[243] Moomaw, R. L., 1985, "Firm Location and City Size: Reduced Productivity Advantages as A Factor in the Decline of Manufacturing in Urban Areas", *Journal of Urban Economics*, 17 (1): 73–89.

[244] Mueller, D. C., 1972, "A Life Cycle Theory of the Firm", *Journal of Industrial Economics*, 20 (3): 199–219.

[245] Nooteboom, B., Haverbeke, W. V., Duysters, G., et al. 2007, "Optimal Cognitive Distance and Absorptive Capacity", *Research Policy*, 36 (7): 1016–1034.

[246] Okubo, T., Picard, P. M., Thisse, J. O., 2010, "The Spatial Selection of Heterogeneous Firms", *Journal of International Economics*, 82 (2): 230–237.

[247] Okubo, T., Tomiura, E., 2012, "Industrial Relocation Policy, Productivity and Heterogeneous Plants: Evidence from Japan", *Regional Science and Urban Economics*, 42: 230–239.

[248] Olley, G. S., Pakes, A., 1996, "The Dynamics of Productivity in the Telecommunications Equipment Industry", *Econometrica*. 64 (6): 1263–1297.

[249] Oort, F. V., 2002, "Innovation and Agglomeration Economies in the Netherlands", *Tijdschrift Voor Economische en Sociale Geografie*. 93 (3): 344–360.

[250] Ottaviano, G. I. P., Pinelli, D., 2006, "Market Potential and Productivity: Evidence from Finnish Regions", *Regional Science and Urban Economics*, 36 (5): 636–657.

[251] Overman, H. G., Puga, D., 2010, "Labour Pooling as a Source of

Agglomeration: An Empirical Investigation", *Agglomeration Economics*, 133 – 150.

[252] Ozyurt, S., 2009, "Total Factor Productivity Growth in Chinese Industry: 1952 – 2005", *Oxford Development Studies*, 37 (1): 1 – 17.

[253] Paci, R., Usai, S., 1999, "Externalities, Knowledge Spillovers and the Spatial Distribution of Innovation", *Geojournal*, 49 (4): 381 – 390.

[254] Pagano, P., Schivardi, F., 2003, "Firm Size Distribution and Growth", *Scandinavian Journal of Economics*, 105 (2): 255 – 274.

[255] Pakes, A., Griliches, Z., 1980, "Patents and R&D at the Firm Level: A First Report". *Economics Letter*, 5 (4): 377 – 381.

[256] Peters, M., 2013, "Heterogeneous Mark – Ups, Growth and Endogenous Misallocation", *The London School of Economics and Political Science*, London, UK.

[257] Pradhan, J. P., Singh, N., 2008, "Outward FDI and Knowledge Flows: A Study of the Indian Automotive Secto", *ISID Working Paper*. No. 10.

[258] Puga, D., 2010, "The Magnitude and Causes of Agglomeration Economies", *Journal of Regional Science*, 50 (1): 203 – 219.

[259] Rappaport, J., 2008, "A Productivity Model of City Crowdedness", *Journal of Urban Economics*, 63 (2): 715 – 722.

[260] Redding, S., Venables, A. J., 2004, "Economic Geography and International Inequality", *Journal of International Economics*, 62 (1): 53 – 82.

[261] Restuccia, D., Rogerson, R., 2008, "Policy Distortions and Aggregate Productivity with Heterogeneous Establishments", *Review of Economic Dynamics*, 11 (4): 707 – 720.

[262] Rizov, M., Oskam, A., Walsh, P., 2012, "Is There a Limit to Agglomeration? Evidence from Productivity of Dutch Firms", *Regional Science and Urban Economics*, 42 (4): 595 – 606.

[263] Rosenthal, S. S., Strange, W. C., 2001, "The Determinants of Agglomeration", *Journal of Urban Economics*, 50 (2): 191 – 229.

[264] Rosenthal, S. S., Strange, W. C., 2004, "Evidence on the Nature and Sources of Agglomeration Economies", *Handbook of Regional and Urban Eco-*

nomics, 4: 2119 - 2171.

[265] Saito, H., Copinath, M., 2009, "Plants Self - selection, Agglomeration Economies and Regional Productivity in Chile", *Journal of Economic Geography*, 9: 539 - 558.

[266] Segal, D., 1976, "Are There Returns to Scale in City Size?", *Review of Economics and Statistics*, 58 (3): 339 - 350.

[267] Shefer, D., 1973, "Localization Economies in SMSA's: A Production Function Analysis", *Journal of Regional Science*, 13 (1): 55 - 64.

[268] Solow, R. M., 1957, "Technical Change and the Aggregate Production Function", *Review of Economics and Statistics*, 39 (3): 554 - 562.

[269] Stahl, K., Walz, U., 2001, "Will There be A Concentration of Alikes? the Impact of Labor Market Structure on Industry Mix in the Presence of Product Market Shocks", *HWWA Discussion Paper*, No. 140.

[270] Sveikauskas, C. D., Sveikauskas, L., 1982, "Industry Characteristics and Productivity Growth", *Southern Economic Journal*, 48 (3): 769 - 774.

[271] Syverson, C., 2004, "Market Structure and Productivity: A Concrete Example", *Journal of Political Economy*, 112 (6): 1181 - 1222.

[272] Windmeijer, F., 2005, "A Finite Sample Correction for the Variance of Linear E Cient Two - Step GMM Estimators", *Journal of Econometrics*, 126 (1): 25 - 51.

[273] Yang, Y., Mallick, S., 2010, "Export Premium, Self - selection and Learning - by - Exporting: Evidence from Chinese Matched Firms", *The World Economy*, 33 (10): 1218 - 1240.

[274] Zucker, L. G., Darby, M. R., 2007, "Star Scientists, Innovation and Regional and National Immigration", *NBER Working Paper. No.* 13547.